Éducation à la citoyenneté

CYCLE 3

Sous la direction de

Sophie Le Callennec
Professeure d'histoire-géographie

Françoise Martinetti
Inspectrice de l'Éducation nationale

Laurence Rolinet
Formatrice en CFP

Élisabeth Szwarc
Professeure en IUFM

Émilie François
Professeure des écoles

À Marion, Laura et Ioan

Conception : Frédéric Jély

Illustrations : Emmanuel Cerisier, Isa Python, Alain Frappier

© HATIER PARIS MARS 2008 – ISBN : 978-2-218-93125-3

Avant-propos

En se lançant dans ce qui devait être le premier tour de la Terre, Magellan, « parrain » de cette collection, entreprit un exploit en même temps qu'une magnifique aventure humaine, et changea durablement notre vision du monde.

Plus modeste est, en apparence, l'ambition que nous avons pour nos élèves quand nous décidons de les éduquer à la citoyenneté. Et pourtant...

Il s'agit bien, là encore, de modifier profondément leur vision du monde, mais aussi leurs comportements, pour les amener à comprendre ce qui motive le « vivre ensemble », à admettre que les règles peuvent et doivent être acceptées, à intégrer qu'abandonner une partie de leur liberté leur permet de construire un avenir commun, dans la classe, au quotidien, et en tant que citoyen de leur commune, de leur département, de leur région, de la France, de l'Union européenne, de la francophonie et du monde.

Il s'agit de leur faire partager des valeurs fondamentales comme la solidarité, l'égalité entre tous, le respect, l'attention durable à l'environnement, et de leur faire prendre conscience de l'importance qu'il y a à penser par soi-même et à exercer son esprit critique.

Découpage

Dans ce manuel, la progression dans les notions et le vocabulaire permet de travailler par chapitre en avançant pas à pas. Mais la variété des thèmes permet aussi de « piocher » au gré des événements de la vie de la classe, de l'actualité ou des thèmes étudiés dans les autres disciplines.

Chaque leçon est l'occasion de travailler de manière transversale, notamment dans l'expression orale et écrite (étude des illustrations, lecture des textes proposés...). Elle propose un ou plusieurs thèmes pouvant animer la demi-heure de débat hebdomadaire.

Des dossiers permettent d'approfondir une notion : identifier les pays membres de l'Union européenne ou de la francophonie, connaître les étapes d'une élection, reconnaître quelques panneaux essentiels du code de la route...

Approche d'enseignement

Ce manuel offre une large place à l'illustration : photographies, schémas, cartes... L'équilibre entre le texte et l'illustration permet à l'enseignant de choisir son approche : à partir de la leçon en s'appuyant sur les documents, ou à partir des documents pour construire la leçon avec sa classe.

L'équipe d'auteurs vous souhaite une bonne navigation à la découverte, avec vos élèves, du civisme et de la citoyenneté.

Sophie Le Callennec

Sommaire

5 Se préparer à être citoyen de l'Union européenne, de la francophonie et du monde 138

Mode d'emploi

une illustration pour chaque partie de la leçon (le titre reprend celui du paragraphe correspondant), avec un questionnement permettant l'étude du document puis la découverte des thèmes abordés dans ce paragraphe

des textes à lire : extraits de romans, fables, contes, articles de presse, textes de lois, extraits de la Constitution, accords internationaux…

des illustrations variées : dessins, photographies, reportages d'actualité, dessins de presse, cartes, dessins, schémas, tableaux et sculptures…

des questions d'observation des documents (signalées par ▷), des questions invitant à la réflexion ou au partage des connaissances personnelles (signalées par ▶) et des temps de réflexion personnelle en silence (signalés par Et moi ?), pour que chacun fasse le lien avec son vécu personnel, s'interroge sur son comportement et passe de la connaissance à la mise en pratique

---

19 Le meilleur, le plus fort

1 Réussir ou gagner ?

Laure Manaudou, vainqueure du 400 m nage libre, championnats d'Europe de natation, Madrid, 16 mai 2004,

▷ À quoi vois-tu que cette sportive a gagné ? Quelle est son attitude ?
▶ À ton avis, qu'a-t-elle fait pour réussir ?
▷ Dans quels domaines n'est-il pas nécessaire d'être le premier, le plus fort pour réussir ?
▷ Qu'est-ce qui est agréable dans la réussite ?
Et moi ? Dans quels domaines est-ce que je fais des efforts et je progresse ?

2 Le plus fort ou le plus méritant ?

Conte. « Notre fille épousera le plus puissant personnage du monde. » Monsieur Rongetout décide de marier sa fille avec le soleil.
– C'est le plus puissant personnage du monde. C'est lui qui chauffe la terre et mûrit les grains de blé…
Monsieur Rongetout arrive au palais du roi Soleil.
– Voulez-vous épouser ma fille puisque vous êtes le plus puissant personnage du monde ?
– Tu te trompes, dit le soleil. Ce nuage qui passe là est plus puissant que moi puisque je ne peux pas l'empêcher de me cacher la Terre.
– Alors vous n'êtes pas celui qu'il faut pour ma fille…
– Voulez-vous épouser ma fille demande Monsieur Rongetout au nuage puisque vous êtes plus puissant que le soleil…

3 Les limites à respecter pour réussir

Georges de La Tour, Le Tricheur à l'as de carreau, vers 1635

▷ Décris cette scène.
▶ Nomme différentes occasions de tricher.
▶ Peut-on que l'on a gagné quand on a triché ?
Et moi ? M'arrive-t-il de tricher pour réussir, pour gagner ? M'arrive-t-il de me moquer de ceux qui réussissent moins bien, de ceux qui ont perdu ?

– Hélas ! le soleil s'est trompé… le vent qui souffle est plus puissant que moi puisque je ne peux pas l'empêcher de m'emmener où il veut.
– Alors vous n'êtes pas celui qu'il faut à ma fille…
Et le vent qui fait tourner les ailes du moulin répondit :
– Hélas ! le nuage s'est trompé. Cette vieille tour que tu vois là-bas est plus puissante que moi puisque je souffle dessus sans avoir pu l'abattre…
– Alors vous n'êtes pas celui qu'il faut à ma fille…
Et il va demander à la vieille tour.
– Hélas ! le souriceau qui ronge ma plus grosse poutre est plus puissant que moi puisque quand il aura fini de ronger, je m'effondrerai.

Étienne Morel, La plus mignonne des petites souris ou Conte populaire, Flammarion, Les classiques du Père Castor, 1953.

▷ Raconte l'histoire avec tes mots
▶ Dans cette histoire, qui est le plus fort ?
▶ Quelle est la morale de ce conte ?
Et moi ? Est-ce que je cherche à me montrer plus fort que les autres ?

Réussir ou gagner ?

On a tous envie de réussir : avoir de bonnes notes aux évaluations, remporter des épreuves sportives ; gagner au jeu, seul ou en équipe…
Pour cela, il faut faire des efforts : travailler, se concentrer, s'entraîner, ne pas se décourager quand on échoue et recommencer pour progresser. La réussite fait plaisir, surtout quand on a fait des efforts : on est fier de soi (doc. 1).
Parfois, pour gagner, il faut être le plus fort, le meilleur : c'est le cas dans une course (il faut courir le plus vite), dans un match (il faut marquer le plus de buts), dans un concours (il faut donner les meilleures réponses)… Dans bien d'autres cas, on peut réussir sans être le meilleur : à l'école, on peut réussir ses évaluations sans avoir les meilleures notes.

Le plus fort ou le plus méritant ?

C'est agréable d'être le meilleur, le plus fort : les autres nous admirent, nous respectent, nous envient.
Parfois, celui qui réussit ne mérite pas tant d'admiration : il a eu plus de chance, c'était plus facile pour lui parce qu'il a les qualités nécessaires (il est rapide, intelligent, il a de la mémoire, de l'habileté…).
À l'inverse, celui qui n'est pas le premier, qui n'a pas accompli un exploit mais qui s'est montré courageux et qui est allé au bout de ses efforts mérite notre admiration : un élève qui arrive enfin à faire un exercice ou à courir vite, par exemple.
Enfin, chacun a ses propres qualités et l'on ne peut pas toujours comparer les uns et les autres : personne n'est le plus fort dans tout, chacun est fort dans un domaine. (doc. 2).

Les limites à respecter pour réussir

Réussir, être le meilleur n'autorise pas à humilier ou injurier ceux qui n'ont pas réussi : gagner un concours, réussir un contrôle, gagner un match ne signifie pas que les autres ont moins de valeur. Celui qui se vante de son succès et méprise ceux qui ont moins bien réussi a beaucoup de progrès à faire dans des valeurs importantes pour les êtres humains, comme la camaraderie.
Tous les moyens ne sont pas bons pour gagner. Il est interdit de tricher : par exemple, les sportifs n'ont pas le droit de prendre des drogues pour remporter la victoire. D'ailleurs, personne n'aime jouer avec un tricheur. Il est également interdit d'utiliser la violence pour empêcher les autres de réussir. Être le meilleur ne rend fier que si l'on a respecté les règles (doc. 3).

LEXIQUE

- **une drogue** : un médicament ou un autre produit dangereux pour la santé.
- **un exploit** : une action exceptionnelle que l'on remarque, dont on se souvient.
- **humilier** : rabaisser quelqu'un en le montrant comme inférieur et sans valeur.
- **injurier** : insulter, rabaisser en utilisant des paroles blessantes du des « gros » mots.
- **les valeurs humaines** : les qualités, les idéaux des êtres humains, ce en quoi ils croient et qui les distingue des animaux.

DÉBAT Qui est le plus grand héros du monde ? ou L'important, ce n'est pas de gagner mais de participer.

---

une leçon structurée offrant un panorama large et complet du thème : chaque partie correspond à un document et porte le même titre

le rappel du titre du chapitre, qui reprend les grandes parties des programmes

une ou plusieurs propositions de thèmes pour un débat de classe

un lexique avec la définition des mots nouveaux ou « difficiles »

1 Être responsable dans la vie collective de l'école

Classe de CM1, école Louise-Michel, La Courneuve, 2005

1 Vivre ensemble

→ 1 Vivre seul

Dans un roman datant de 1719, l'écrivain Daniel Defoe raconte l'histoire d'un navigateur, Robinson Crusoé, qui fait naufrage et se retrouve seul sur une île déserte.

▷ Décris la vie de Robinson Crusoé…

▶ Sa vie est-elle totalement libre et sans contrainte ?

▶ À ton avis, quels sont les avantages de la vie solitaire ?

▶ Quels en sont les inconvénients ?

Et moi ? M'arrive-t-il d'avoir envie de vivre seul(e) ?

Vivre seul

Parfois, on imagine que, si l'on était seul au monde, on pourrait faire tout ce que l'on veut. En réalité, si cela arrivait, nous serions, comme tous les êtres vivants, obligés de chercher de la nourriture et un abri, de nous défendre contre les dangers : cette vie aussi aurait des contraintes (doc. 1).

De toute façon, aucun de nous ne vit seul sur une île déserte : les êtres humains ont besoin de vivre en société, de parler, d'échanger, d'apprendre, d'agir ensemble. Quand ils se retrouvent seuls, ils sont malheureux. Et les plus jeunes ne peuvent pas survivre sans les adultes.

Règles du jeu, règles de vie

Puisque l'on ne vit pas seul, il faut apprendre à vivre ensemble. Lorsqu'on joue, on respecte les règles du jeu, sinon le jeu est impossible (doc. 2). Dans la rue, on respecte le code de la route : sans lui, la rue serait un champ de bataille et notre vie serait en danger (doc. 3 p. 55).

Dans la vie quotidienne, c'est pareil. Des règles organisent notre vie ensemble. Elles ne sont pas faites pour nous « embêter » mais pour assurer notre sécurité et notre bien-être. Sans elles, ce serait la loi du plus fort.

L'enfance est la période pendant laquelle chacun apprend ces règles et s'entraîne à les respecter.

→ 2 Règles du jeu, règles de vie

Le jeu du « 1000 bornes »

▶ Que sais-tu de ce jeu ?

▶ Quand un joueur a un feu rouge devant lui, il doit poser un feu vert pour continuer à jouer ou passer son tour : connais-tu d'autres règles ?

▶ Que se passerait-il s'il n'y avait pas de règles pour jouer ?

▶ Et dans la vie de tous les jours, y a-t-il des règles à respecter ?

▶ Feuillette ton manuel et nomme d'autres règles de la vie quotidienne.

Et moi ? Est-ce que j'accepte facilement les règles d'un jeu ? les règles de la vie quotidienne ?

→ 3 Qui décide des règles ?

▷ De quelle règle ce texte parle-t-il ?

▷ Cette règle a-t-elle toujours été obligatoire ?

▷ Quelles sont les limites de cette obligation ?

▶ Nomme quelques règles de la vie courante et cherche qui les a faites.

Et moi ? M'arrive-t-il de penser que des règles qui s'appliquent à tous ne me concernent pas ?

Il ne viendrait à l'idée de personne sachant nager de regarder un enfant tomber dans l'eau et de ne rien faire en le voyant se noyer. C'est une simple question de bon sens : quand quelqu'un est blessé ou court un danger, on le secourt si on le peut.
Au fil du temps, cette habitude est devenue une règle. De nos jours, la loi impose de secourir les autres, à condition bien sûr de pouvoir le faire (celui qui ne sait pas nager n'est pas obligé de sauter à l'eau) et de pouvoir le faire sans danger (nul n'est obligé de sauter dans la mer pendant une tempête).

Qui décide des règles ?

Les règles ne sont pas décidées par quelques-uns mais par tous pour le bien de tous (doc. 3). Certaines, comme la politesse, sont imaginées par quelques personnes puis adoptées par le reste de la société. D'autres, comme le code de la route, ont été mises au point par des spécialistes chargés par la société de ce travail (pp. 56-57).
Au fils du temps, notre société a adopté des règles fondamentales, comme le refus de la violence. Ces règles se trouvent dans la Déclaration des droits de l'homme et du citoyen de 1789 (doc. 2 p. 85) : toutes les règles que l'on adopte doivent respecter ces règles fondamentales.

LEXIQUE

● **le code de la route** : les règles obligatoires à respecter pour circuler dans la rue et sur la route, notamment avec un véhicule.

● **une contrainte** : une obligation, imposée par la nature (ce qui est possible) ou par les humains, qui réduit la liberté.

● **une règle** : un principe de vie pour le groupe.

● **la société** : l'ensemble des personnes qui vivent ensemble dans une région, un pays.

DÉBAT Y aurait-il plus d'avantages ou plus d'inconvénients à vivre seul au monde ?

2 Les règles de vie à l'école

 1

Le règlement : un contrat nécessaire

▷ Décris ce que tu vois sur cette image.

▷ Dans quel état les enfants vont-ils entrer dans leur classe ?

▷ Seront-ils prêts à se mettre au travail ?

▷ Qu'est-ce qui, sur cette image, est interdit par le règlement de ton école ?

▷ Pourquoi est-ce interdit ?

▷ En quoi le règlement de l'école est-il utile ?

Et moi ? Est-ce que je connais le règlement intérieur de mon école ?

Le règlement : un contrat nécessaire

Des règles organisent le « vivre ensemble » des élèves, des enseignants, des autres personnes travaillant dans l'école et des parents : sans règlement, ce serait la pagaille à l'école ! **(doc. 1)**

Les règles sont les mêmes pour tout le monde : cela garantit l'égalité entre tous. Les parents et les élèves signent le règlement au début de l'année pour montrer qu'ils s'engagent à le respecter **(doc 2)**.

Certaines règles valent pour toutes les écoles de France : par exemple, l'école est obligatoire pour tous les enfants de 6 à 16 ans et les enseignants appliquent ce qui est prévu dans les programmes scolaires fixés par le ministère de l'Éducation nationale.

Des règles pour la sécurité

Certaines règles ont pour but d'assurer la sécurité de tous. Elles disent qui est responsable des élèves dans la classe, la cour ou la cantine. Elles imposent de venir à l'école en bonne santé, vacciné et propre, pour ne pas mettre la santé des autres en danger **(doc. 2)**. Ces règles peuvent évoluer : par exemple, en cours d'année, l'école peut interdire un nouveau jeu s'il est dangereux.

Des règles pour le travail

Certaines règles ont pour but d'organiser le travail, car les élèves viennent à l'école pour apprendre.

↓ 2 Des règles pour la sécurité, le travail et le respect

Règlement intérieur de l'école de Limoney, septembre 2008

Rédigé par le conseil des maîtres, approuvé par le conseil d'école,
composé des maîtres et des représentants des parents d'élèves

Les élèves et les enseignants sont présents à l'école les lundi, mardi, jeudi et vendredi, de 8 h 30 à 11 h 30 et de 13 h 30 à 16 h 30. Ils arrivent à l'école à l'heure. Toute absence doit être justifiée.

L'école est un lieu de respect mutuel, des adultes et des enfants les uns envers les autres.

L'enseignant attend des élèves qu'ils travaillent. En cas d'insuffisance, il cherche à en connaître les causes, informe et consulte les parents et décide des mesures appropriées en liaison avec le conseil des maîtres, le réseau d'aides et le médecin scolaire si nécessaire.

Les élèves prennent soin des affaires prêtées. Tout livre détérioré ou perdu est remboursé par la famille.

Les élèves arrivent à l'école dans un état de propreté certain. Si tel n'est pas le cas, les enseignants en informent le service social.

Les objets dangereux sont confisqués et rendus au responsable de l'enfant.

Les bonbons, sucettes, chewing-gum sont interdits à l'école, aussi bien en classe que dans la cour de récréation.

Il est interdit d'introduire des animaux dans l'école.

Il est interdit de pénétrer à l'école en patins à roulettes ou en skateboard.

Ce règlement intérieur a été approuvé par le Conseil d'école selon le règlement départemental. Chaque élève en recevra une copie qui sera rapportée portant la signature du responsable légal.

La Directrice   L'élève   Les Parents

▷ Comment s'appelle ce document ?
▷ Par qui a-t-il été écrit ? Qui doit le respecter ?
▶ Qui signe ce document ? Quand signe-t-on ce document ? Pourquoi ?
▶ Explique une à une ces règles.
▶ Quelles règles ont pour objectif la sécurité de tous ? le travail de chacun ? le respect de tous ?
▶ Parmi ces règles, lesquelles sont présentes dans le règlement de ton école ?
Et moi ? Quelle règle de l'école ai-je parfois du mal à respecter ?

Par exemple, le règlement demande que les élèves arrivent à l'heure à l'école pour ne pas déranger ceux qui ont commencé à travailler.

Des règles pour le respect

Certaines règles ont pour but d'imposer le respect, car il est indispensable pour permettre aux élèves d'apprendre et aux maîtres d'enseigner. Les enseignants n'ont pas le droit de parler aux élèves de manière blessante ou humiliante. Les élèves doivent respecter les enseignants et se respecter les uns les autres. Les familles aussi doivent respecter l'école et ceux qui y travaillent, et montrer ainsi l'exemple (doc. 2).

LEXIQUE

● **le ministère de l'Éducation nationale** : l'ensemble des personnes qui, sous la direction du ministre de l'Éducation nationale, sont chargées d'organiser le fonctionnement de l'école en France.

● **un règlement** : un ensemble organisé de règles.

● **le respect** : le sentiment de considération que l'on a pour quelque chose ou pour quelqu'un, l'attitude qui consiste à manifester ce sentiment.

DÉBAT Le règlement de l'école nous protège-t-il ou nous enlève-t-il notre liberté ?

3 Les règles de vie de la classe

→ **1 La vie de la classe**

▷ Décris cette classe et l'attitude des élèves.

▶ En quoi l'attitude de certains est-elle gênante pour les autres ?

▶ En quoi les règles sont-elles nécessaires pour organiser la vie de cette classe ?

▷ Dans ta classe, quand a lieu le temps consacré à la vie de la classe ? De quoi parle-t-on à ce moment-là ?

Et moi ? Quelle règle de la vie en groupe ai-je du mal à respecter ?

La vie de la classe

Nous vivons ensemble, dans la même classe, généralement pour une année entière, parfois pour plusieurs années. Nous étudions avec le même enseignant, nous apprenons les mêmes choses et travaillons ensemble. Certains élèves sont nos amis, d'autres sont seulement nos camarades, mais tous ensemble, nous formons un groupe (doc. 1).

Parfois, un temps est consacré à la vie de la classe : c'est l'occasion de nous mettre d'accord sur la manière de vivre et de travailler ensemble, mais aussi de régler les problèmes qui peuvent surgir entre nous.

Les règles de vie de la classe

Chaque enseignant a sa façon d'enseigner, et il peut travailler différemment selon qu'il enseigne les mathématiques, la grammaire, les arts plastiques, la musique ou l'EPS… Mais dans toutes les classes, on respecte le règlement de l'école et on applique les programmes décidés par le ministère de l'Éducation nationale.

Dans toutes les classes aussi, on se met d'accord sur les règles nécessaires pour vivre et travailler ensemble : ne pas crier, lever la main avant de parler, ranger le matériel, ne pas se moquer de celui qui se trompe… Ces règles sont regroupées dans le règlement de la classe (doc. 2).

Les règles de vie de la classe

Règlement d'une classe de CM1

Mes droits : j'ai le droit...	Mes devoirs : je dois...	Mes engagements : je m'engage à...	Les sanctions prévues : si je n'ai pas respecté...
de travailler dans le calme	contribuer au calme dans la classe	entrer calmement dans la classe	je me calme dans le couloir
		éviter de bavarder, de faire du bruit, ou de rire dans la classe	je m'isole quelques instants pour me calmer
d'être respecté	respecter les autres	ne pas insulter les autres	je présente des excuses
	respecter le maître	parler poliment au maître et faire ce qu'il demande	mes parents sont convoqués
de prendre la parole, poser une question, dire ce que je sais	écouter le maître ou les autres quand ils parlent, sans couper la parole	lever la main pour demander la parole, me taire quand quelqu'un d'autre parle	je n'ai plus le droit de prendre la parole pendant 30 minutes
de me déplacer dans la classe après en avoir reçu l'autorisation	me déplacer en silence pendant le travail en classe	demander la permission de me lever	je n'ai plus le droit de me déplacer jusqu'à la récréation
d'emprunter le matériel de la classe	respecter le matériel de la classe	remettre le matériel à sa place	je n'ai plus le droit de prendre du matériel
		ne pas salir ou abîmer ma table ni les affaires de l'école	je nettoie, je répare ou je remplace
de travailler dans une classe propre et rangée	éviter de mettre des saletés par terre	mettre les saletés à la poubelle	je nettoie

▷ Quels sont les droits des élèves de cette classe ? Quels sont leurs devoirs ?

▷ Quel est l'objectif de chaque règle ?

▷ À quoi sert la dernière colonne de ce tableau ?

▷ Comment, dans ta classe, allez-vous vous organiser pour concevoir le règlement de la classe ?

Et moi ? Que vais-je proposer pour participer au règlement de ma classe ?

L'élaboration du règlement de la classe

Chacun peut avoir des souhaits ou des idées sur l'organisation de la classe. C'est pourquoi les élèves élaborent ensemble, avec l'enseignant, le règlement de la classe. Bien entendu, les règles ont toutes le même but : permettre à chacun de travailler au mieux et de se sentir bien dans la classe.

Certaines règles sont habituelles : se respecter les uns les autres, écouter l'enseignant ou celui qui parle... Mais chaque classe peut avoir des règles particulières : sur la manière d'organiser la classe, de répartir les tâches, de distribuer la parole...

Le règlement de la classe comporte les droits et les devoirs de chacun, ainsi que les sanctions envisagées lorsque les règles ne sont pas respectées. Les élèves et l'enseignant le signent tous et s'engagent ainsi à le respecter : c'est un contrat pour l'année.

LEXIQUE

● **élaborer** : préparer en prenant le temps de réfléchir.

● **une sanction** : une punition correspondant à une règle non respectée.

DÉBAT Quels droits voulons-nous faire respecter dans la classe ? Quels sont les devoirs des élèves de notre classe ? (élaboration du règlement de la classe)

4 Tous concernés

↓ **1** **Ma classe, mon école**

Tableau des responsabilités pour une semaine dans une classe de CE2

Métier	Responsabilité	Le responsable
Distributeurs	distribuer les documents préparés par le maître	Romain, Ludivine
Ramasseurs	relever les exercices faits en classe	Emma, Matisse
Soigneur	nourrir les poissons	Laura
Jardinier	arroser les plantations quand il y a un projet en sciences	Mehdi
Éboueur	faire le tour de la classe avec la corbeille à papiers lorsqu'une activité est achevée pour que chaque élève jette les papiers inutiles	Luca
Effaceur	laver le tableau	Soraya
Facteurs	apporter les documents à l'accueil, au directeur, aux autres classes…	Mélanie, Tidjana
Chefs de rang	se mettre en tête de rang et veiller à ce que les autres suivent	Sonia, Ryan
Dateur	écrire la date au tableau	Johann
Bibliothécaires	ranger la bibliothèque de la classe	Makou, Marion
Portier	fermer la porte	Aïcha
Lanternier	éteindre la lumière en sortant de la classe	Océane
Déménageurs	ranger le matériel de sport	Tiléa, Sarah
Remplaçants	effectuer les responsabilités des élèves absents	Chong, Antoine

▷ À quoi sert ce tableau ?

▷ Quelles sont les responsabilités attribuées dans cette classe ?

▷ Et dans ta classe, comment les responsabilités sont-elles partagées ?

▷ Quelles sont toutes les manières de montrer que l'on se sent concerné par la vie de la classe ?

Et moi ? Quelle est ma responsabilité dans la classe ? Est-ce que je fais ce qu'il faut pour bien l'assumer ?

Ma classe, mon école

Quand un de nos amis a des soucis, des chagrins ou, au contraire, quand il a des joies, nous sommes désolés ou heureux avec lui. Plus généralement, nous sommes concernés par tout ce qui se passe dans la classe, dans l'école.

Certaines règles de l'école et de la classe sont faites pour nous le rappeler. Elles nous demandent, par exemple, de prendre soin du matériel, de ranger la classe et la laisser propre : ce sont des moyens de montrer que l'on se sent responsable. Dans la classe, le tableau des responsabilités permet à chacun de participer à tour de rôle (doc. 1).

Au-delà de ces règles, chacun se montre responsable

et solidaire en toutes circonstances : en préparant le travail pour un élève absent, en l'accueillant à son retour, en aidant des camarades à arrêter une dispute, en participant à la préparation de la fête de fin d'année (doc. 2)… Se proposer pour devenir délégué de la classe, c'est aussi montrer que l'on s'intéresse à la vie de la classe et de l'école et aux autres élèves.

Ma famille, mon village, ma planète

Chacun est touché par ce qui arrive à sa famille et à ses proches. Si un membre de notre famille est malade, se trouve au chômage, a des soucis, on se sent triste pour lui et avec lui. Au contraire, quand

→ 2 Ma classe, mon école : la fête de l'école

▷ Décris cette fête d'école.

▶ Fais la liste de ce qu'il a fallu faire pour l'organiser.

▶ Fais la liste des personnes qui ont pu participer à son organisation.

▶ Que se passe-t-il si quelques personnes seulement participent à la préparation de la fête de l'école ?

Et moi ? Est-ce que je participe à ce que l'école organise ? Est-ce que je sais si mon voisin de table a des soucis en ce moment ?

→ 3 Ma famille, mon village, ma planète

Lecture du journal dans une classe

▷ Que font ces élèves ?

▷ Qu'est-ce que ce journal leur permet de savoir ?

▶ En quoi cela les concerne-t-il ?

▶ Regarde le doc. 3 p. 39 et dis comment la classe ou l'école peut se montrer concernée par ce qui se passe dans le monde.

Et moi ? Est-ce que je cherche à savoir ce qui se passe autour de moi, dans ma famille, mon quartier, et dans le monde ?

il y a un mariage, une naissance, un événement heureux, on a envie de faire la fête ensemble. De même, nous ne sommes pas indifférents à ce qui arrive à nos amis, à nos voisins, à ce qui se passe dans notre village, dans notre quartier.

Grâce à ce que nous apprenons à l'école, à ce que nous entendons ou voyons à la radio, à la télévision et dans les journaux, nous sommes informés de ce qui se passe en France et dans le monde entier. Nous prenons conscience que nous appartenons à une large communauté : la communauté humaine. Nous comprenons que nous sommes concernés par ce qui lui arrive. Nous apprenons à être attentifs, curieux, à lire le journal ou à suivre les « nouvelles » pour savoir ce qui se passe ailleurs (doc. 3).

L E X I Q U E

● **une communauté** : un groupe de personnes qui vivent ensemble ou qui ont des intérêts en commun.

● **les « nouvelles »** : ce que les journaux, la radio ou la télévision nous apprennent chaque jour.

● **une responsabilité** : une obligation que l'on a parce que l'on a pris un engagement.

D É B A T Les problèmes des autres nous concernent-ils ou ne nous « regardent-ils » pas ?

5 Dialoguer, débattre

⤓ 1 Le dialogue, le débat

> **Conte.** C'était il y a longtemps, au temps où les bêtes parlaient. Un jour, elles se réunirent et décidèrent de se donner un roi. Bien entendu, le lion s'avança en premier :
> – Le roi, c'est moi, dit-il, pas de problème.
> Mais l'éléphant protesta, disant qu'il était le plus gros des animaux.
> Désaccord immédiat du singe et du renard :
> – Tu es peut-être le plus gros, mais nous sommes les plus rusés.
> – Et moi, le plus agile ! s'exclama le cheval.
> – C'est pas sûr, répliqua le zèbre.
> Et l'antilope renchérit :
> – La plus agile, c'est moi…
> Bref, au bout de cinq minutes, la réunion des animaux dégénéra en pagaille générale, jusqu'au moment où une petite voix propose de nommer roi un oiseau. La surprise calma tout le monde, mais à la réflexion, l'accord se fit. En effet, seul un oiseau pourrait mieux que quiconque se mouvoir au plus vite sans se soucier des obstacles, et savoir aussitôt ce qui se passait d'un bout à l'autre du royaume.
>
> **Extrait de Bertrand Solet, Contes traditionnels du Berry, Milan, 1997**   (suite p. 20)

▷ Quel est le sujet de débat entre ces animaux ?
▶ En quoi peut-on dire qu'il s'agit d'un débat et non d'une simple discussion ?
▷ Quels sont les arguments de chacun ?
▷ Quelle décision est finalement prise ?
▷ Les animaux sont-ils tous d'accord sur cette décision ?
▶ À quelle occasion y a-t-il débat dans la classe ?

Et moi ? Est-ce que je prends le temps de dialoguer quand je ne suis pas d'accord avec quelqu'un ?

→ 2 Des règles pour débattre

Plantu, dessin de presse représentant un débat à l'Assemblée nationale

▷ Décris cette scène.
▶ Où ce débat se déroule-t-il ? (Aide-toi de la p. 117)
▶ Comment se déroule-t-il ?
▶ Quelles règles sont nécessaires pour permettre un bon débat ?
▶ Comment les débats dans la classe se passent-ils ?

Et moi ? Est-ce que je participe au débat quand il y en a un ?

Le dialogue, le débat

Il y a dialogue quand des personnes échangent des informations (doc. 1) : c'est le cas lorsque des élèves répondent au maître ou à la maîtresse, ou encore dans la cour de récréation ou à la cantine, quand ils discutent, se racontent ce qu'ils ont fait…

Il y a débat quand plusieurs personnes prennent le temps de discuter d'un sujet pour donner leur opinion et tenter de convaincre les autres : c'est le cas quand des élèves travaillent en équipe ou quand ils discutent pour améliorer la vie de la classe.

Le débat a parfois pour but de prendre une décision commune : élaborer le règlement de la classe, répartir des responsabilités, élire le délégué de classe, choisir le lieu d'une sortie, se mettre d'accord sur un jeu…

Des règles pour débattre

Pour que le débat se déroule bien et soit efficace, il y a des règles à respecter.

D'abord, chacun a le droit de donner son avis mais a le devoir de réfléchir à ce qu'il dit : il exprime sa propre opinion, apporte des idées nouvelles et cherche à convaincre les autres. Il a aussi le devoir de parler brièvement pour ne pas monopoliser la parole.

Ensuite, chacun a le droit d'être écouté, mais il a le devoir d'écouter les autres avec respect, sans les interrompre ni crier ni se moquer. Cela lui permet de découvrir des idées nouvelles, des solutions auxquelles il n'avait pas pensé. Cela garantit aussi la liberté d'opinion : chacun peut demander aux

↓ **3 Des règles pour débattre**

Je parle

Je participe au débat, même si cela m'intimide.

Je parle distinctement et à toute la classe.

Je propose des idées nouvelles, je ne répète pas ce qui a déjà été dit.

Je donne mon avis personnel.

Je cherche de bons arguments.

Je ne parle pas trop longtemps Je n'en profite pas pour parler d'autre chose.

J'écoute

Je laisse les autres parler.

J'écoute celui qui parle.

Je ne coupe pas la parole.

Je ne fais pas de commentaire, Je ne me moque pas.

Je ne fais pas autre chose.

Je respecte la décision du groupe

… même si ce n'est pas celle que j'avais choisie.

▶ Explique chacune de ces règles et dis en quoi elle est importante.

▶ Tous les élèves sont-ils concernés par ces règles ?

Et moi ? Laquelle de ces règles ai-je le plus de mal à respecter ?

autres de l'écouter si lui-même a écouté et accepté des points de vue différents du sien (doc 2).

Dans un bon débat, il n'y a pas de place pour l'injure, la violence verbale et la violence physique. Car la violence est le contraire du débat : par elle, on cherche à imposer son point de vue.

Le débat débouche parfois sur une décision. La solution choisie n'est pas forcément celle que l'on a défendue, mais chacun s'y conforme car elle est celle choisie par la majorité. Par exemple, si l'on débat à propos de disputes dans la cour de récréation, chacun propose des solutions et aucun élève n'impose ses idées contre l'avis des autres ; ensuite, on choisit la solution qui plaît au plus grand nombre et tout le monde l'applique, sans faire la tête, même si ce n'est pas la solution qu'il aurait préférée (doc. 3).

LEXIQUE

● **un débat** : un échange d'idées entre des personnes qui ont des avis différents et défendent leurs opinions.

● **un dialogue, une discussion** : une conversation entre plusieurs personnes.

● **un point de vue** : une opinion.

DÉBAT Dans un débat, est-on obligé de donner son avis ? ou Que faire quand un débat tourne à l'agressivité entre les participants ?

6 Le vote dans la classe

↓ 1 À quoi le vote sert-il ?

> **Conte. Suite de la page 18.** Mais comment choisir l'oiseau ? Cette fois, la discussion fut rapide ; les animaux décidèrent que ce serait roi l'oiseau qui monterait le plus haut dans le ciel.
> – D'accord ! Les oiseaux s'alignèrent. Le lion rugit pour donner le signal du départ. Tous s'envolèrent ensemble.
> Les oiseaux allaient comme des flèches, mais, très vite, beaucoup abandonnèrent la compétition. Bientôt ne restèrent en course que le faucon, l'épervier, l'aigle, la buse et le vautour. L'aigle prit le dessus, il monta, encore et encore, distançant tous ses adversaires. Sûr de sa victoire, il cria :
> – J'ai gagné ! C'est moi le roi !
> Mais une petite voix se fit entendre :
> – Erreur ! Je suis plus haut que toi.
> La voix appartenait à un minuscule oiseau qui s'était perché sur le dos de l'aigle au départ. Et qui se trouvait donc, effectivement, en ce moment, plus haut que l'aigle lui-même !
> De retour sur la terre ferme, l'aigle cria à la tricherie. Certains animaux l'approuvèrent, d'autres non. Finalement, il fut décidé à la majorité que l'aigle serait nommé roi.
>
> **Extrait de Bertrand Solet, *Contes traditionnels du Berry*, Milan, 1997**

▷ Comment les animaux décident-ils de choisir l'oiseau qui sera roi ?
▷ Que se passe-t-il ensuite ?
▷ Comment règlent-ils le problème ?
▶ À quelles occasions peut-on voter en classe ?
Et moi ? Est-ce que je me sens concerné quand on me demande de voter ?

→ 2 Comment voter ? L'élection des délégués

▶ Pourquoi la maîtresse explique-t-elle le rôle des délégués de classe avant que les élèves votent ?
▶ Quel est le rôle des délégués de classe ?
▷ Dans cette classe, combien d'élèves sont candidats ?
▷ Qui participe au vote ?
▶ Comment choisit-on la personne pour laquelle on va voter ?
▷ Comment procède-t-on pour voter ?
▶ Pourquoi est-ce mieux de voter de manière anonyme plutôt que de voter à main levée ?
▷ Que fait-on après avoir voté ?
▷ Dans cette classe, qui a finalement été élu ?
▶ Peut-on contester la décision prise par le vote ? Pourquoi ?
▶ Compare les étapes de cette élection avec celles des élections p. 108 et trouve trois ressemblances et trois différences.

Et moi ? Quand je vote, je fais un choix parce que j'ai réfléchi ou parce que je veux faire plaisir à un ami ?

À quoi le vote sert-il ?

Voter sert à exprimer un avis, à participer à un choix collectif : cela permet de recueillir l'avis de chacun et de prendre la décision choisie par le plus grand nombre. (doc. 1)
Les adultes votent pour élire les conseillers municipaux (p. 70), les députés (p. 116), les députés européens (p. 144) et le président de la République (p. 120).
À l'école, les élèves votent pour désigner un livre lors d'un concours de lecture, pour choisir le lieu d'une sortie de classe ou le thème du spectacle de fin d'année, pour décider comment dépenser l'argent de la coopérative scolaire, pour élire les délégués de la classe…

Comment voter ?

Pour que le vote soit juste, il faut respecter quelques principes :
– les élèves ont besoin de savoir pour quoi ils vont voter (par exemple, ils ont besoin de comprendre quelles seront les missions des délégués de la classe avant de les élire) ;
– il faut qu'il y ait un choix (entre plusieurs activités, plusieurs solutions, plusieurs candidats) ;
– en cas d'élection, chacun a le droit de se présenter ; chacun a aussi le temps d'exposer son programme ; ainsi, les élèves ne votent pas pour un candidat par amitié ou parce qu'il a l'air « le plus fort » ou « le premier de la classe », mais parce qu'ils sont d'accord avec ses idées et son programme ;

– tout le monde a le droit de voter ;

– mieux vaut voter à « bulletin secret » (en écrivant son choix sur un papier, de manière anonyme), car quand on vote à main levée, tout le monde voit le choix des autres et certains peuvent avoir peur d'être jugés et ne pas se sentir libres.

Quand tout le monde a voté, on compte les voix : le choix qui a remporté le plus de voix est adopté. Les élections se déroulent généralement en deux tours : au premier tour, si l'un des candidats obtient la majorité absolue, il est élu ; sinon, les deux candidats ayant obtenu le plus de voix se présentent pour un second tour. Celui qui obtient le plus de voix au second tour est alors élu (doc. 2).

Une fois les résultats connus, personne ne conteste l'élection : chacun respecte le choix collectif.

D É B A T Qu'attendons-nous des délégués de notre classe ? ou Le vote est-il toujours utile ?

7 La récréation

↓ **1** Un temps pour parler et jouer

↓ **2** Un temps avec des règles

▷ Décris cette scène et ce que font ces enfants.

▷ En quoi cette cour ressemble-t-elle à la tienne ? En quoi est-elle différente ?

Et moi ? Auquel de ces enfants je ressemble quand je suis dans la cour de récréation ?

▷ Sur cette image, quels élèves ont fait une bêtise parce qu'ils n'ont pas fait attention ?

▶ Quelles sont les règles à respecter dans la cour de récréation ?

Et moi ? Est-ce que je respecte les règles de la récréation ?

Un temps pour parler et jouer

Chaque matin et chaque après-midi, mais aussi avant ou après le déjeuner pour les élèves qui déjeunent à la cantine, la sonnerie marque le moment de la pause : c'est la récréation. La récréation est le moment de se détendre, ce qui est indispensable pour mieux se concentrer ensuite en classe. C'est aussi l'occasion de retrouver ses amis, ceux de la classe et ceux de l'école : c'est à ce moment-là, pas à un autre, que l'on peut bavarder, se confier et jouer (doc. 1).

Un temps avec des règles

La récréation n'est pas un moment où l'on peut faire n'importe quoi. Dans la cour, les règles de l'école restent valables, mais la récréation a aussi ses propres règles. Chacun fait attention aux autres : les grands sont prudents avec les petits, les uns et les autres s'organisent pour ne pas se gêner avec les jeux de ballons ou les cordes à sauter. Et chacun prend soin de ne rien abîmer : les fleurs, les arbres, les fenêtres, le matériel de jeu… (doc. 2)

→ 3 Un temps sans violence

▷ Décris cette scène.
▷ Pourquoi la violence est-elle interdite ?
▷ N'y a-t-il que les violences physiques qui sont interdites ?
Et moi ? Qu'est-ce que je fais quand je vois des élèves qui commencent à se bagarrer : est-ce que je me sens concerné ? excité ? effrayé ?

→ 4 Un temps difficile pour certains

▷ Résume la situation.
▷ À ton avis, quels sont les sentiments de Geoffroy ?
▷ Quels sont les sentiments de l'auteur ?
▷ Dans la cour de récréation de ton école, arrive-t-il que certains élèves se sentent exclus ? Que peut-on faire ?
Et moi ? Est-ce que je fais attention aux autres pendant la récréation ?

Littérature. Je ne sais pas si vous savez ce que c'est que la quarantaine, c'est quand on ne parle plus à un copain pour lui montrer qu'on est fâché avec lui. On ne lui parle plus, on ne joue plus avec lui, on fait comme s'il n'était pas là. Ce matin, je suis arrivé à l'école drôlement impatient de ne pas parler à Geoffroy. La récréation a sonné et nous sommes descendus. Dans la cour on s'est tous mis à courir et à crier : « Allez ! Allez ! On joue ! » et on regardait Geoffroy, qui était tout seul. Geoffroy qui était descendu avec son paquet, l'a ouvert et il en a sorti une auto de pompiers, toute rouge. Nous, on continuait à courir partout, à crier et à rigoler, parce qu'entre bons copains, on rigole toujours, et puis Alceste est allé voir l'auto de Geoffroy.
– Qu'est-ce que tu fais Alceste ? a demandé Rufus.
– Ben rien, a dit Alceste, je regarde l'auto de Geoffroy.
– T'as pas à regarder l'auto de Geoffroy, a dit Rufus, on ne connaît pas Geoffroy !
– Je ne lui parle pas à Geoffroy, imbécile, je regarde son auto !
– Si tu restes là, a dit Rufus, on te met en quarantaine, toi aussi !
Ca m'a embêté çà, parce qu'Alceste, c'est un copain, et si je ne peux plus lui parler, c'est pas drôle. Et puis Rufus a crié :
– Tous ceux qui iront avec ceux-là seront en quarantaine.

René Goscinny, *Histoires inédites du Petit Nicolas*, Éditions de Grenelle, 2004, p 156 et 159

Un temps sans violence

Dans la cour de récréation comme partout dans l'école, la violence physique (les coups) et la violence verbale (les insultes) sont interdites. Des adultes sont là pour surveiller les jeux, rappeler les règles, protéger ceux qui seraient victimes d'injures ou de coups et empêcher qu'un conflit ne dégénère en violence. Il est de notre responsabilité à tous de calmer les disputes et de demander l'aide des adultes quand il y a un problème (doc. 3).

Un temps difficile pour certains

Pendant la récréation, certains se font mal, d'autres ont de la peine, d'autres encore n'ont pas d'amis et personne ne joue avec eux. Chacun apprend à faire attention aux autres, chacun peut consoler ceux qui pleurent et jouer avec ceux qui sont seuls (doc. 4).

> **DÉBAT** Quels problèmes se posent dans notre cour de récréation ? Que faire ?

8 La cantine

↓ **1** Un moment de découverte, avec des repas sains et équilibrés

Le menu de la semaine

Lundi

Betteraves en salade
Sauté de veau marengo
Spaghettis et tomates
Fromage
Fruit

Jeudi

Tomates en salade
Couscous
et ses légumes
Yaourt
Fruit

Mardi

Concombres vinaigrette
Escalope sauce savoyarde
Purée de carottes
Petits suisses
Tarte aux fraises

Vendredi

Macédoine
Poisson meunière
Épinards en béchamel
et pommes de terre
Fromage
Salade de fruits

▶ Connais-tu tous les plats proposés ?

▶ Lesquels as-tu l'habitude de manger à la maison ?

▶ Classe ce que les élèves mangent cette semaine :
les légumes, les viandes et les poissons, les féculents, les laitages, les fruits…

▶ Ces repas sont-ils équilibrés ?

▶ Qui, dans ton école, compose le menu de la cantine ? Qui le prépare ?

Et moi ? Est-ce que je mange de tout à la cantine ? Est-ce que je mange des fruits et des légumes, ou bien est-ce que je me précipite sur les desserts sucrés ?

→ **2** Un temps d'échanges avec des règles

▷ Décris ce que font ces élèves.

▶ Énumère les attitudes à éviter.

▶ Et dans la cantine de ton école, quelles attitudes te gênent parfois ?

▶ Nomme quelques règles de politesse à table.

▶ Pourquoi ne peut-on manger librement et n'importe comment à la cantine ?

Et moi ? Est-ce que je respecte les autres pendant le repas ?

Un moment de découverte

En France, un élève sur deux déjeune à la cantine. Beaucoup d'élèves critiquent les repas de la cantine. C'est vrai que les cuisiniers ne peuvent pas préparer des repas qui tiennent compte des goûts de chacun, comme peuvent le faire les parents. En outre, il est plus difficile de cuisiner un plat pour des dizaines de personnes que pour quelques-unes, comme à la maison. Enfin, à la cantine, nous mangeons souvent des plats que nous n'avons pas l'habitude de manger chez nous. Mais justement, la cantine est l'occasion de découvrir de nouveaux plats (doc. 1).

Des repas sains et équilibrés

En France, nous avons la chance de disposer de cantines de qualité. Les repas sont préparés par des cuisiniers de métier, qui respectent des règles d'hygiène strictes et veillent à leur donner le meilleur goût possible. Les menus sont conçus par des professionnels, qui proposent des repas équilibrés et variés, avec tout ce dont nous avons besoin pour être en bonne santé et bien travailler (doc. 1). Mais c'est aussi à chacun de faire attention à ce qu'il mange : manger à sa faim sans se précipiter pour aller jouer, ne pas oublier les fruits et les légumes, ne pas prendre trop de sucreries.

Un temps d'échanges

La cantine, comme la récréation, est un temps pour retrouver ses amis et parler avec eux. Pour apprécier ce moment, il faut du calme : ne pas courir, ne pas crier, ne pas s'interpeller d'une table à l'autre mais parler doucement pour que chacun puisse déjeuner tranquillement et discuter avec ses voisins. Les plus timides, ceux qui ont peu d'amis, se retrouvent parfois seuls : ils n'osent pas s'asseoir avec les autres et ont peur d'être rejetés. Nous invitons ceux qui sont seuls à venir déjeuner avec nous et nous profitons de la cantine pour nous faire de nouveaux amis (doc. 2).

Un temps avec des règles

À la cantine comme partout, il y a des règles. On ne se bouscule pas pour être servi en premier et on partage avec les autres. On évite le gaspillage. On laisse de la place aux autres. On mange proprement, avec des couverts, sans faire tomber de la nourriture partout. On ne met pas son couteau dans la bouche pour ne pas se couper. Et l'on débarrasse la table à la fin du repas (doc. 2).

DÉBAT Que faire pour rendre le temps du repas plus agréable ?

⬇ 1 À moi

▷ Parmi ces objets, lesquels sont sales ? Lesquels sont abîmés ? Lesquels sont usés ?

▷ À qui sont-ils ?

▶ Pourquoi faut-il écrire son nom sur ses affaires ?

▶ Peut-on faire ce que l'on veut avec ses affaires ? Justifie ta réponse.

▶ Envers qui le fait d'abîmer ou de gaspiller ses affaires est-il irrespectueux ?

Et moi ? Est-ce que je prends soin de mes affaires ? Sont-elles marquées à mon nom ?

À moi

Les objets qui nous ont été offerts, ceux que nous achetons sont nos affaires personnelles. Nous pouvons en disposer comme nous le voulons. Cela ne signifie pas que nous pouvons les abîmer ou les gaspiller : ce serait irrespectueux pour les personnes qui nous les ont donnés ou achetés.

À l'école, chaque élève a son matériel. Chacun veille à ne pas perdre ses affaires pour ne pas avoir à emprunter le matériel des autres : cela les dérange dans leur travail. Il en prend soin pour ne pas obliger ses parents à en racheter. Il marque son nom sur ses affaires et sur ses vêtements : en cas de perte, cela évite les conflits pour savoir à qui appartiennent les objets trouvés (doc. 1).

À toi

Personne n'a le droit de prendre quelque chose qui ne lui appartient pas : c'est du vol (doc. 2). À l'école, comme en dehors, il est interdit de voler. Il est interdit de garder un objet volé, même s'il a été volé par d'autres : c'est du recel. Il est interdit de réclamer un objet par intimidation : c'est du racket. Lorsqu'on trouve un objet par terre, il ne nous appartient pas. Nous le remettons aux enseignants ou le déposons aux « objets trouvés » : un lieu dans lequel on met tous les objets que l'on trouve en attendant que leurs propriétaires les réclament.

Si quelqu'un nous prête ses affaires, il s'attend à les récupérer en bon état : nous y faisons attention et nous pensons à les rendre.

→ 2 À toi

▷ Résume cette histoire.

▷ Que doit faire Tomi maintenant ?

▷ Que faut-il faire quand on trouve un objet par terre ?

▷ Où, dans ton école, met-on les objets trouvés ?

Et moi ? Qu'est-ce que je fais si je trouve par terre un objet dont j'ai envie ?

→ 3 À tous

Abribus détruit boulevard Beaumarchais, à Paris

▷ Décris cet abribus.

▷ À qui appartient-il ?

▷ À qui est-il utile ?

▷ Peut-on encore s'asseoir sur le banc ?

▷ Que va-t-il se passer ?

▷ Qui va payer ?

▷ Trouve d'autres objets qui appartiennent à tous :
– à l'école ?
– dans la rue ?

Et moi ? M'arrive-t-il de ne pas faire attention aux biens de l'école ?

Roman. Tomi découvre le bracelet d'Oma dans la petite poubelle de la salle de bains. Il a dû glisser de la tablette du lavabo. Ça alors ! Il n'hésite pas. Il le met dans sa poche.

Le lendemain, Tomi brûle d'impatience de retrouver Léa. Dès qu'elle le rejoint, il lui tend un paquet mal ficelé :

– Tiens, Léa, j'ai ton cadeau. Tu vas voir, c'est un bijou, un vrai.

Léa prend le bracelet et remercie Tomi.

Lorsqu'il rentre à la maison, Tomi surprend une conversation entre sa mère et sa grand-mère. Oma dit :

– Ce bracelet était un souvenir de Papy. Il m'avait fait ce cadeau pendant notre dernier voyage tous les deux, à Tolède.

Oma a une larme sur la joue et Tomi sent qu'il a fait une sacrée bêtise.

D'après Nicole Sehneegans, « Le cadeau volé », *J'aime lire* n° 245, 1997.

À tous

À l'école, nous utilisons des objets, du matériel qui ne nous appartiennent pas : les tables, les bancs, les livres, le matériel d'EPS, les ordinateurs… C'est le matériel de l'école, et nous en prenons soin car il est utile à tous. Si nous cassons, abîmons ou perdons ce matériel, nous le remplaçons. Si l'on ne sait pas qui a abîmé le matériel, l'école devra le remplacer et aura moins d'argent pour d'autres projets dont nous pourrions profiter.

En dehors de l'école aussi, nous utilisons du matériel et des équipements qui appartiennent à tous : les poubelles, les abribus, les bancs publics, les sièges de bus et de train… Lorsque les poubelles sont renversées, on ne peut plus jeter ses déchets et les saletés s'amoncellent dans la rue. Lorsque les bancs des abribus sont cassés, on ne peut plus s'y asseoir (doc. 3). C'est notre intérêt de respecter ce matériel : nous en profitons tous.

D É B A T Ai-je le droit de faire ce que je veux avec mes affaires ?

10 Les règles de politesse et de civilité

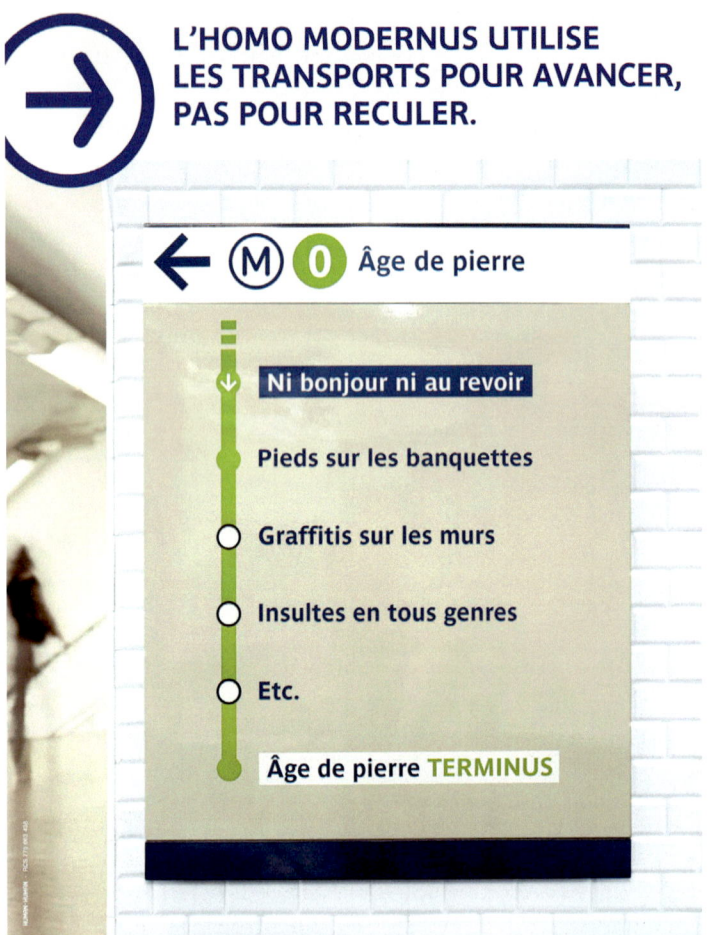

L'HOMO MODERNUS UTILISE LES TRANSPORTS POUR AVANCER, PAS POUR RECULER.

← Ⓜ ⓪ Âge de pierre

Ni bonjour ni au revoir

Pieds sur les banquettes

Graffitis sur les murs

Insultes en tous genres

Etc.

Âge de pierre **TERMINUS**

Chaque jour, nous sommes dix millions de franciliens à emprunter les transports en commun. Un peu plus de respect mutuel, de courtoisie et de convivialité, un peu moins de dégradations, de violence verbale, de bousculades inutiles et nos trajets quotidiens deviendraient plus agréables. Voyageurs, agents de la RATP, nous sommes tous concernés. Pour en parler, tous à vos claviers :

www.objectif-respect.org

← 1 Des règles nécessaires

Panneau publicitaire, RATP (transports en commun à Paris), 2007

▷ Décris cette affiche : le visuel et le texte.

▷ Quels comportements dénonce-t-elle ? Quelles règles de politesse évoque-t-elle ?

▷ Explique l'intérêt de chaque règle.

▷ As-tu déjà vécu une situation où les règles de politesse n'étaient pas respectées ? Que s'est-il passé ? Qu'as-tu ressenti ?

▷ Relève, dans la journée, tous les mots que tu utilises pour montrer que tu te soucies des autres.

Et moi ? Quelle règle de politesse ai-je le plus de mal à respecter (je cherche la remarque que l'on me fait le plus souvent) ?

→ 2 La politesse de tous les jours

Hergé, Tintin au Tibet

▷ Raconte cette scène avec tes propres mots : que s'est-il passé ?

▷ Ce que font ces enfants est-il poli au Tibet ? et chez nous ?

▷ Décris d'autres gestes impolis chez nous.

▷ Trouve les mots et les expressions que l'on dit par politesse.

▷ Trouve des attitudes impolies pour chacun de ces lieux ou chacune de ces situations : dans la rue, dans le bus, au cinéma, quand on a le nez sale, quand on est à table, quand un adulte nous parle, quand on éternue…

Et moi ? Quel manque de politesse ai-je le plus de mal à supporter chez les autres ?

Des règles nécessaires

Toutes les sociétés humaines adoptent des règles de politesse : cela permet de mieux vivre ensemble. Ces règles sont différentes selon les lieux et les époques. Elles varient selon les moments : on parle avec les autres à table mais on se tait au cinéma…

Les règles évoluent. Par exemple, l'utilisation des portables a fait naître de nouvelles règles : on éteint son téléphone dans les transports en commun ou au spectacle pour ne pas gêner ses voisins.

La politesse sert à rendre la vie quotidienne plus agréable : personne n'aime se faire bousculer ou doubler dans une file d'attente (doc. 1).

La politesse de tous les jours

Certains mots et expressions (bonjour, au revoir, s'il vous plaît, merci, pardon…) montrent que l'on fait attention aux autres. Nos attitudes aussi témoignent de notre respect envers les autres : on ne coupe pas la parole, on parle doucement, on tient la porte aux personnes qui suivent, on évite les grossièretés et certains bruits (rots, pets), on laisse sa place assise à une personne âgée, on vouvoie certaines personnes… Certaines règles sont aussi des règles d'hygiène : on ne met pas ses doigts dans son nez, on met sa main devant sa bouche lorsqu'on éternue ou tousse, on ne mange pas avec ses doigts… (doc. 2 et doc. 3 p. 31)

3 La politesse à l'école

▷ D'après ce texte, à quoi sert la politesse ?

▷ Quelles règles de politesse l'auteur évoque-t-il ?

▷ Parmi ces règles, lesquelles sont valables partout ? Lesquelles sont spécifiques à l'école ?

▶ Trouve d'autres règles de politesse particulières à l'école : dans la classe, dans la cour de récréation, dans les couloirs…

Et moi ? Quelle règle de politesse de l'école ai-je le plus de mal à respecter ?

À la fin du XIXe siècle, pour certains enfants qui, jusque-là, passaient leur temps à garder les troupeaux ou à travailler dans les champs, l'école était le lieu où l'on apprenait la politesse : ne pas se moucher avec les doigts, ne pas cracher par terre, retirer son béret en entrant dans la classe, vouvoyer le maître…

De nos jours, tout le monde connaît les grandes règles de politesse et il ne viendrait à l'idée d'aucun élève de se moucher dans ses doigts… quoique certains mettent encore leurs doigts dans leur nez.

À l'école, on applique les mêmes règles qu'ailleurs : dire bonjour, merci et au revoir, ne pas bousculer les autres, ne pas couper la parole, ne pas mettre ses pieds sur la table, mettre sa main devant sa bouche pour bailler ou éternuer…

Mais on apprend aussi des règles particulières. Par exemple, il est impoli de prendre la parole sans lever le doigt. Mais si tu lèves le doigt à la maison, au milieu du dîner, tes parents risquent de faire une drôle de tête. Et si tu invites des amis à la maison, vous n'allez pas vous mettre en rang pour monter l'escalier ! Bref, à l'école, il y a les mêmes règles que dans la société, et il y a des règles en plus, parce que nous sommes nombreux, et que nous sommes là pour travailler et apprendre.

La politesse à l'école

À l'école aussi, il existe des règles de politesse. Certaines sont les mêmes que dans la vie courante : adultes et enfants sont à l'heure, se saluent, ne disent pas de grossièretés… Ici autant qu'ailleurs, les enfants respectent les adultes, ne se montrent pas insolents et ne contestent pas ce qu'ils disent. D'autres règles sont spécifiques à l'école : lever la main pour prendre la parole, rester assis pendant la classe, se mettre en rang à la fin de la récréation… (doc. 3) La politesse assure une atmosphère paisible et propice au travail. Elle rend la vie en groupe plus agréable.

DÉBAT Qu'est ce que l'on gagne à être poli ? ou Les règles de politesse sont-elles les mêmes pour les enfants et pour les adultes ?

11 Le respect

← 1 **Le respect à l'école**

Jean Geoffroy, *Un futur savant*, 1880, Musée national de l'Éducation

Jusqu'au milieu du XXᵉ siècle, quand un élève ne réussissait pas dans son travail, le maître pouvait l'humilier en le comparant à un animal réputé stupide et têtu : l'âne.

▷ Décris cette image.

▶ À ton avis, quels sont les sentiments de l'enfant qui porte le bonnet d'âne ?

▶ Cette punition est-elle un manque de respect ?

▶ Est-elle encore autorisée de nos jours ?

▶ Décris une autre manière de manquer de respect à un élève.

▶ Et les élèves : quel comportement doivent-ils avoir envers les adultes ? et les uns envers les autres ?

▶ Regarde le doc. 1 p. 156 : à qui le monde entier a-t-il reconnu le droit au respect ?

Et moi ? Est-ce que je me montre respectueux avec les adultes à l'école ? et avec les autres enfants ?

Le droit au respect

Le respect est le contraire de l'humiliation, du mépris. La communauté humaine, dans le monde entier, a reconnu que chacun a le droit au respect (doc. 1 p. 156) : il n'est pas pensable de ne respecter que le plus fort, le plus beau, le plus intelligent, le plus rapide, le plus riche, ou encore celui qui a les mêmes idées ou la même religion que nous. Et il est interdit d'humilier quelqu'un à cause de sa taille, de la couleur de sa peau, de son origine, de son métier, de ses opinions…

Le respect à l'école

À l'école aussi, les enfants et les adultes ont le droit d'être respectés. L'enseignant n'a pas le droit d'humilier les élèves qui ne comprennent pas une leçon ou qui ne réussissent pas en EPS. Mais il peut mettre une mauvaise note, car la note évalue le travail de l'élève ou sa compréhension de la leçon, pas l'élève lui-même.

De leur côté, les élèves parlent avec respect aux adultes et leur obéissent. Ils ne se moquent pas d'un camarade qui n'a pas réussi (doc. 1).

2 Le respect des autres

Un escargot se croyant beau, se croyant gros
se moquait d'une coccinelle.
Elle était mince, elle était frêle !
Vraiment, avait-on jamais vu
un insecte si menu !
Vint à passer une hirondelle
qui s'esbaudit du limaçon.
– Quel brimborion !
s'écria-t-elle,
C'est le plus maigre du canton.
Vint à passer un caneton.
– Cette hirondelle est minuscule
voyez sa taille ridicule !
dit-il sur un ton méprisant.
Or, un faisan
aperçut le canard et secoua la tête :
– Quelle est cette minime bête
au corps si drôlement bâti ?
On n'a jamais vu plus petit !
Un aigle qui planait, leur jeta ces paroles ;
– Êtes-vous fous ? Êtes-vous folles ?
Qui se moque du précédent
sera moqué par le suivant.
Celui qui d'un autre se moque
à propos de son bec, à propos de sa coque,
de sa taille ou de son caquet,
risque à son tour d'être moqué.

Pierre Gamarra, *La Mandarine et le Mandarin*, La Farandole, 1970

▷ Énumère les animaux moqués dans cette histoire.
▷ Pour quels motifs se moque-t-on d'eux ?
▷ Quelle est la morale de cette fable ?
▷ Décris différentes manières de respecter les autres ?
Et moi ? Dans quelles situations ai-je tendance à me moquer des autres ?

3 Le respect de soi

▷ Que fait cet enfant ?
▷ Se respecte-t-elle ?
▷ Respecte-t-elle les autres ?
▷ Trouve d'autres manières de ne pas se respecter.
Et moi ? En quoi ai-je parfois du mal à me respecter moi-même ? Est-ce que je pense du bien de moi-même ?

Le respect des autres

L'école sert à apprendre le respect : le respect du travail de l'enseignant et du travail des autres en classe, le respect du point de vue de chacun lors des débats, le respect des adversaires et des décisions de l'arbitre lors des activités sportives… Respecter n'est pas la même chose qu'obéir : on peut obéir pour ne pas être puni, mais on respecte une personne parce qu'on a de la considération pour elle. Le respect est mutuel. Celui qui n'est pas respectueux ne peut pas s'attendre à être respecté (doc. 2).

Le respect de soi

Pour se faire respecter, il faut se respecter soi-même. Par exemple, une personne sale ou qui met ses doigts dans son nez n'inspire par le respect (doc. 3). Se respecter, c'est aussi respecter sa parole, s'impliquer dans son travail. C'est agir pour soi-même et ne pas se laisser influencer par les autres.

DÉBAT Dans quelles circonstances le manque de respect nuit-il à la vie de la classe ?

12 Tous différents, tous égaux

← 1 Tous différents

Même les jumeaux qui se ressemblent physiquement n'ont pas les mêmes goûts, ni le même caractère, ni les mêmes talents…

▷ Décris ces enfants.

▷ Qu'appelle-t-on des jumeaux ?

▷ En quoi ces jumeaux se ressemblent-ils ? En quoi sont-ils différents ?

▷ Trouve des différences qui peuvent exister mais qui ne sont pas visibles.

▷ En quoi est-il intéressant que nous soyons tous différents ?

Et moi ? Est-ce que j'envie certains camarades ? Est-ce que je connais et j'apprécie mes propres qualités ?

→ 2 Tous égaux →

▷ Raconte cette histoire avec tes propres mots.

▷ Quelles sont les différences entre ces deux personnes ?

▷ En quoi le grammairien ne respecte-t-il pas l'égalité entre tous ?

▷ Explique la dernière phrase.

▷ Trouve, dans la Déclaration des droits de l'homme et du citoyen de 1789 (doc. 2 p. 85) et dans la Déclaration universelle des droits de l'homme de 1948 (doc. 1 p. 156), les articles qui affirment l'égalité de tous.

▷ Comment, dans la classe, peut-on respecter l'égalité entre tous ?

Et moi ? Est-ce que je considère tous les élèves avec le même respect ?

Tous différents

Chaque individu est unique. Il y a, entre nous, des différences de sexe, de couleur de peau, de taille, de poids. Il y a aussi des différences de talents : certains courent vite, d'autres sont adroits, d'autres ont une bonne mémoire. Il y a également des différences de caractère : certains sont timides, d'autres bruyants, certains sont joyeux, d'autres rêveurs… Enfin, il y a des différences de goût : certains aiment les maths, d'autres le sport ou le dessin… Il existe bien d'autres différences : différentes manières de vivre, différentes langues, différentes croyances… (doc. 1)
Heureusement ! Imagine un monde dans lequel nous serions tous pareils. Nous ne pourrions pas nous reconnaître (nous aurions le même visage), ni découvrir des personnes nouvelles, ni discuter (nous aurions les mêmes idées au même moment).

Tous égaux

Malgré nos différences, qu'elles soient visibles ou non, nous avons tous la même valeur et nous sommes tous égaux (doc. 2).
Cela signifie que nous avons tous les mêmes droits : le même droit au respect, le même droit de donner notre avis, le même droit de répondre aux questions de l'enseignant, le même droit de se tromper. C'est

Conte. Un capitaine transportait les gens d'une ville à une autre sur son bateau. Il connaissait bien son métier et on l'appréciait pour son expérience et pour son courage. Un jour, un grammairien monta à bord. C'était un homme plein d'orgueil, qui se moquait des gens qui parlaient mal : il se moquait de leur accent, de leurs phrases bancales. Ce jour-là, le capitaine racontait des histoires de marins. Pour le rabaisser, le grammairien l'interrogea devant tout le monde :

– As-tu lu la grammaire ?

– Non, répondit le capitaine étonné. J'ai appris un peu de grammaire à l'école mais je ne connais pas les sciences dont tu me parles.

Triomphalement, le grammairien conclut :

– Tu as perdu la moitié de ta vie !

Quelques heures plus tard, le ciel se remplit de gros nuages noirs, les vents se transformèrent en tempête. Le bateau tanguait dangereusement. Le capitaine s'occupait de sauver ses passagers. Soudain, il tomba sur le grammairien recroquevillé sur lui-même. Il demanda :

– Sais-tu nager ?

Le grammairien, effrayé répondit d'une petite voix :

– Non, je n'ai pas appris.

Le capitaine dit :

– Toute ta vie va être perdue !

D'après L. Ibrahim-Ouali et B. Amvar-Motlag, *Sagesses et malices de la Perse*, Albin Michel, 2001

↑ 3 Tous égaux : la devise de la République

La mairie de Pontonx-sur-l'Adour, 2006

▷ Lis la devise de République française sur la façade de la mairie.
▶ Que signifie-t-elle ?

Et moi ? Est-ce que je suis parfois agacé par les élèves qui comprennent moins vite que moi ou par le temps que le maître consacre à certains ?

---

une valeur essentielle de notre société, reconnue par la devise de la République française (doc. 3).

Tous, nous avons aussi les mêmes devoirs : le devoir d'obéir aux mêmes règles, de faire des efforts, de respecter les autres…

Il est parfois nécessaire d'aider certaines personnes pour leur permettre d'être à égalité avec les autres. C'est le cas lorsque le maître ou la maîtresse consacre du temps aux élèves qui éprouvent des difficultés, parce que tous les élèves ont le droit de comprendre la leçon. C'est également le cas quand il faut adapter la classe pour accueillir un enfant porteur d'une maladie ou d'une différence (doc. 3 p. 133).

LEXIQUE

● **une devise** : quelques mots ou une phrase qui exprime une pensée, un idéal de vie.

● **la République française** : l'organisation actuelle de la France, sous la forme d'une république (sans roi).

● **un talent** : un don, une qualité, une capacité à faire quelque chose.

DÉBAT « Celui qui diffère de moi, loin de me léser, m'enrichit. » (Saint-Exupéry)

13 La tolérance

↓ 1 **Une façon de penser** Photographie tirée du film de Stephen Daldry, *Billy Elliot*, 2000

Billy Elliot raconte l'histoire d'un garçon de onze ans qui fait de la boxe comme tous les garçons de sa famille mais qui se prend de passion pour la danse classique, ce qui provoque la colère de son père et les moqueries de ses camarades.

▷ Décris cette scène.
▷ Pourquoi le père de Billy s'oppose-t-il à ce qu'il fasse de la danse ?
▷ En quoi le père et les camarades de Billy se montrent-ils intolérants ?
▷ Donne d'autres exemples de choix que font certains et qui provoquent des moqueries.

Et moi ? Est-ce qu'il m'arrive de trouver ridicules les choix des autres ?

Une façon de penser

La tolérance consiste à accepter l'autre avec ses différences, admettre qu'il peut penser ou agir différemment de nous tout en restant notre égal. À l'inverse, l'intolérance consiste à rejeter les autres, à les mépriser ou à les détester pour leurs différences : la couleur de leur peau, leur façon de s'habiller, leur manière de vivre, leurs idées.

Généralement, l'intolérance est due à l'incompréhension ou à l'ignorance : par exemple, autrefois, on excluait les roux car on croyait qu'ils étaient des démons. Elle vient aussi d'un sentiment de supériorité : on pense que notre manière de vivre, nos idées sont meilleures que celles des autres (doc. 1).

Une façon d'agir

L'intolérance se manifeste par le mépris, la moquerie, le fait d'exclure, parfois aussi par les insultes, voire par la violence (doc. 2).

La tolérance, au contraire, se manifeste par le respect de l'autre, la curiosité, l'envie de connaître et de comprendre, le dialogue, ce qui permet de découvrir l'autre, ses idées, ses expériences et de vivre en bonne harmonie. Car la tolérance considère que la diversité est une richesse.

La tolérance garantit notre liberté : elle permet à chacun d'avoir ses propres opinions, sa propre manière de vivre. Sans la tolérance, tout le monde devrait penser et vivre de la même façon.

→ 2 Une façon d'agir

▷ Qui sont les membres de ce club ?

▷ En quoi ont-ils été victimes de l'intolérance des autres ?

▷ Quel est leur devoir de tolérance ?

▷ Dans ta classe, qui a déjà subi une moquerie et pourrait devenir membre de ce club ?

Et moi ? Est-ce qu'il m'arrive de me moquer de mes camarades ?

Roman. Tous ceux qui subissent des moqueries dans cette école sont les bienvenus dans le club des « Et alors ? » Chloé, la fille de CM2 qui était venue me consoler la dernière fois, s'approche la première
– Moi, j'aimerais bien faire partie du club.
Super, prends un badge. Chloé écrit sur le badge : « Je suis grosse : et alors ? » et l'accroche sur son T-shirt…
Un garçon veut s'inscrire aussi. Il me dit :
– Je m'appelle Marin, et on me traite de nain de jardin.
Je lui tends un badge, il écrit : « Je suis petit, et alors ? »
Tout à coup c'est la folie ! Plein d'enfants veulent leur badge. Une fille note : « J'ai les oreilles décollées, et alors ? » Un garçon : « J'ai le nez tordu, et alors ? » Un autre : « J'ai de grosses lunettes, et alors ? » Ouah ! mon club a un succès fou…
[Mais Chloé précise :]
– Les membres du club « Et alors ? » ne doivent pas faire comme les autres moqueurs, sinon, ils ne sont plus dignes d'être des nôtres. Notre message est clair : chacun est comme il est, et voilà.

Florence Dutruc-Rosset, Marylise Morel, *C'est la vie Lulu ! On se moque de moi*, Bayard Poche, 2004 p. 29-30 et 37

→ 3 Les limites de la tolérance

Concours d'affiches contre le racisme

▷ Décris ces affiches.

▷ Qu'est-ce que le racisme ?

▷ En quoi est-il intolérable ?

▷ Trouve dans ton manuel d'autres attitudes intolérables.

Et moi ? M'arrive-t-il de rejeter quelqu'un à cause de ses origines ?

Les limites de la tolérance

La tolérance ne signifie pas tout accepter : certains actes sont intolérables, car ils portent atteinte à la dignité des personnes. Par exemple, l'esclavage et la torture, le racisme et l'antisémitisme sont des actes intolérables : ils nient la part d'humanité qui est dans chaque personne.
Dans la vie quotidienne, les paroles ou les gestes qui servent à rejeter quelqu'un parce qu'il est différent de nous du fait de son apparence, de la couleur de sa peau, de sa religion, de son mode de vie ou de ses idées sont inacceptables. Chacun doit se mobiliser pour éviter ces attitudes et expliquer aux autres qu'elles sont intolérables (doc. 3).

LEXIQUE

● **l'antisémitisme** : l'attitude qui consiste à rejeter les juifs.

● **l'esclavage** : le fait que des êtres humains soient privés de toute liberté et appartiennent à un maître auquel ils doivent totale obéissance.

● **le racisme** : l'attitude qui consiste à rejeter une personne du fait de son apparence physique ou de son origine.

DÉBAT Est-il facile d'être tolérant en toutes circonstances ?

14 La vérité, le mensonge

↓ 1 La vérité

François Édouard Picot, La Vérité accompagnée de la justice et de la sagesse, protégeant la France contre l'hypocrisie et la discorde, 1835, château de Versailles

▷ Décris ce tableau. Comment la Vérité est-elle représentée ?

▷ Pourquoi représente-t-on souvent la Vérité nue ?

▷ Pourquoi est-il important de toujours dire la vérité ?

▷ Que faire quand on ne connaît pas la vérité et qu'on nous la demande ?

La vérité

Dire la vérité, c'est dire ce qui est vrai : quand on raconte un événement, quand on donne son avis, quand on répond à une question.

La vérité n'est pas toujours facile à dire. Dans certains cas, on ne la connaît pas bien : dire la vérité consiste alors à préciser que l'on ne sait pas. Dans d'autres cas, on craint de faire de la peine : on hésite à dire que l'on n'aime pas un cadeau que l'on a reçu, que l'on n'est pas d'accord avec ce qu'un ami a dit.

Dire la vérité permet de gagner la confiance des autres. Cela permet aussi aux autres de savoir ce qui est vrai, de ne pas se tromper (doc. 1).

Le mensonge

Dire un mensonge, c'est dire une chose que l'on sait fausse. Le mensonge est différent de l'erreur : quand on se trompe, on dit une chose fausse sans savoir qu'elle est fausse.

Certains mentent parce qu'ils ont peur de se faire gronder. D'autres parce qu'ils ont honte. D'autres inventent des histoires pour se vanter, pour se faire remarquer, pour ne pas être ridicules. Ils croient qu'ils se feront davantage aimer en se créant un personnage (doc. 2). Pourtant, même un menteur déteste qu'on lui mente : tout le monde tient à ce qu'on lui dise la vérité en toutes circonstances.

2
Le mensonge

Steeve Baron, *Pinochio*, 1996

▷ Qui est ce personnage ?

▷ En quoi son nez est-il particulier ?

▷ Raconte son histoire.

▷ Dans quels cas a-t-on parfois envie de mentir ?

Et moi ? M'arrive-t-il de mentir ? Pourquoi ?

3 Les conséquences du mensonge

Fable. Il était une fois un jeune garçon qui gardait les troupeaux dans la montagne. Un jour qu'il s'ennuyait, il se mit à crier : « Au loup ! Au loup ! » En entendant son appel, les villageois s'armèrent de fourches et gravirent la montagne en courant pour sauver leurs troupeaux et porter secours au jeune berger. Quand ils arrivèrent, ils trouvèrent leurs moutons en train de paître tranquillement et le jeune berger en train de rire de sa plaisanterie. Ils redescendirent furieux.

Le lendemain, le berger décida de s'amuser à nouveau et cria à nouveau : « Au loup ! Au loup ! » Les villageois accoururent une fois encore et, furieux, comprirent que le berger s'était encore moqué d'eux. Il en fut de même le surlendemain.

Le jour suivant, le loup arriva vraiment et attaqua le troupeau. Le berger eut beau crier, personne au village ne le crut et ne vint à son secours.

D'après une fable d'Esope, VIIᵉ siècle av. J.-C. - VIᵉ siècle av. J.-C.

▷ Raconte cette histoire avec tes propres mots.

▷ Quelle est la morale de cette fable ?

▷ Quelles peuvent être les autres conséquences d'un mensonge ?

Et moi ? M'arrive-t-il de raconter n'importe quoi pour attirer l'attention des autres ?

Les conséquences du mensonge

Mentir a des conséquences. Celui qui ment pour ne pas se faire punir risque de l'être doublement : pour ce qu'il a caché et pour avoir menti. Celui qui mélange le réel et l'imaginaire risque de ne plus être cru, même quand il dit la vérité **(doc. 3)**. Et tous les menteurs finissent par perdre leurs amis et la confiance des autres. De plus, celui qui ment risque de nuire aux autres, en leur faisant faire des erreurs.

Le mensonge est puni par la loi. Si l'on ment devant un juge, on risque d'aller en prison. De même, la calomnie et la diffamation sont punies de lourdes amendes, voire de la prison.

LEXIQUE

● **la calomnie, la diffamation** : une parole ou un texte mensonger qui nuit à la réputation de quelqu'un.

● **l'hypocrisie** : le fait de cacher ce que l'on pense vraiment en se comportant comme si l'on avait une autre opinion.

DÉBAT La vérité est-elle toujours bonne à dire ? ou Le mensonge est-il parfois autorisé ?

15 La solidarité

↓ 1 La solidarité

Roman. Cette fois encore, d'Artagnan avait couru, l'épée à la main, toutes les rues environnantes, mais il n'avait rien trouvé qui ressemblât à celui qu'il cherchait. Pendant ce temps, Aramis avait rejoint ses deux compagnons, de sorte qu'en revenant chez lui d'Artagnan trouva la réunion au grand complet.
– Et maintenant, Messieurs, dit d'Artagnan sans se donner la peine d'expliquer sa conduite à Porthos, tous pour un, un pour tous, c'est notre devise, n'est-ce pas ?
– Cependant… dit Porthos.
– Étends la main et jure ! s'écrièrent à la fois Athos et Aramis.
Vaincu par l'exemple, maugréant tout bas, Porthos étendit la main, et les quatre amis répétèrent d'une seule voix la formule dictée par d'Artagnan :
– Tous pour un, un pour tous.

Alexandre Dumas, *Les Trois Mousquetaires,* **1844**

▷ Raconte cette histoire avec tes propres mots.
▶ Imagine ce qu'ils vont faire ensuite pour se montrer solidaires envers d'Artagnan.
▶ Explique la devise des quatre amis.
▶ Et dans la classe, quelles sont les occasions de solidarité entre les élèves ?

Et moi ? Est-ce que je me montre suffisamment solidaire envers mes camarades en classe ? dans la cour de récréation ?

↓ 2 La solidarité entre les élèves

Jean Roba, *Boule et Bill*, 2006

▷ Décris cette scène.
▷ Quel personnage se montre solidaire ? envers qui ?
▶ Comment, à l'école, peut-on se montrer solidaire les uns envers les autres ?

La solidarité

Être solidaire, c'est considérer qu'on appartient à un groupe et que ce qui arrive à l'un des membres du groupe nous concerne tous (doc. 1). C'est le contraire de l'indifférence : c'est chercher à aider celui qui en a besoin.
La famille est notre premier lieu de solidarité : nous partageons nos joies et nos peines, et tout ce qui arrive à un membre de notre famille nous touche. Nous sommes également solidaires de nos amis : nous les écoutons et nous les consolons quand ils ont des chagrins ; nous sommes excités avec eux quand il leur arrive de belles choses.

La solidarité entre les élèves

La classe est un lieu de solidarité. Il y a de nombreuses façons de se montrer solidaire avec ses camarades de classe : expliquer une leçon à un élève qui l'a mal comprise, apporter ses devoirs à un autre qui est malade, prêter son matériel…
La solidarité ne s'exerce pas qu'envers ses amis : elle unit tous les élèves de la classe. Elle s'exerce aussi vis-à-vis des élèves des autres classes : nous consolons un petit qui pleure dans la cour de récréation, nous aidons un élève à retrouver son vêtement, nous prévenons un adulte quand un enfant est blessé ou se fait embêter (doc. 2).

3

La solidarité organisée dans l'école

Affiche du Téléthon 2004

▷ Décris cette affiche : l'image, les textes…

▷ Quelle action de solidarité demande-t-elle au public ?

▷ Envers qui le téléthon cherche-t-il à créer un mouvement de solidarité ?

▷ Est-ce que quelque chose est organisé dans ton école ou dans ton quartier à l'occasion du Téléthon ?

▷ Quelles autres actions de solidarité connais-tu ?

▷ Explique la manière dont la solidarité est organisée à l'école : qui paye l'école ? Pourquoi ?

▷ À quoi sert la coopérative scolaire ? Comment fonctionne-t-elle ?

Et moi ? Est-ce qu'il m'arrive de participer à une action de solidarité ?

MOI JE ME BATS ET AVEC TOI JE GAGNE

LES 3 ET 4 DECEMBRE

TELETHON 2004

www.telethon.fr

LA LIGNE DU DON

3637

La solidarité organisée à l'école

L'école est organisée comme un lieu de solidarité. Les locaux, les enseignants, le matériel sont payés par les impôts de tous : ainsi, chacun peut y aller gratuitement, quels que soient les moyens de sa famille. Pour payer les sorties et certaines activités, l'école récolte de l'argent par la coopérative scolaire et en organisant la fête de fin d'année : chaque famille peut participer en fonction de ses moyens, mais tout le monde en profite de la même façon. Certaines écoles participent à des actions de solidarité, pour soutenir la recherche contre certaines maladies, pour aider les victimes d'une catastrophe… (doc. 3)

LEXIQUE

● **une catastrophe naturelle** : une catastrophe provoquée par la nature (une tempête, une inondation, un tremblement de terre…).

● **les impôts** : l'argent que l'on met en commun pour payer les dépenses communes au niveau du village, de la ville ou du pays tout entier.

● **l'indifférence** : le fait de ne pas se sentir touché, concerné.

DÉBAT Au nom de la solidarité, peut-on souffler la réponse à un camarade qui n'a pas appris sa leçon ?

16 Coopérer et travailler en équipe

Coopérer, ça enrichit la vie !

← 1 Coopérer

Affiche de Non-violence actualité

▷ Décris cette affiche (les dessins, le texte).

▷ Pourquoi ces deux ânes tirent-ils dans des directions opposées ?

▷ Quelle solution trouvent-ils ?

▷ Nomme des jeux et des activités que l'on fait en équipe.

▷ Et dans la classe, dans quels cas travaille-t-on en équipe ?

Et moi ? Est-ce que j'accepte facilement de travailler en groupe ?

→ 2 S'entraider

▷ Raconte cette fable avec tes propres mots.

▷ Quelle en est la morale ?

▷ Comment peut-on l'appliquer à la vie de la classe ?

▷▷ Dans un travail d'équipe, que faut-il faire : avant de commencer le travail ? s'il y a un désaccord pendant le travail ?

Et moi ? Quels sont mes points faibles pour lesquels un travail en équipe peut m'aider ? Quels sont mes points forts par lesquels je peux venir en aide aux autres élèves ?

Coopérer et s'entraider

À l'école, on agit parfois en équipe : seul, on ne peut pas organiser un match, monter un spectacle, une chorale… Le travail en équipe augmente nos chances de réussir : quand on prépare un exposé à plusieurs, on a plus d'idées, de savoirs, on trouve davantage d'informations intéressantes (doc. 1). Le travail en équipe permet aussi de s'entraider : les élèves qui ont des facilités dans un domaine aident ceux qui ont des difficultés. Enfin, cela nous apprend à travailler ensemble : dans notre vie d'adulte, nous aurons souvent à travailler en équipe ; il faut donc apprendre à le faire dès maintenant.

Comment travailler en équipe ?

Travailler en équipe n'est pas toujours facile. On aimerait ne faire équipe qu'avec ses amis et choisir ceux avec lesquels travailler. Il faut écouter, partager ce que l'on sait, se mettre d'accord sur la manière de faire. Par exemple, pour un jeu de ballon, il faut décider qui sera le chef d'équipe et quelle sera la stratégie ; pour un exposé, il faut se mettre d'accord sur les idées, répartir les tâches et choisir qui lira l'exposé… (doc. 2)
Pour s'organiser, les membres de l'équipe débattent : chacun donne son avis puis écoute l'avis des autres ; les plus timides font un effort pour s'exprimer et

Dans une ville de l'Asie, il existait deux malheureux, L'un perclus, l'autre aveugle, et pauvres tous les deux. Notre paralytique, couché sur un grabat dans la place publique, souffrait sans être plaint : il en souffrait bien plus. L'aveugle, à qui tout pouvait nuire, était sans guide, sans soutien, sans avoir même un pauvre chien pour l'aimer et pour le conduire. Un certain jour, il arriva que l'aveugle à tâtons, au détour d'une rue, près du malade se trouva.

– J'ai mes maux, lui dit-il, et vous avez les vôtres : unissons-les, mon frère, ils seront moins affreux.

– Hélas ! dit le perclus, vous ignorez, mon frère, que je ne puis faire un seul pas ; vous-même vous n'y voyez pas : à quoi nous servirait d'unir notre misère ?

– À quoi ? répond l'aveugle ; écoutez. À nous deux nous possédons le bien à chacun nécessaire : j'ai des jambes, et vous des yeux. Moi, je vais vous porter ; vous, vous serez mon guide : vos yeux dirigeront mes pas mal assurés ; mes jambes, à leur tour, iront où vous voudrez. Ainsi, sans que jamais notre amitié décide qui de nous deux remplit le plus utile emploi, je marcherai pour vous, vous y verrez pour moi.

Extraits de Jean-Pierre Claris de Florian,
Fables, XVIIIe siècle

↓ 3 Comment travailler en équipe ?

La préparation d'un exposé

▷ Décris ce travail en équipe et dis quels élèves y participent bien.

▷ Quels élèves ne participent pas bien ?

▶ Dans un travail d'équipe, que faut-il faire avant de commencer le travail ? Que faut-il faire s'il y a un désaccord pendant le travail ?

Et moi ? Auquel de ces élèves je ressemble lors d'un travail en équipe ?

---

participer ; les plus sûrs d'eux apprennent à écouter les autres et n'imposent pas leur point de vue ; chacun accepte que les autres aient des idées différentes et les respecte. À la fin, l'équipe se met d'accord sur une façon de fonctionner et répartit le travail : et tout le monde accepte cette organisation.

Ensuite, tous les membres de l'équipe coopèrent pour réaliser leur part du travail. Chacun apporte sa compétence : la rapidité, le soin, l'écriture, la manière de parler, une idée, des connaissances, un point de vue… Cela enrichit le groupe et le résultat est meilleur que pour un travail réalisé par un seul. La réussite du travail est le résultat du travail de tous (doc. 3).

L E X I Q U E

● **coopérer** : travailler ensemble, s'aider pour arriver à un résultat commun.

● **une équipe** : un groupe de personnes qui agissent dans un but commun.

● **la non-violence** : l'attitude qui consiste à régler tous les problèmes sans jamais recourir à la violence, quelle que soit la situation.

D É B A T Comment faut-il constituer des équipes pour un jeu ou pour un travail en commun ?

17 La violence

1 La violence à l'école

Affiche pour une ligne d'écoute sur la violence à l'école

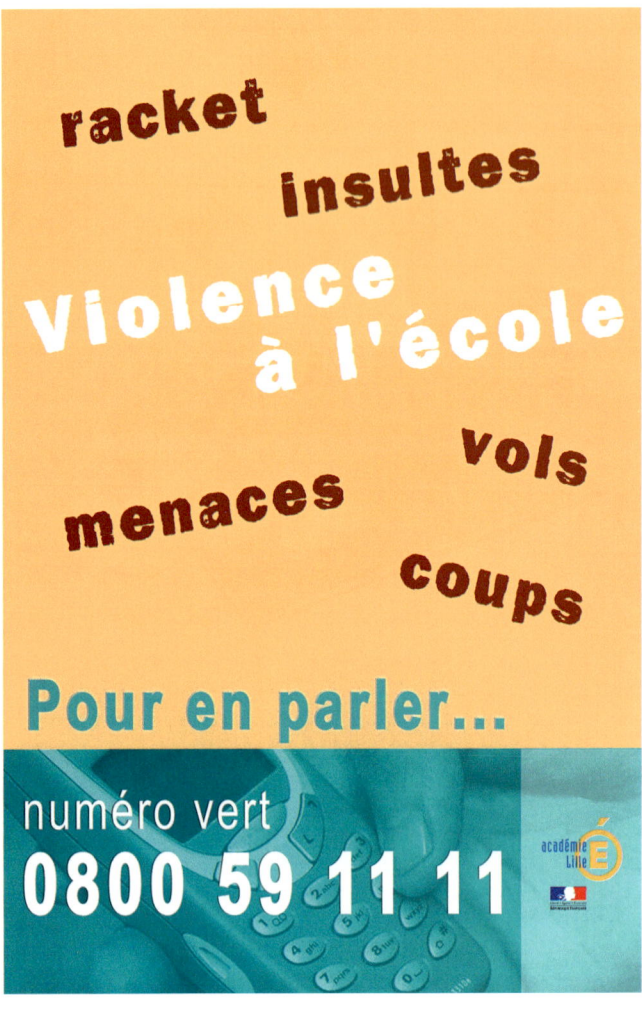

▷ Donne un exemple pour illustrer chacune des formes de violence évoquées sur cette affiche.

▷ Pourquoi la violence est-elle interdite ?

▷ À ton avis, qu'est-ce qui provoque la violence ?

▷ Quelles sont les conséquences de la violence ?

▷ À ton avis, pour quoi cette affiche a-t-elle été faite ?

Et moi ? M'arrive-t-il d'être violent ?

2 L'engrenage de la violence →

R. Goscinny et A. Uderzo, *Le Domaine des dieux*, 1971

▷ Raconte ce qui se passe dans cette scène.

▷ Qu'appelle-t-on l'engrenage de la violence ?

▷ Raconte un moment de la vie de l'école où cet engrenage s'est mis ou a failli se mettre en place ?

Et moi ? Quand quelqu'un m'agresse, est-ce que je laisse ma colère déborder ou est-ce que j'essaye de ramener le calme ?

3 Non à la violence ! → → →

Voici la proposition de loi faite par les élèves d'une école de Kourou dans le département de la Guyane.

▷ Quel constat les auteurs font-ils ? Que proposent-ils ?

▷ Regarde p. 118 dans quel cadre cette proposition a été faite.

▷ À l'école, que peut-on faire pour limiter la violence ?

Et moi ? Qu'est-ce que je peux faire pour limiter la violence dans l'école ?

La violence à l'école

À l'école, il arrive que nous soyons confrontés à la violence : la violence physique (bagarres, coups…), la violence verbale (insultes, menaces, méchancetés…), mais aussi le racket, l'humiliation et le vol (doc. 1).

Or l'école doit garantir notre sécurité, elle doit assurer notre liberté et l'égalité entre tous : donc personne n'a le droit de s'imposer par la force. C'est pour cela que toute forme de violence est interdite : envers les autres élèves qui sont là pour apprendre et progresser, et envers les adultes, qui sont là pour aider les élèves à apprendre.

L'engrenage de la violence

La violence commence généralement par un conflit (un ordre, une moquerie, une insulte…) qui nous donne l'impression de ne pas être respecté.

Généralement, les personnes qui ont recours à la violence sont malheureuses. Elles ne savent pas comment s'exprimer autrement. Mais si, à la première agression, nous aussi nous laissons déborder notre colère, le conflit dégénère : c'est la confrontation, le rapport de forces (doc. 2).

Or la violence ne résout jamais les problèmes : elle accroît les tensions entre les personnes (colère, haine, ressentiment…).

Proposition de loi. Chahut dans les classes, insultes dans les couloirs, les grands embêtent les petits dans la cour de récréation : la violence, on en entend parler tout le temps, mais on ne fait rien pour lutter contre. [...] Nous avons décidé de dire non à la violence dans nos écoles [...]. Non, la violence ne sert à rien. Il faut donc lutter pour qu'elle diminue d'abord et disparaisse un jour.

Proposition de loi

Article 1. À l'école primaire, chaque classe de CM1 et CM2 élira un médiateur. Le vote se déroulera à bulletins secrets à l'issue d'une campagne menée par chaque candidat.

Article 2. Le rôle du médiateur sera d'être à l'écoute de ses camarades, de discuter avec eux, de tenter de résoudre leurs conflits en évitant la violence physique et verbale.

Article 3. Une journée « non à la violence » sera organisée en début de chaque année scolaire pour sensibiliser les enfants aux problèmes liés à la violence avec la rédaction par les élèves d'un règlement intérieur.

Proposition de loi n° 9, Parlement des enfants, avril 2003
www.assemblee-nationale.fr/junior

Non à la violence !

C'est notre devoir à tous d'empêcher la violence à l'école (doc. 3). Pour cela, chacun se montre tolérant, respecte l'égalité entre tous et respecte la liberté des autres, notamment la liberté d'être différent et de penser différemment.

Quand la tension naît, on n'entre pas dans l'engrenage, on s'explique calmement, on cherche à comprendre ce que l'autre ressent, on évite les injures, les mots blessants.

Si l'on n'arrive pas à résoudre le problème et que le ton monte, on demande de l'aide à un ami qui a gardé son calme ou à un adulte. Il faut parfois avoir le courage de reconnaître que l'on s'est mal comporté, qu'on a pu être blessant, et savoir s'excuser.

DÉBAT Faut-il toujours dénoncer un acte de violence dont on a été victime ou dont un camarade a été victime ?

18 La confiance

← 1 **Faire confiance**

École d'escalade

▷ Décris cette scène.

▷ Que font ces personnes pour s'entraider ?

▷ Pourquoi chacun doit avoir confiance en l'autre ?

▷ Explique ce qu'on appelle « l'esprit de cordée ».

Et moi ? Est-ce que je fais confiance aux autres ou est-ce que j'ai tendance à me méfier de tout le monde ?

→ 2 **Être digne de confiance** →

▷ Raconte cette fable avec tes propres mots.

▷ Quelle est la morale de cette fable ?

▷ Pourquoi ne faut-il pas faire confiance trop facilement ?

▷ Que faut-il faire pour mériter la confiance des autres ?

Et moi ? Est-ce que j'accorde trop facilement ma confiance ? Est-ce que je me « fais avoir » souvent ?

Et moi ? M'arrive-t-il de tromper la confiance des autres : de ne pas respecter ma parole, de trahir un secret, d'abîmer un objet que l'on m'a prêté, de laisser tomber quelqu'un à qui j'ai promis mon aide ?

Faire confiance

Pour bien vivre, on a besoin d'avoir confiance dans les autres. Les enfants ont besoin d'avoir confiance dans leurs parents : être sûrs qu'ils vont s'occuper d'eux, les nourrir, les habiller, les soigner, les envoyer à l'école… Ils ont besoin d'avoir confiance dans leurs enseignants : savoir qu'ils sont respectés, que ce qu'on leur apprend est juste et utile. Chacun a confiance dans ses amis : on compte sur eux quand on a un souci, on sait qu'ils ne trahiront pas nos confidences. Nous avons besoin d'avoir confiance dans les autres : savoir qu'on nous dit la vérité, qu'on nous rendra en bon état ce que l'on a prêté, être certain qu'on ne nous laissera pas « tomber » quand on demandera de l'aide… (doc. 1)

Être digne de confiance

On n'accorde pas sa confiance à quelqu'un sans réfléchir (doc. 2) : la confiance se mérite. Il faut connaître la personne, s'assurer d'abord sur de petites choses qu'elle est digne de confiance.
À chacun de nous de montrer qu'il est digne de confiance. Celui qui veut qu'on le croie dit toujours la vérité. Celui qui veut qu'on lui prête des affaires prend soin de celles qu'il emprunte. Celui qui veut que l'on travaille avec lui fait sérieusement sa part dans un travail d'équipe. Celui qui veut qu'on se confie à lui sait écouter et ne trahit pas les confidences. Celui qui veut qu'on fasse appel à lui montre qu'il peut donner de son temps et qu'il tient sa parole.

Fable: Le Renard et le Bouc

Capitaine Renard allait de compagnie
Avec son ami Bouc des plus haut encornés.
Celui-ci ne voyait pas plus loin que son nez ;
L'autre était passé maître en fait de tromperie.
La soif les obligea de descendre en un puits.
Là chacun d'eux se désaltère.
Après qu'abondamment tous deux en eurent pris,
Le Renard dit au Bouc : Que ferons-nous, compère ?
Ce n'est pas tout de boire, il faut sortir d'ici.
Lève tes pieds en haut, et tes cornes aussi :
Mets-les contre le mur. Le long de ton échine
Je grimperai premièrement ;
Puis sur tes cornes m'élevant,
À l'aide de cette machine,
De ce lieu-ci je sortirai,
Après quoi je t'en tirerai.
– Par ma barbe, dit l'autre, il est bon ; et je loue
Les gens bien sensés comme toi.
Je n'aurais jamais, quant à moi,
Trouvé ce secret, je l'avoue.
Le Renard sort du puits, laisse son compagnon,
Et vous lui fait un beau sermon
Pour l'exhorter à patience.
Si le ciel t'eût, dit-il, donné par excellence
Autant de jugement que de barbe au menton,
Tu n'aurais pas, à la légère,
Descendu dans ce puits. Or, adieu, j'en suis hors.
Tâche de t'en tirer, et fais tous tes efforts :
Car pour moi, j'ai certaine affaire
Qui ne me permet pas d'arrêter en chemin.
En toute chose il faut considérer la fin.

Jean de la Fontaine, 1668

3 Avoir confiance en soi

D. de Saint-Mars, S. Bloch, *Max est timide*, 1996

▷ Explique dans quelle situation Max se trouve.
▷ Quelles conséquences son manque de confiance en lui risque-t-il d'entraîner ?
▷ Que peut-il faire pour combattre sa timidité ? Que peuvent faire les autres pour l'aider ?
Et moi ? Est-ce que j'ai confiance en moi ?

Avoir confiance en soi

La première personne à laquelle il faut faire confiance, c'est soi-même. On a tous des qualités, des compétences. Certains en ont conscience et savent les mettre en valeur : ils montrent leur confiance en eux. D'autres sont plus timides ou se dévalorisent : ils pensent qu'ils valent moins que les autres. Ils doivent apprendre à reconnaître leurs qualités et les faire connaître aux autres. Ils doivent comprendre qu'il arrive à tout le monde de se tromper, que c'est comme cela que l'on progresse et que cela ne remet pas en cause leur valeur. La confiance en soi permet de bien grandir : c'est quand on a confiance en soi que l'on ose se lancer pour nager, faire du vélo pour la première fois…

C'est notre devoir à tous d'encourager ceux qui ont peu confiance en eux, et d'éviter le mépris et les moqueries, qui cassent la confiance en soi (doc. 3).
Mais la confiance en soi ne doit pas être excessive : trop d'assurance peut nous faire prendre des risques et provoquer des accidents. Chacun doit aussi connaître ses limites.
La confiance en soi ne doit pas non plus se transformer en orgueil et en mépris des autres : personne n'est supérieur aux autres.

> **DÉBAT** Comment regagner la confiance de quelqu'un quand on l'a perdue ?

19 Le meilleur, le plus fort

← 1 Réussir ou gagner ?

Laure Manaudou, vainqueure du 400 m nage libre,
championnats d'Europe de natation, Madrid, 16 mai 2004

▷ À quoi vois-tu que cette sportive a gagné ? Quelle est son attitude ?

▶ À ton avis, qu'a-t-elle fait pour réussir ?

▶ Dans quels domaines n'est-il pas nécessaire d'être le premier,
le plus fort pour réussir ?

▶ Qu'est-ce qui est agréable dans la réussite ?

Et moi ? Dans quels domaines est-ce que je fais des efforts et je progresse ?

↓ 2 Le plus fort ou le plus méritant ?

Conte. « Notre fille épousera le plus puissant personnage du monde. »
Monsieur Rongetout décide de marier sa fille avec le soleil.
– C'est le plus puissant personnage du monde. C'est lui qui chauffe la terre
et mûrit les grains de blé…
Monsieur Rongetout arrive au palais du roi Soleil.
– Voulez-vous épouser ma fille puisque vous êtes le plus puissant personnage
du monde ?
– Tu te trompes, dit le soleil. Ce nuage qui passe là est plus puissant que moi
puisque je ne peux pas l'empêcher de me cacher la Terre.
– Alors vous n'êtes pas celui qu'il faut pour ma fille…
– Voulez vous épouser ma fille demande Monsieur Rongetout au nuage
puisque vous êtes plus puissant que le soleil…

Réussir ou gagner ?

On a tous envie de réussir : avoir de bonnes notes aux évaluations, remporter des épreuves sportives ; gagner au jeu, seul ou en équipe…
Pour cela, il faut faire des efforts : travailler, se concentrer, s'entraîner, ne pas se décourager quand on échoue et recommencer pour progresser. La réussite fait plaisir, surtout quand on a fait des efforts : on est fier de soi (doc. 1).
Parfois, pour gagner, il faut être le plus fort, le meilleur : c'est le cas dans une course (il faut courir le plus vite), dans un match (il faut marquer le plus de buts), dans un concours (il faut donner les meilleures réponses)… Dans bien d'autres cas, on peut réussir sans être le meilleur : à l'école, on peut réussir ses évaluations sans avoir les meilleures notes.

Le plus fort ou le plus méritant ?

C'est agréable d'être le meilleur, le plus fort : les autres nous admirent, nous respectent, nous envient.
Parfois, celui qui réussit ne mérite pas tant d'admiration : il a eu plus de chance, c'était plus facile pour lui parce qu'il a les qualités nécessaires (il est rapide, intelligent, il a de la mémoire, de l'habileté…).
À l'inverse, celui qui n'est pas le premier, qui n'a pas accompli un exploit mais qui s'est montré courageux et qui est allé au bout de ses efforts mérite notre admiration : un élève qui arrive enfin à faire un exercice ou à courir vite, par exemple.
Enfin, chacun a ses propres qualités et l'on ne peut pas toujours comparer les uns et les autres : personne n'est le plus fort dans tout, chacun est fort dans un domaine. (doc. 2).

→ 3 Les limites à respecter pour réussir

Georges de La Tour,
Le Tricheur à l'as de carreau, vers 1635

▷ Décris cette scène.

▷ Nomme différentes occasions de tricher.

▷ Peut-on dire que l'on a gagné quand on a triché?

Et moi? M'arrive-t-il de tricher pour réussir, pour gagner? M'arrive-t-il de me moquer de ceux qui réussissent moins bien, de ceux qui ont perdu?

– Hélas! le soleil s'est trompé… le vent qui souffle est plus puissant que moi puisque je ne peux pas l'empêcher de m'emmener où il veut.
– Alors vous n'êtes pas celui qu'il faut à ma fille…
Et le vent qui fait tourner les ailes du moulin répondit:
– Hélas! le nuage s'est trompé. Cette vieille tour que tu vois là-bas est plus puissante que moi puisque je souffle dessus sans avoir pu l'abattre…
– Alors vous n'êtes pas celui qu'il faut à ma fille…
Et il va demander à la vieille tour.
– Hélas! le souriceau qui ronge ma plus grosse poutre est plus puissant que moi puisque quand il aura fini de ronger, je m'effondrerai.

Étienne Morel, *La plus mignonne des petites souris ou Conte populaire*,
Flammarion, Les classiques du Père Castor, 1953.

▷ Raconte l'histoire avec tes mots

▷ Dans cette histoire, qui est le plus fort?

▷ Quelle est la morale de ce conte?

Et moi? Est-ce que je cherche à me montrer plus fort que les autres?

Les limites à respecter pour réussir

Réussir, être le meilleur n'autorise pas à humilier ou injurier ceux qui n'ont pas réussi: gagner un concours, réussir un contrôle, gagner un match ne signifie pas que les autres ont moins de valeur. Celui qui se vante de son succès et méprise ceux qui ont moins bien réussi a beaucoup de progrès à faire dans des valeurs importantes pour les êtres humains, comme la camaraderie.
Tous les moyens ne sont pas bons pour gagner. Il est interdit de tricher: par exemple, les sportifs n'ont pas le droit de se doper pour remporter la victoire. D'ailleurs, personne n'aime jouer avec un tricheur. Il est également interdit d'utiliser la violence pour empêcher les autres de réussir. Être le meilleur ne rend fier que si l'on a respecté les règles (doc. 3).

LEXIQUE

● **se doper**: prendre un produit qui augmente l'énergie, la force ou l'endurance, mais qui est interdit car dangereux pour la santé et parce qu'en prendre revient à tricher.

● **un exploit**: une action exceptionnelle que l'on remarque, dont on se souvient.

● **humilier**: rabaisser quelqu'un en le montrant comme inférieur et sans valeur.

● **injurier**: insulter, rabaisser en utilisant des paroles blessantes ou des « gros » mots.

● **les valeurs humaines**: les qualités, les idéaux des êtres humains, ce en quoi ils croient et qui les distingue des animaux.

DÉBAT Qui est le plus grand héros du monde? **ou** L'important, ce n'est pas de gagner mais de participer.

20 La liberté

← 1 **La liberté et l'impossible**

Marc Chagall, *La chute d'Icare*, Chagall, 1887

D'après la légende, Icare a fabriqué des ailes pour s'enfuir de l'île sur laquelle il était prisonnier… mais il est tombé dans la mer et s'est noyé.

▷ Décris ce tableau.
▶ Trouve d'autres choses que l'on ne peut pas faire car c'est impossible ?
▶ Pour toi, que serait la liberté totale ?

→ 2 **Le choix, la responsabilité**

▷ Raconte cette histoire avec tes propres mots.
▷ Quelle est la morale de cette histoire ?
▶ À ton avis, pourquoi les enfants n'ont-ils pas la liberté de faire tout ce qu'ils veulent ?
Et moi ? Sur quel point ai-je le plus de mal à obéir aux adultes ?

La liberté et l'impossible

On imagine souvent que la liberté consiste à pouvoir faire tout ce que l'on veut, quand on le veut, avec qui l'on veut et comme on le veut : se coucher tard, ne pas aller à l'école, ne pas faire ses devoirs, regarder la télévision, ne manger que des glaces et des bonbons… L'idéal serait de vivre sans aucune contrainte.

La liberté totale n'existe pas, car certaines choses sont impossibles : on ne peut pas voler comme les oiseaux, ni choisir le temps qu'il fera, ni devenir adulte en une seule nuit… Nous sommes bien obligés d'admettre la réalité (doc. 1).

Le choix, la responsabilité

Quand on est enfant, on a hâte de devenir adulte, car on pense que les adultes ont plus de liberté : ils semblent libres de faire ce qu'ils veulent et n'ont pas à obéir à leurs parents…

En réalité, les adultes ont aussi des contraintes : personne ne les oblige à aller travailler, mais s'ils ne le font pas, ils ne gagnent pas de quoi vivre ; personne ne les oblige à manger des légumes, mais s'ils ne mangent que des gâteaux, ils finissent par tomber malades ; ils peuvent se coucher tard, mais alors ils sont fatigués ; ils peuvent acheter ce qu'ils veulent mais s'ils dépensent trop leur argent, ils

Nouvelle. Un matin, comme M. Seguin achevait de la traire, la chèvre se retourna et lui dit dans son patois :

– Laissez-moi aller dans la montagne.

– Mais, malheureuse, tu ne sais pas qu'il y a le loup dans la montagne… Eh bien, non… je te sauverai malgré toi, coquine, et, de peur que tu ne rompes ta corde, je vais t'enfermer dans l'étable, et tu y resteras toujours.

Là-dessus, M. Seguin emporta la chèvre dans une étable, dont il ferma la porte à double tour. Malheureusement, il avait oublié la fenêtre, et à peine eut-il le dos tourné que la petite s'en alla…

Tu penses si notre chèvre était heureuse ! Plus de corde, plus de pieu… rien qui l'empêchât de gambader, de brouter à sa guise… C'est qu'il y en avait de l'herbe ! jusque par-dessus les cornes, mon cher !.. Et quelle herbe ! Savoureuse, fine, dentelée, faite de mille plantes… C'était bien autre chose que le gazon du clos. Et les fleurs donc !.. De grandes campanules bleues, des digitales de pourpre à longs calices, toute une forêt de fleurs sauvages débordant de sucs capiteux !

La chèvre blanche, à moitié ivre, se vautrait là-dedans les jambes en l'air et roulait le long des talus, pêle-mêle avec les feuilles tombées et les châtaignes… Puis, tout à coup, elle se redressait d'un bond sur ses pattes. Hop ! la voilà partie, la tête en avant, à travers les maquis et les buissières, tantôt sur un pic, tantôt au fond d'un ravin, là-haut, en bas, partout… Elle franchissait d'un saut de grands torrents qui l'éclaboussaient au passage de poussière humide et d'écume. Alors, toute ruisselante, elle allait s'étendre sur quelque roche plate et se faisait sécher par le soleil…

La chèvre entendit derrière elle un bruit de feuilles. Elle se retourna et vit dans l'ombre deux oreilles courtes, toutes droites, avec deux yeux qui reluisaient…

C'était le loup…

Alphonse Daudet, *Lettres de mon moulin*, 1866

Site Internet de la mairie de Paris

▷ Décris cette affiche et explique le texte.

▷ Quelle liberté est limitée ? Pourquoi est-elle limitée ?

▷ Trouve d'autres libertés qui sont limitées pour respecter la liberté des autres.

Et moi ? Est-ce que parfois j'exerce ma liberté même si cela gêne les autres ?

n'ont plus de quoi se loger ou manger… Si bien que la plupart des adultes sont raisonnables : c'est à ce prix qu'ils réussissent leur vie.

Parce que les adultes ont compris cela, ils sont chargés de le transmettre aux enfants. Ils les guident dans leurs choix en leur montrant quelles peuvent en être les conséquences. Et, en attendant que les enfants aient grandi, ils sont chargés de prendre des décisions pour eux. Par exemple, ils envoient leurs enfants à l'école pour leur permettre, plus tard, d'avoir un métier. Ils interdisent aux enfants de faire du roller dans l'escalier pour leur éviter d'avoir un accident et leur permettre de rester en bonne santé et vivants (doc. 2).

La liberté des autres

La liberté de chacun a une limite : celle posée par la liberté des autres. Par exemple, personne n'a la liberté de faire du bruit la nuit, parce que cela empêche les autres d'exercer leur liberté de dormir. Et l'on n'a pas le droit de prendre ce qui n'est pas à nous : cela empêche le propriétaire de profiter librement de ses affaires. C'est à cela que servent les règles : préserver la liberté du plus grand nombre (doc. 3).

DÉBAT La liberté des uns s'arrête là où commence celle des autres.

2 Se comporter de manière responsable en matière de sécurité

Évacuation d'un blessé à la suite d'un accident de la route, Coulanges-les-Nevers, 15 mars 2007

21 La sécurité à l'école et les jeux dangereux

⬇ 1 La sécurité à l'école : les toilettes

▶ Quels sont les dangers d'accident dans les toilettes de l'école ?

▶ Quelles précautions faut-il prendre quand le sol est mouillé ?

▶ Pourquoi, même si l'on n'aime pas ce lieu, faut-il aller dans les toilettes de l'école et ne pas se retenir jusqu'au retour à la maison ?

Et moi ? Est-ce que je fais attention aux toilettes en pensant à ceux qui y viendront après moi ?

⬇ 2 Les jeux dangereux

Le corps a besoin d'oxygène pour vivre, et le cerveau a besoin d'oxygène pour fonctionner. Cet oxygène, le corps et le cerveau le trouvent dans l'air, par la respiration. Quand un être humain cesse de respirer, il met sa santé et sa vie en danger. Privé d'oxygène, le cerveau ne donne plus correctement ses ordres au reste du corps : la personne peut perdre connaissance, entrer dans le coma, voire mourir. Même rapidement réanimée, elle peut rester lourdement handicapée : incapable de se déplacer, de bouger, incapable de réfléchir, de parler. Pour un enfant, cela peut signifier passer sa vie entière dans une chambre d'hôpital.

▶ Que se passe-t-il quand le corps et le cerveau manquent d'oxygène ?

▶ Comment le corps et le cerveau peuvent-ils manquer d'oxygène ?

▶ Quelles activités pendant la récréation peuvent mettre la santé en danger ?

La sécurité à l'école

À l'école comme partout, chacun est prudent et veille à ne pas se blesser ni blesser les autres : ne pas se balancer sur sa chaise, ne pas monter sur les tables, utiliser avec prudence ses ciseaux ou son compas, éviter de coincer des doigts dans les portes, ne pas courir dans l'escalier ni glisser sur la rampe, faire attention au sol mouillé et glissant dans les toilettes, ne pas escalader les toilettes (doc. 1), ne jamais se pencher par une fenêtre ouverte, éviter les endroits interdits comme les zones en travaux…

Chacun respecte les consignes : attendre l'arrivée d'un adulte avant de commencer à utiliser le matériel d'EPS, ne pas jouer dans la cour quand il gèle ou quand il pleut et que le sol est glissant, faire attention dans la rue pendant les sorties scolaires, ne pas apporter d'objets dangereux à l'école.

Les élèves sont particulièrement prudents quand ils sortent de l'école : ils le font calmement, sans courir ni se bousculer, ils ne parlent pas à des inconnus, ne partent qu'avec la personne qui doit venir les chercher, jamais avec quelqu'un d'autre, et rentrent dans l'école si elle n'est pas là (doc. 3).

▷ Décris cette scène et dis quel moment de la journée elle représente.

▷ Énumère toutes les situations où des élèves se comportent de manière prudente,
puis toutes les situations où des élèves se mettent en danger.

▶ Énonce les consignes à respecter le soir, à la sortie de l'école.

▶ Énonce les autres consignes de sécurité, à respecter dans l'école et dans les activités avec l'école.

Et moi ? Quelle consigne de sécurité ai-je le plus de mal à respecter dans l'école ?

Les jeux dangereux

La plupart des accidents arrivent dans la cour de récréation : parce que l'on a couru trop vite, que l'on a glissé, que l'on a bousculé un camarade, parce que l'on a été touché par une corde à sauter, un ballon ou un bâton, parce que l'on a porté un élève sur son dos ou que l'on a voulu grimper à un endroit interdit (doc. 1 et 2 p. 22).

Parfois, des élèves se lancent des défis : retenir sa respiration ou s'étrangler, se faire vomir, rouer de coups un élève tiré au sort… Ces pratiques sont interdites car elles mettent en danger la santé et même la vie de ceux qui les pratiquent (doc. 2). L'attitude responsable consiste à ne pas relever des défis stupides, à ne pas participer à ces activités et à venir en aide aux autres. Le véritable courage n'est pas de relever un défi dangereux mais d'aller prévenir un adulte de ce qui se passe, même si cela nous fâche avec certains de nos camarades.

> **DÉBAT** Faut-il prévenir un adulte si des camarades pratiquent un « jeu » dangereux ?

22 Se déplacer à pied

1 Attention danger !

Site Internet. Force est de constater que l'enfant piéton est vulnérable : sa perception du danger est imparfaite, ce qui en fait une population particulièrement exposée. Chaque année, en France, 50 jeunes piétons âgés de moins de 14 ans sont tués et environ 400, gravement blessés. En France, plus d'un enfant piéton est gravement blessé chaque jour par un véhicule. Dans 25 % des cas d'accidents impliquant un enfant piéton, c'est son comportement qui est à l'origine du sinistre.

Ariègenews 2007, www.ariegenews.com

▷ Dans la rue, quelles personnes sont les plus en danger ?

▷ Pourquoi ?

▷ Explique avec tes propres mots la dernière phrase du texte.

▷ Quelles sont les règles que le piéton doit respecter pour se déplacer en sécurité ?

Et moi ? À quelles occasions ne suis-je pas assez prudent sur la route ou dans la rue ?

2 Un comportement responsable : être vu

Colonie de vacances en promenade sur une route de campagne

▷ Décris cette scène.

▷ Que devraient-ils faire pour ne pas risquer de se faire faucher par une voiture qui passerait ? pour bien voir les automobiles qui arrivent ? pour être bien visibles des automobilistes ?

▷ Et en ville, comment faut-il faire pour être bien visible des automobilistes ?

Et moi ? Est-ce que je fais toujours attention à être bien vu des automobilistes ?

Un comportement responsable

La route, la rue sont partagées par les voitures, les camions, les motos, les bicyclettes et les piétons. Comme il n'est pas protégé et qu'il est le moins rapide, le piéton est le plus fragile : il risque d'être gravement blessé, voire tué, c'est donc à lui d'être extrêmement prudent (doc. 1).

La première précaution consiste à respecter le code de la route, qui s'applique autant aux piétons qu'aux véhicules : ne pas marcher sur la chaussée, ne pas traverser quand le feu est vert, ne pas chercher à passer quand un train arrive…

La deuxième précaution consiste à bien regarder (marcher sur le côté gauche de la route, face à la circulation, pour voir les voitures arriver) et à se rendre visible des autres utilisateurs de la route (porter des vêtements clairs ou des bandes et des brassards réfléchissants la nuit) (doc. 2).

La troisième des précautions consiste à être attentif à ce qui se passe autour de soi : écouter les bruits (voiture qui arrive, sonnette de vélo…), suivre les indications pour éviter les endroits dangereux (traverser pour éviter des travaux…), se méfier des erreurs que les autres peuvent commettre (voiture qui sort d'un garage, qui brûle un feu rouge…).

3 Traverser en toute sécurité

▷ Décris cette scène.

▷ Trouve toutes les raisons pour lesquelles ces enfants ne peuvent pas traverser la rue maintenant.

▶ Quelles sont les règles à respecter pour traverser ?

▶ Peut-on traverser quand le feu est orange ? quand le feu est vert mais qu'il n'y a aucune voiture à l'horizon ?

▶ Quelles précautions supplémentaires faut-il prendre quand il n'y a pas de feux de signalisation ?

Et moi ? M'arrive-t-il d'être distrait ou de ne pas respecter les règles au moment de traverser la route ou la rue ?

Traverser en toute sécurité

Traverser oblige à emprunter la partie de la route réservée aux véhicules. Il faut donc être encore plus prudent et respecter des règles précises (doc. 3) :
– utiliser le passage piétons, en faisant attention que les voitures garées peuvent empêcher les conducteurs de voir les enfants qui s'apprêtent à traverser ;
– toujours respecter les feux de circulation, même si l'on a l'impression qu'il n'y a pas de danger ;
– regarder à gauche puis à droite, et dans les autres rues quand il y a un croisement, et attendre si on a le moindre doute ;
– attendre l'arrêt des véhicules qui arrivent ;
– traverser en ligne droite (jamais en biais), sans courir, sans s'arrêter, sans jamais revenir en arrière.

LEXIQUE

● **le code de la route** : l'ensemble des règles d'utilisation de la route et de la rue par les usagers (piétons, voitures, motos, vélos…).

DÉBAT À quoi servent les amendes mises par les policiers ou les gendarmes ?

Les panneaux du code de la route

	PANNEAUX D'INDICATION	**PANNEAUX D'OBLIGATION**
Panneaux destinés à la circulation des piétons	 Passage pour piétons	 Chemin obligatoire pour piétons
Panneaux destinés à la circulation des bicyclettes	 Piste ou bande cyclable	 Piste ou bande cyclable obligatoire
Panneaux destinés à la circulation de tous les véhicules (y compris les bicyclettes)	 Circulation à sens unique (aucun véhicule ne vient dans le sens inverse)	 Stop (arrêt obligatoire, priorité à droite et à gauche)  Céder le passage (priorité à droite et à gauche)  Obligation de tourner à droite

56

Interdit aux piétons

Interdit aux bicyclettes

Interdit
à tout véhicule

Sens interdit

Feux de croisement

Attention, enfants

Interdit de tourner
à droite

Interdit d'avancer
quand un véhicule
arrive en face

Carrefour
(priorité à droite)

Carrefour giratoire
(priorité à gauche)

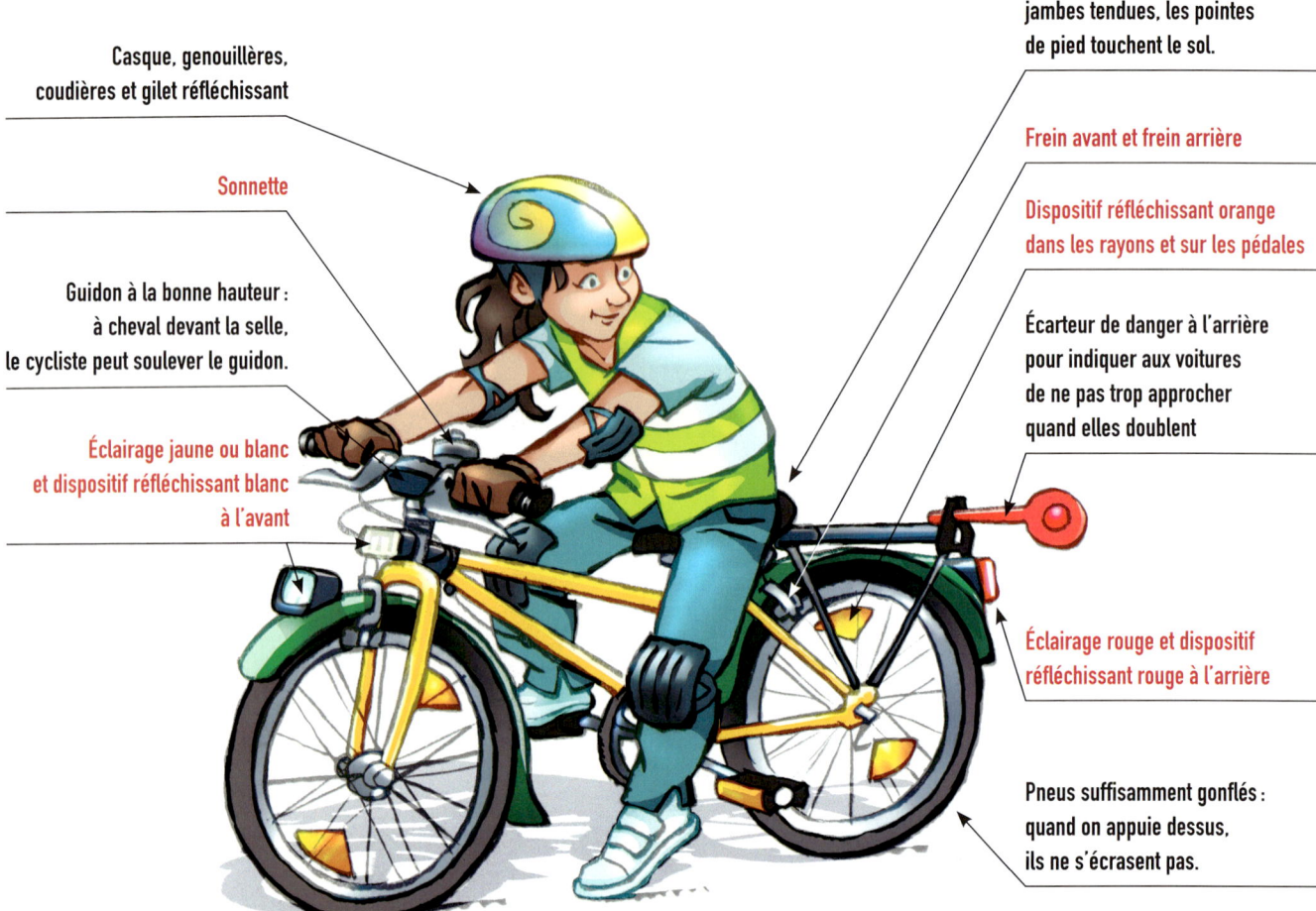

Selle à la bonne hauteur : jambes tendues, les pointes de pied touchent le sol.

Casque, genouillères, coudières et gilet réfléchissant

Frein avant et frein arrière

Sonnette

Dispositif réfléchissant orange dans les rayons et sur les pédales

Guidon à la bonne hauteur : à cheval devant la selle, le cycliste peut soulever le guidon.

Écarteur de danger à l'arrière pour indiquer aux voitures de ne pas trop approcher quand elles doublent

Éclairage jaune ou blanc et dispositif réfléchissant blanc à l'avant

Éclairage rouge et dispositif réfléchissant rouge à l'arrière

Pneus suffisamment gonflés : quand on appuie dessus, ils ne s'écrasent pas.

1 Avant de prendre la route

▷ Nomme les dispositifs de sécurité obligatoires (en rouge) et ceux conseillés (en noir).
▶ À quoi sert chacun d'eux ?
▶ Quelles autres précautions faut-il prendre avant de faire du vélo dans la rue ?
Et moi ? Est-ce que je vérifie régulièrement l'état de mon vélo ?

Avant de prendre la route

Avant de faire du vélo, le cycliste vérifie le bon état de fonctionnement de sa bicyclette : les pneus, les freins avant et arrière, l'éclairage avant et arrière et la sonnette.
Pour se protéger en cas de chute, il porte un casque. Pour être vu la nuit, il ne circule pas sans éclairage et porte un gilet à bandes réfléchissantes (doc. 1).
Le cycliste maîtrise son vélo : il sait le guider, rouler droit et freiner rapidement. Il a compris qu'il doit être vigilant, regarder partout autour de lui et se concentrer sur ce qu'il fait.

Sur la route

À partir de 8 ans, le cycliste circule sur les voies autorisées : les pistes cyclables ou la chaussée.
Il respecte le code de la route comme le ferait un cycliste adulte : il roule droit, en serrant à droite, en file indienne ; il garde ses distances et ne colle pas aux autres véhicules (au cas où ceux-ci freineraient brutalement) ; il roule à vitesse modérée, laisse ses mains sur le guidon et ne fait pas autre chose pendant qu'il roule ; il respecte la signalisation (feux tricolores et panneaux) ; il ne transporte pas de passager à l'arrière. Quand il veut tourner, il vérifie

↓ 2 Sur la route

▷ Où ce cycliste se trouve-t-il ?

▶ À quoi sert la piste cyclable ?

▶ Quels dangers court-il ? Que peut-il faire pour les éviter ?

▶ Que veut-il faire ? En a-t-il le droit ?

▶ Quelles précautions doit-il prendre pour tourner ?

▶ Que peut-il faire si cela lui semble trop dangereux ?

▶ Quelles sont les autres précautions à prendre quand on circule à bicyclette ?

Et moi ? Quelle règle de prudence est-ce que je n'observe pas toujours quand je roule à bicyclette ?

---

qu'aucune voiture n'arrive devant, derrière lui ou sur les côtés et il indique son intention avec son bras. S'il ne respecte pas ces règles, le cycliste peut avoir un grave accident. La police peut lui mettre une amende pour lui rappeler de respecter le code de la route et de se montrer prudent.

Même s'il ne commet pas d'erreur, le cycliste doit en permanence faire attention aux dangers qui peuvent survenir. Il a conscience que les autres ne font pas toujours attention à lui et surveille l'ouverture d'une portière quand il dépasse une voiture, la sortie d'un véhicule depuis une voie de garage, l'inattention d'un piéton qui traverse sans regarder… **(doc. 2)**

LEXIQUE

● **une bande cyclable** : une voie réservée aux vélos, séparée des autres voies par une ligne blanche.

● **une piste cyclable** : une voie réservée aux vélos, séparée des autres voies par un trottoir étroit, la bande.

DÉBAT « L'automobiliste est bête, il croit que c'est le motard qui est bête, alors qu'en fait c'est le cycliste, dit le piéton » (campagne de la sécurité routière, 2006). Qui a raison ?

24 Être le passager d'un véhicule

↓ 1 Dans la voiture

▷ Décris ce que fait cette enfant pour sortir du véhicule. De quel côté sort-elle ?

▶ Que devrait-elle faire pour descendre en toute sécurité ?

▶ Énumère les règles et les systèmes de sécurité pour les enfants, dans la voiture.

▶ Quel comportement cette enfant doit-elle avoir pour participer à la sécurité de tous dans la voiture ?

`Et moi ?` Est-ce qu'il m'arrive d'oublier la prudence dans une voiture ?

Dans la voiture

Quand il est le passager d'une voiture, l'enfant attache sa ceinture de sécurité, même pour un court trajet. Il la positionne sur l'épaule (et non sur le cou) et l'ajuste pour qu'elle le retienne vraiment. Jusqu'à 10 ans, il n'a pas le droit de s'installer sur le siège avant et, à l'arrière, il s'assied sur un rehausseur jusqu'à ce qu'il ait une taille de 1 m 35.

Chaque passager est responsable de la sécurité de tous. Il ne gêne pas le conducteur : il n'attire pas son attention, ne lui montre pas ce qu'il voit sur la route, ne pousse pas des cris au risque de le faire sursauter, ne parle pas sans cesse, ne demande pas qu'on lui passe des objets, respecte les moments où le conducteur est concentré. Il prend soin de mettre dans le coffre les objets lourds, qui peuvent devenir dangereux en cas de choc, ne laisse rien traîner par terre (cela pourrait se glisser sous la pédale de frein) et ne sort pas les animaux de leur cage.

Il monte ou descend du véhicule du côté du trottoir, jamais du côté de la chaussée sauf s'il est aidé par un adulte. Il attend qu'on le lui dise pour se détacher et sortir. Il regarde s'il n'y a pas de danger avant d'ouvrir ou fermer une portière, pour ne pas pincer un doigt ou heurter un piéton, une poussette… (doc. 1)

Les 12 règles d'or
DU TRANSPORT EN CAR

ANATEEP

RESTER en arrière à l'arrivée du car

PATIENTER jusqu'à l'arrêt complet du car

MONTER sans bousculade le cartable à la main

RANGER le cartable ou le sac sous le siège

ATTACHER sa ceinture de sécurité

DESCENDRE calmement le cartable à la main

ATTENDRE que le car se soit éloigné avant de traverser

REGARDER dans les deux sens avant de s'engager

SE MEFIER car un véhicule peut en cacher un autre

TRAVERSER dans les passages piétons, sans courir

CONNAITRE les éléments de sécurité du car

S'ENTRAINER aux exercices d'évacuation rapide

© ANATEEP- WWW.ANATEEP.FR

 2

Dans les transports en commun

Affiche de l'Association nationale pour les transports éducatifs de l'enseignement public

▷ Explique une à une les règles à respecter lors des transports en car.

▷ Cherche s'il existe d'autres règles de sécurité à respecter quand on prend le bus ou le tramway.

▷ Décris l'attitude à avoir pour monter et pour descendre des transports en commun.

▷ Explique pourquoi il est dangereux de traverser quand le bus ou le car est encore là.

Et moi? Laquelle de ces règles je ne respecte pas toujours ?

▷ Décris l'affiche 1 p. 28.

▷ Quels comportements sont dénoncés ?

▷ Quelles autres règles de vie et de respect faut-il adopter quand on emprunte les transports en commun ?

Et moi? Est-ce que je respecte toujours le chauffeur et les autres passagers quand je suis dans le bus, le tramway ou le métro ?

Dans les transports en commun

Avant de monter dans un car, un bus, un tramway ou un métro, le passager attend que le véhicule soit arrêté. Pendant le trajet, il reste calme, ne circule pas, se tient à une barre pour ne pas tomber et range ses affaires là où cela ne dérange par les autres. Il respecte les consignes, ne distrait pas le conducteur et attache sa ceinture s'il y en a. Avant de descendre, il attend que le véhicule soit arrêté. Il ne bouscule pas les autres mais ne traîne pas non plus. Il attend que le car soit parti avant de traverser, car le chauffeur ne le voit pas forcément (doc. 2).

Dans les transports en commun, les passagers se montrent courtois, laissent descendre les passagers avant de monter, saluent le conducteur s'ils montent par l'avant, ne font pas trop de bruit, ne bousculent pas les autres et respectent le matériel et la propreté du véhicule. Ils payent leur trajet pour partager le coût avec les autres passagers (doc. 1 p. 28).

> **DÉBAT** Quels sont mes droits et mes devoirs dans les transports en commun ? ou Pourquoi les agressions envers les chauffeurs de bus sont-elles choquantes ?

25 Les dangers à la maison

→ 1 **Des dangers partout**

▷ Relève toutes les sources de danger visibles.

▷ Classe-les selon le type de danger qu'elles représentent.

▷ Énonce pour chaque cas les règles de sécurité à suivre.

Et moi ? Quelles règles de sécurité je ne respecte pas toujours à la maison ?

Des dangers partout

Chaque année, un million et demi d'enfants sont victimes d'accidents domestiques. Les accidents les plus fréquents sont les coupures (parfois très graves) et les chutes (par la fenêtre, les plus dangereuses, mais aussi chutes depuis un meuble, dans l'escalier, ou sur un sol mouillé) (doc. 1).

Généralement, les accidents sont dus au fait que les enfants n'ont pas conscience des dangers ou qu'ils ne respectent pas les interdictions. Parfois, leur comportement met la vie des autres en danger : c'est le cas lorsqu'en jouant avec des allumettes ou des flammes, ils provoquent un incendie.

Les brûlures et l'électrocution

Les brûlures peuvent entraîner la mort ou un handicap. Elles sont provoquées par l'eau trop chaude, les objets brûlants (four, plaques de cuisson, fer à repasser…), les liquides bouillants (casserole d'eau…) et certains produits.

L'électricité est dangereuse : elle peut entraîner des brûlures graves, voire la mort. Il ne faut jamais jouer avec les prises électriques, utiliser un appareil en mauvais état, toucher un fil dénudé ni utiliser des appareils électriques près de l'eau (dans la salle de bains, la cuisine) ou avec les mains ou les pieds mouillés (doc. 2).

Fiche pédagogique. L'électricité, c'est magique ! On branche un appareil et ça marche. Du coup, on oublie parfois que cela peut être dangereux. Cela t'est déjà arrivé de sentir une petite décharge qui pique les doigts en touchant un appareil électrisé ! Ce n'est pas grave, juste très désagréable. Mais il faut vite faire réparer ton appareil parce que cela peut devenir plus dangereux.

Le plus grand danger, c'est l'électrocution : quand une personne reçoit une décharge électrique vraiment très forte, ses muscles se contractent et le cœur, qui est un muscle, peut s'arrêter.

Voici quelques règles :
– N'enfonce jamais un objet métallique dans une prise et ne la touche pas avec tes doigts. Tu risques de t'électrocuter !
– N'utilise jamais d'appareils électriques avec les mains mouillées ou les pieds mouillés. L'eau est conductrice d'électricité. Tu risques de t'électrocuter !
– Ne pose jamais un appareil électrique près de la baignoire ou de la douche. Il peut tomber dans l'eau. Tu risques de t'électrocuter !
– Ne touche jamais à des fils dénudés. Tu risques de t'électrocuter !
– Si une personne s'électrocute, ne la touche pas. Tu risques de t'électrocuter ! Coupe l'électricité au disjoncteur et appelle les pompiers (18).

D'après une fiche « sécurité » de EDF, www.jeunes.edf.com

▷ Quel danger l'électricité représente-t-elle ?
▷ Quelles sont les précautions à prendre ?
▷ Quelles sont les précautions à prendre contre les brûlures ?

Et moi? Est-ce que j'ai conscience du danger que représente l'électricité ?

Et moi? Est-ce que je joue parfois avec des allumettes ?

 **3 L'intoxication et l'asphyxie**

Produit inflammable

Risque d'incendie

Produit explosif

Poison

Produit irritant pour la peau

Produit corrosif

▷ Identifie le danger représenté par chaque dessin.
▷ Nomme des produits dangereux.
▷ Que faut-il faire pour ne pas se mettre en danger ?
▷ Qu'est-ce que l'asphyxie ?
Comment risque-t-on de s'asphyxier ?

Et moi? Qu'est-ce que je fais quand je vois un produit dangereux à la maison ?

L'intoxication et l'asphyxie

Avaler, toucher, respirer certains produits peut mettre en danger : les produits d'entretien, les produits pour le jardin ou de bricolage, les médicaments ne sont pas des jeux. Des petits dessins sur les emballages indiquent le type de danger pour chacun (doc. 3). L'asphyxie vient quand quelque chose nous empêche de respirer : un sac en plastique sur la tête, une écharpe serrée autour du cou, un chewing-gum avalé de travers… L'oxygène n'entre plus dans le corps et n'alimente plus le cerveau, ce qui, en quelques instants, peut entraîner la mort ou un handicap lourd.

LEXIQUE

• **un accident domestique** : un accident à la maison.

• **une asphyxie** : une difficulté à respirer, un étouffement par manque d'oxygène.

• **une électrocution** : le passage d'un courant électrique dans le corps qui peut provoquer la mort.

• **une intoxication** : un empoisonnement.

DÉBAT Que faut-il faire si quelqu'un nous lance un défi qui nous met en danger ?

26 Les dangers dans la nature

↓ 1 **Les balades, les randonnées**

Emportez avec vous :

- De quoi vous alimenter et vous hydrater.
- Des vêtements adaptés à la météo qui peut changer (et aussi gants, bonnet, casquette, lunettes de soleil…).
- De la crème solaire.
- Une trousse de premiers secours, une couverture de survie, un sifflet.
- Un téléphone portable et les numéros d'urgence utiles.
- Une carte des environs.
- Une boussole et un altimètre pour vous aider à vous repérer.
- Un couteau multifonctions.
- Une lampe torche.

Avant une sor

- Choisissez une activité à votre mesure.
- Choisissez votre itinéraire en fonction de vos capacités (ne pas se surestimer, dosez ses efforts…) et sachez l'adapter en fonction des difficultés rencontrées (dénivelé, terrain accidenté, météo changeante).
- Prenez connaissance de la météo, du balisage et de la signalisation en place.
- Informez une personne du jour et de l'heure de votre départ et de votre retour ainsi que de votre itinéraire, évitez de partir seul.

Ne comptez pas uniquement sur votre téléphone portable : il n'est pas toujours possible de capter un réseau en zones de montagnes.

Suivez le balisage pour rester sur le bon chemin

	GR	GR pays	PR
Bonne direction			
Tourner à gauche			
Tourner à droite			
Mauvaise direction			

Ne pas oublier

- Protégez la victime d'un danger imminent, couvrez-la, mettez-la au sec et réconfortez-la.
- Alertez les secours ou les faire prévenir (tél. 112) en transmettant les renseignements suivants :
  . la nature de l'accident et le nombre de victimes,
  . la gravité (inconscience, blessures apparentes…),
  . les soins apportés ou les gestes de secourisme pratiqués,
  . le lieu précis de l'accident (altitude, itinéraire…),
  . les conditions météo locales (vent, visibilité),
  . votre nom et votre numéro d'appel.

Protégez la victime, alertez les secours et pratiquez les gestes de secourisme adaptés.

▷ Quelles précautions faut-il prendre quand on se promène en montagne ?
▷ Quel risque prend-on si on ne les respecte pas ?
▷ Quelles autres précautions faut-il prendre quand on se promène en montagne ? en forêt ? au bord de la mer ?
Et moi ? Est-ce qu'il m'arrive de me croire invincible et de ne pas respecter les consignes de sécurité ?

Les balades, les randonnées

Se promener en pleine nature n'est pas sans danger. C'est pourquoi, avant de partir, le promeneur se renseigne sur les conditions météorologiques, prévient de son départ et dit où il va. Il s'équipe (chaussures de marche, chapeau, pull, vêtement de pluie, bouteille d'eau, carte). Il reste dans les sentiers balisés et respecte les consignes de sécurité. Il évite de toucher aux plantes qu'il ne connaît pas : certaines sont toxiques et la plupart des champignons sont mortels. Il laisse les animaux en paix pour éviter les piqûres ou les morsures **(doc. 1)**.

Les catastrophes naturelles

Le monde connaît toutes sortes de catastrophes naturelles : tremblements de terre, tsunamis, tornades, éruptions volcaniques… La France, pour sa part, est touchée par des orages, des inondations, des incendies de forêt et des avalanches, mais aussi des périodes de grand froid ou de canicule.
Pour éviter le danger, chacun respecte les alertes et apprend les règles de conduite : ne pas jouer avec le feu en forêt ; ne pas se promener sous l'orage et se tenir éloigné des objets élevés pour éviter d'être frappé par la foudre… **(doc. 2)**

⬇ 2 Les catastrophes naturelles

Orage et foudre à Elbeuf-sur-Andelle, Normandie, 2006

▷ Décris ce paysage.

▷ Qu'est-ce que la foudre ?

▷ Quel danger représente-t-elle ?

▷ Que faut il faire pour s'en protéger ?

▷ Nomme d'autres catastrophes naturelles et dis comment il faut se protéger dans chaque situation.

⬇ 3 Au bord de l'eau

Dépliant du secrétariat général à la Mer

Chaque année, l'eau tue. En 2004 : **1163 noyades**, dont **368 mortelles**.

Les principales victimes étaient :
• des enfants de moins de 6 ans
• des personnes de plus de 45 ans
• des hommes pour les 2/3.

Respectez toujours les consignes signalées par les drapeaux de baignade, elles sont émises par des professionnels du secourisme.

DRAPEAUX DE BAIGNADE		
Baignade surveillée et absence de danger particulier	Baignade dangereuse, mais surveillée	Interdiction de se baigner

... Ne laissez pas votre enfant sans surveillance !

▷ Combien de personnes meurent chaque année de noyade ? Où les accidents ont-ils lieu ?

▷ À quoi servent les drapeaux de couleur ?

▷ Quelles règles de sécurité permettent d'éviter la noyade ?

Et moi ? Est-ce que, quand je me baigne, je pense à demander à un adulte de me surveiller ?

Les dangers de l'eau

De nombreux enfants se noient chaque année dans la mer, dans les lacs et les rivières, et surtout dans les piscines. Pour éviter les accidents, chacun apprend à nager et, même quand on sait nager, mieux vaut se baigner sous la surveillance d'un adulte. On se baigne dans les zones autorisées, quand la météo le permet (jamais pendant un orage, jamais quand il y a un drapeau orange ou rouge). On se protège du soleil pour éviter les coups de soleil et les insolations, et l'on se mouille avant d'entrer dans l'eau pour éviter l'hydrocution (doc. 3).

(doc. 3)

L E X I Q U E

• **une canicule** : une période de grosses chaleurs.

• **une insolation** : une augmentation de la température du corps suite à une exposition au soleil qui peut provoquer des malaises.

• **une hydrocution** : un malaise provoqué par l'écart entre l'air chaud et l'eau froide.

• **toxique** : mauvais pour le corps.

D É B A T Quelles raisons justifieraient que l'on se mette en danger ?

27 Les premiers secours

↓ 1 Garder son calme et se protéger

Edvard Munch, *Le Cri*, 1893, Musée Munch à Oslo

▷ Décris ce tableau et l'impression qui s'en dégage.

▶ Est-ce que cela sert de crier en cas de danger ?

▶ Pourquoi faut-il garder son calme en cas de danger ?

▶ Dans quels cas faut-il se protéger soi-même quand il y a eu un accident et qu'une personne est blessée ?

↓ 2 Appeler les secours

▷ À quoi servent ces différents numéros de téléphone ?

▶ Imagine que tu te trouves seul à la maison avec ton frère ou ta sœur qui a perdu connaissance : quel numéro composes-tu ? Que dois-tu dire ?

▶ Pourquoi faut-il être calme pour appeler les secours ?

▶ T'est-il déjà arrivé d'appeler les secours ?

▶ Comment peux-tu te préparer pour le cas où, un jour, tu devrais appeler les secours ?

Garder son calme et se protéger

La première chose à faire en cas de danger ou d'accident est de garder son calme : dans la panique, on risque d'accroître la blessure de la victime et de se mettre en danger (doc. 1).

Ensuite, on commence par se protéger soi-même : sortir si le danger est dans la maison (en cas d'incendie, par exemple), ne pas toucher une personne électrocutée (on risque de s'électrocuter à son tour)…

Le mieux est toujours d'appeler un adulte avant de faire quoi que ce soit.

Appeler les secours

En cas de danger, on appelle les secours (doc. 2). On garde son calme pour leur faire gagner du temps. On se présente et l'on donne le numéro de téléphone d'où l'on appelle. On explique clairement ce qui se passe et dans quel état est la victime. On donne l'adresse précise du lieu où l'on se trouve, sans oublier les indications nécessaires aux secours pour arriver rapidement : un code, un étage, un numéro de porte… On ne raccroche surtout pas tant qu'on ne nous l'a pas demandé. Puis on pense à aller ouvrir la porte pour permettre l'accès des secours.

Consignes en cas d'incendie

▷ Explique ce qu'il faut faire en cas d'incendie.
▷ Trouve la raison de chacune de ces consignes de sécurité.

Sortir et fermer la porte pour empêcher que les flammes se propagent

Ne pas ouvrir les fenêtres pour ne pas aviver le feu

Se protéger de la fumée en se mettant près du sol

Évacuer en prévenant les voisins

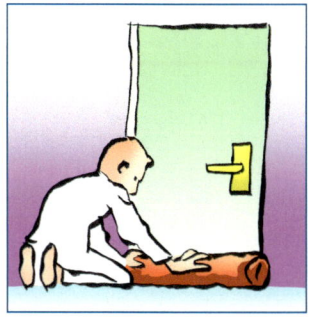

Si l'on est coincé, garder la porte fermée, boucher l'encadrement pour éviter que les fumées entrent…

… et mouiller la porte pour retarder le feu

→ **4** **Connaître quelques gestes**

La formation aux premiers secours

▷ Raconte cette histoire avec tes propres mots.
▷ Explique la dernière phrase.
▷ Connais-tu d'autres gestes à faire pour sauver la vie d'une personne.

Témoignage. Margaux, 2 ans, joue dans sa chambre, à l'étage. Soudain, sa mère la voit bleuir. Elle comprend très vite que Margaux s'étouffe avec des pièces de monnaie. Impossible d'appeler les secours de la maison : le téléphone sans fil a été égaré dans un récent déménagement. Elle confie la petite à son fils Damien, 11 ans, et court chercher un téléphone. Resté seul avec sa sœur, Damien ne perd ni son temps ni son sang-froid. Il place ses bras sous ceux de Margaux, applique le poing au creux de son abdomen et tire vigoureusement vers lui. Dès la troisième tentative, la pièce qui bloquait le passage de l'air est expulsée. Margaux retrouve son souffle et ses couleurs. Arrivés 10 minutes plus tard, les pompiers confirment : par son intervention, Damien a tout simplement sauvé la vie de sa sœur. Si cette histoire s'est bien finie, c'est parce que Damien était formé aux premiers secours.

www.croix-rouge.fr

Connaître quelques gestes

Ensuite, on rassure la victime en lui disant que l'on a prévenu les secours, on veille à ce qu'elle reste calme et ne bouge pas.

On applique les consignes données (doc. 3) : refroidir une brûlure avec de l'eau fraîche, presser sur une plaie pour arrêter un saignement. Mais on ne prend pas d'initiative : par exemple, bouger une victime peut le blesser plus gravement encore.

À partir de l'âge de 10 ans, on peut suivre une formation aux premiers secours et apprendre ainsi les gestes qui peuvent sauver la vie (doc. 4).

LEXIQUE

• **appeler les secours** : contacter les services chargés des secours (pompiers, Samu, police, gendarmerie…).

• **un incendie** : un grand feu qui se propage et qui est dangereux.

DÉBAT Doit-on sauver quelqu'un si, pour cela, nous devons nous mettre en danger ?

3 Se préparer à être citoyen dans sa commune, son département et sa région

Mairie de Toulouse, sur la place du Capitole

28 La commune, la mairie et la municipalité

↓ 1 La commune

Parmi les 36 000 communes que compte la France, la plus étendue est Maripasoula en Guyane et la moins étendue Castelmoron-d'Albret en Gironde (la taille de la place de l'Étoile à Paris). La plus peuplée est Paris (plus de 2 millions d'habitants) et la moins peuplée Rochefourchat dans la Drôme, avec... un seul habitant. De nombreuses communes ont des noms issus des langues régionales (tel Plougastel en Bretagne, dont le nom signifie « paroisse du château » en breton). Enfin, plus de 4 000 communes ont un nom qui commence par « Saint » ou « Sainte », ce qui prouve le poids historique du christianisme dans notre pays.

▶ Comment s'appelle ta commune ?
▶ Quelle est sa superficie ?
Combien compte-t-elle d'habitants ?
▶ Quand a-t-elle été créée ? D'où lui vient son nom ?

→ 2 Le conseil municipal

Conseil municipal de Cravant-les-Coteaux, 1998

Le nombre de conseillers municipaux dépend de la taille de la commune : 9 dans les plus petits villages, 69 dans les plus grandes villes.

▷ Décris cette réunion : la salle, les personnes...
▶ À quoi sert le conseil municipal ?
▶ Qui y participe ?
▶ Qui est le maire de ta commune ?

La commune

La France compte plus de 36 000 communes : chaque commune correspond à une portion du territoire français. Certaines communes sont des villages : elles comptent moins de 2 000 habitants (parfois quelques dizaines de personnes) et leur territoire se compose essentiellement de champs, de prés et de forêts. D'autres sont des villes, plus ou moins grandes : leur territoire se compose essentiellement d'immeubles et de rues (doc. 1).

Le conseil municipal

Les conseillers municipaux sont chargés d'organiser la vie de la commune (doc. 2). Ils sont élus pour six ans lors des « élections municipales » par les habitants de la commune, qu'ils soient français ou membres d'un pays de l'Union européenne (Allemagne, Pologne...). Les conseillers municipaux choisissent l'un d'eux pour devenir maire. Certaines communes ont un conseil municipal des enfants (doc. 3).

⬇ 3 Le conseil municipal des enfants

Conseil municipal des enfants à Toulouse, 2003

En 1979, le maire de Schiltigheim décida de créer un premier conseil municipal des enfants. Depuis, 1 600 villes ont suivi son exemple et créé un conseil municipal des enfants. Les conseillers sont des élèves de cycle 3 élus par les autres élèves de la commune. Ils se réunissent pour faire des projets concernant la vie des jeunes dans la commune, puis proposent leurs projets au maire et au conseil municipal. Pour ceux qui votent comme pour ceux qui sont élus, c'est l'occasion d'apprendre la démocratie et de s'impliquer dans la vie citoyenne de la commune.

▷ Décris cette photographie : la salle et sa disposition, l'attitude des enfants.

▷ Dans ta commune, y a-t-il un conseil municipal des enfants ?

⬇ 4 La mairie

Mairie du 2e arrondissement de Lyon, 2003

6 Inscriptions scolaires
Recensement militaire

7

8 | Cartes d'identité

9 | Passeports

10 Affaires diverses
- Sortie de territoire
- Légalisation de signature
- Attestation d'accueil
- Plis d'huissiers
- Restaurant scolaire

▷ Nomme les services que, d'après ce panneau, on trouve dans cette mairie.

▷ À quoi sert une mairie ?
À quelles occasions va-t-on à la mairie ?

▷ Où se trouve la mairie de ta commune ?

▷ Décris la mairie de la page 68 : la façade, les inscriptions, les drapeaux, la place…

▷ Quels symboles de la République française ou de l'Europe trouve-t-on à la mairie de ta commune ?

La mairie

La mairie est l'ensemble des services chargés d'organiser la vie de la commune : le conseil municipal, mais aussi les fonctionnaires qui travaillent pour la commune. On parle aussi de « mairie » ou d'« hôtel de ville » pour désigner le bâtiment qui abrite les services de la commune et la municipalité : la salle de mariage, le bureau du maire, la salle du conseil municipal, le bureau de l'état civil… (doc. 4)

LEXIQUE

- **une commune** : le territoire d'une ville ou d'un village, dirigé par un conseil municipal.

- **un conseil municipal** : l'ensemble des personnes élues par les habitants d'une commune pour s'occuper de cette commune.

- **un maire** : une personne élue pour diriger une commune et y représenter l'État.

- **une municipalité** : un maire et les conseillers municipaux.

29 La commune et l'école

↓ 1 La scolarité des élèves

Texte de loi. Art. 211-8. – L'État paye les salaires des enseignants des écoles élémentaires et des écoles maternelles et ceux des inspecteurs.

Art. 212-4. – La commune a la charge des écoles publiques. Elle est propriétaire des locaux et en assure la construction, les grosses réparations, l'équipement et le fonctionnement.

Art. 212-5. – Les communes payent l'entretien des bâtiments ; l'achat et l'entretien du mobilier scolaire ; le chauffage et l'éclairage des classes et la rémunération des personnels de service.

D'après le code de l'Éducation, 2000.

▶ Qui paie les dépenses suivantes : le salaire des professeurs ? l'achat des tableaux ? la facture d'électricité ? la réparation des tables ?

Et moi ? Est-ce que je fais attention au matériel pour éviter à la commune de devoir payer des réparations ?

→ 2 Une participation solidaire

Site Internet de la ville de Saint-Pierre d'Irube

▷ Qui peut aller à la cantine ?

▷ Quel est le prix d'un repas ?

▶ Pourquoi le prix n'est-il pas le même pour tous ?

▶ Trouve d'autres systèmes de solidarité mis en place dans l'école pour permettre à chacun d'y avoir accès.

La scolarité des élèves

Le ministère de l'Éducation nationale décide ce qu'il faut enseigner, le nombre d'heures de travail et les dates de vacances. Il nomme et paye le directeur, les professeurs et envoie des inspecteurs dans les écoles. La mairie enregistre les inscriptions et répartit les élèves dans les écoles (doc. 2 p. 165). Elle fait construire et entretenir les bâtiments (travaux, ménages, espaces verts, etc.). Elle peut envoyer des personnes supplémentaires, comme un moniteur pour le sport, un animateur pour l'informatique (doc. 1).

La vie à l'école et après l'école

La municipalité participe au conseil d'école : elle y envoie un représentant qui, avec les enseignants et des représentants élus par les parents d'élèves, vote le règlement intérieur, le projet d'école et les activités.
La municipalité achète le matériel scolaire : tableaux, tables, chaises, livres, fournitures scolaires…
Elle met des équipements à disposition des classes : la bibliothèque, le gymnase, le stade, la piscine, les cars pour les sorties scolaires…
Elle peut organiser une cantine en faisant préparer

↓ 3 La vie à l'école et après l'école

Payé par l'État

le salaire des inspecteurs

le salaire des enseignants

le salaire de la directrice

les manuels

Payé par la commune (obligatoire)

la construction et la réparation des bâtiments

le mobilier scolaire

l'entretien de l'école

Payé par la commune (facultatif)

des fournitures

la cantine

les sorties

la garderie le matin et/ou le soir

l'accès aux équipements de la commune

le centre de loisirs

le matériel informatique

le ramassage scolaire

la sécurité à la sortie de l'école

▷ Énumère les dépenses payées par l'État et celles payées par la commune, en distinguant ce qui est obligatoire et ce qui est facultatif.

▷ Dans les dépenses facultatives, cherche lesquelles sont faites dans ta commune.

▷ Explique l'intérêt de ces dépenses.

les repas et en payant les personnes nécessaires pour encadrer les enfants pendant le déjeuner ; elle peut mettre en place un ramassage scolaire et proposer une garderie ou une étude avant ou après l'école, financer des classes de découverte, ou encore envoyer une personne veiller à la sécurité des élèves au moment de la sortie de l'école.

Beaucoup de parents travaillent le mercredi et ont des vacances plus courtes que les congés scolaires. Pour accueillir les enfants pendant qu'ils travaillent, la mairie met en place un centre de loisirs. Cela n'a rien à voir avec l'école, même si le centre de loisirs utilise souvent les locaux de l'école (doc. 3).

Une participation solidaire

Les parents ne payent pas la scolarité de leurs enfants : l'école est gratuite. L'argent que la mairie dépense pour l'école provient des impôts payés par les habitants de la commune. En revanche, les parents payent les activités autour de l'école : la cantine, le ramassage scolaire, l'étude, le plus souvent, en fonction de sa richesse, pour que personne ne soit exclu (doc. 2).

> **D É B A T** Pourquoi ceux qui n'ont pas d'enfants payent-ils pour le fonctionnement de l'école ?

30 La commune et la vie des habitants

1 La vie de la commune

La commune décide des règles de vie dans la commune

les règles de circulation (sens interdits, rues piétonnes, lieux de stationnement…)

les « permis de construire »

les autres règles de la vie commune

les équipements de loisirs

les services

La commune aménage la vie collective

le nettoyage des rues

les fêtes

la collecte des déchets

l'éclairage public

la construction et réparation des routes, des écoles, des stades…

▷ Nomme les actions de la commune pour organiser la vie des habitants.

▷ Trouve une règle mise en place par ta commune pour organiser la vie commune.

▷ Trouve un endroit où ta commune réalise des travaux ou s'occupe de l'entretien.

▷ Trouve un service proposé aux habitants par ta commune.

▷ Trouve les loisirs proposés par ta commune et/ou une fête que ta commune organise chaque année.

Et moi ? Est-ce que je participe aux actions organisées par la commune ?

La vie commune

Les habitants de la commune ne peuvent pas se réunir et se mettre tous d'accord chaque fois qu'il faut prendre une décision : la municipalité organise donc en leur nom la vie commune.

La municipalité décide des règles de vie dans la commune. Elle fixe les règles de circulation (sens interdits, rues piétonnes, lieux de stationnement…). Elle fixe où les habitants ont le droit de construire leurs maisons, leurs boutiques, leurs usines, et selon quelles conditions (taille, allure, usage) : toute personne qui veut faire construire doit obtenir un « permis de construire » à la mairie.

La commune aménage la vie collective. Elle entretient les routes, les rues, les trottoirs, l'éclairage des rues. Elle prévoit et coordonne les travaux nécessaires pour construire de nouveaux équipements (routes, écoles, stades…). Elle organise la collecte des déchets en installant des conteneurs ou en faisant passer des bennes de ramassage. Elle propose des services (centre de loisirs, ramassage scolaire, crèche) et des loisirs (bibliothèque, sports…), organise des fêtes comme le feu d'artifice du 14 juillet (doc. 1).

→ 2 Des moyens variés : les impôts locaux

Feuille de la taxe d'habitation

Chaque habitant d'une commune paye la taxe d'habitation en fonction de la taille de son logement et du nombre de personnes dans la famille : plus le logement est grand, plus la taxe est élevée, mais elle est moins élevée pour une grande famille que pour une personne seule.

▷ Dis ce que tu vois sur cette feuille.

▷ Qui paye le plus cher : une grande famille qui habite un petit appartement, ou une personne seule qui habite une grande maison ?

→ 3 Des moyens variés : les communautés de communes

Site Internet du « pays de Cahors »

Cahors et 10 communes voisines ont mis leurs moyens en commun pour différentes actions : elles ont constitué une « communauté de communes ».

▷ Quelles actions ces communes effectuent-elles en commun ?

▷ Ta commune s'est-elle associée à d'autres pour certaines actions (par exemple, la collecte des déchets) ?

Des moyens variés

Pour réaliser ses actions, la commune dispose de l'argent des impôts locaux (doc. 2). Elle peut faire appel à des professionnels : des ouvriers pour les travaux, mais aussi des personnes que la mairie emploie de manière régulière, comme un ou une secrétaire, des agents de la circulation…
Pour réaliser des actions qu'elles ne pourraient faire seules ou par économie, certaines communes voisines s'allient pour le ramassage scolaire, la collecte des déchets, l'entretien des routes, ou pour construire un terrain de sport, une piscine, une bibliothèque… (doc. 3)

LEXIQUE

● **les impôts locaux** : l'argent versé à la commune (et au département et à la région) par les habitants et les entreprises qui s'y trouvent.

DÉBAT Comment contribuer à la solidarité au sein de notre commune ?

31 Le département

→ **1** **100 départements**

Le code postal

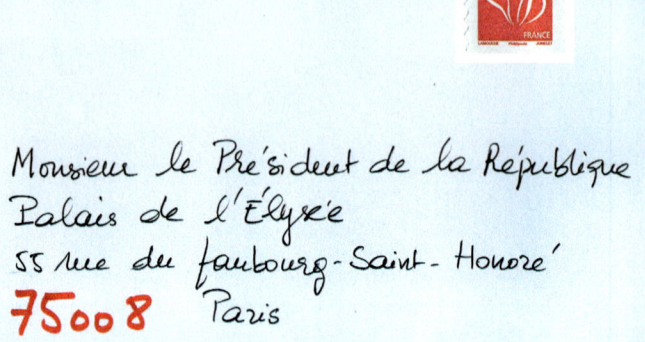

▷ À qui cette lettre est-elle adressée ?

▶ Dans une adresse, quel élément indique le numéro du département ?

▷ Quel est le numéro du département dans lequel se trouve le palais de l'Élysée ?

▶ Comment s'appelle ton département ? Quel est son numéro ?

▶ Quel est le code postal de ta commune ?

→ **2** **100 départements : l'histoire des départements**

▷ Pourquoi a-t-on organisé le territoire français en départements ?

▷ D'où viennent les noms des départements français ?

▶ Pourquoi le découpage de 1790 a-t-il été modifié par la suite ?

Et moi ? Est-ce que je me sens attachée à mon département ?

En 1790, les députés simplifièrent le découpage administratif de la France : ils supprimèrent les anciennes provinces et divisèrent le territoire en départements. Ceux-ci étaient de tailles presque identiques et étaient suffisamment petits pour que chaque habitant puisse se rendre de chez lui au chef-lieu du département en moins d'une journée de cheval. Le tracé respectait la géographie. Les noms ne faisaient pas référence aux provinces d'autrefois : la plupart des départements portent des noms de montagnes ou de rivières. Depuis 1790, le découpage a été légèrement modifié. Par exemple, la Seine (75) a été divisée en 6 départements, dont Paris, en 1964.

100 départements

Le territoire français est divisé en 100 départements (carte p. 79) : 96 se trouvent en métropole et 4 sont des départements d'outre mer.

Chaque département est identifié par un nom (le Cher, le Var…) et par un numéro (doc. 1).

Le découpage en départements existe depuis 1790 (doc. 2). Certains départements ont changé de noms : les Côtes du Nord sont devenues les Côtes-d'Armor, les Basses-Alpes sont devenues les Alpes de Haute-Provence. D'autres ont été créés : c'est le cas des départements de la banlieue, autour de Paris.

Le conseil général et les citoyens

La vie du département est organisée par le conseil général, composé de conseillers généraux élus pour six ans par les citoyens du département. Ces conseillers généraux élisent l'un d'eux pour être le président du conseil général (doc. 3).

Les citoyens participent à la vie du département en votant lors de ces élections, mais aussi en assistant, s'ils le souhaitent, aux séances de ce conseil, en participant à des référendums locaux… Certains départements ont un conseil général junior composé de collégiens.

↓ **3** **Le conseil général et les citoyens**

Chaque canton (chaque partie du département) élit un conseiller général. Celui-ci s'occupe des affaires de tout le département, mais représente particulièrement son canton : c'est à lui que les citoyens s'adressent pour demander l'informatisation d'un collège, la mise en place d'un équipement touristique, la défense du patrimoine local, une aide pour des familles en difficulté, une solution pour les problèmes de logement ou d'emploi, une bourse ou une subvention pour un projet... Le conseiller du canton est souvent aussi conseiller municipal, maire, voire député ou sénateur.

→ **4** **Les actions du conseil général**

Affiche du conseil général de la Haute-Garonne

▷ Décris cette affiche.

▷ Quelle action du Conseil général cette affiche annonce-t-elle ?

▷ Trouve d'autres domaines dans lesquels le conseil général agit.

▷ Fais des recherches et trouve une action que le conseil général de ton département mène pour les jeunes.

2 septembre 2004

4 nouveaux collèges font leur rentrée

HAUTE-GARONNE
CONSEIL GENERAL
Présent!

Les actions du conseil général

Le conseil général intervient dans de multiples domaines de la vie quotidienne. Il construit et entretient les routes, les collèges, les bibliothèques, certains musées... Il met en place des actions pour aider les familles (services de protection maternelle et infantile), les personnes handicapées, les personnes âgées, les chômeurs (doc. 4).

Pour son action, le conseil général dispose d'argent : une partie des impôts locaux que payent les habitants du département et des subventions accordées par l'État.

LEXIQUE

● **un référendum** : une question posée aux citoyens à laquelle ils répondent par oui ou par non ; leur choix a valeur de décision.

● **la métropole** : la partie du territoire français qui se trouve en Europe.

● **l'outre-mer** : la partie du territoire français qui se trouve hors d'Europe.

● **les impôts locaux** : les impôts que l'on paye à sa commune, son département, sa région... par opposition à ceux que l'on paye à l'État et qui concernent tout le pays.

Les départements et les régions

1 **Les 96 départements et les 22 régions de la métropole**

Nord

Pas-de-Calais

Nord-Pas-de-Calais

Nord

Seine-Maritime

Somme

Aisne

Haute-Normandie

Picardie

Oise

Ardennes

Meuse

Moselle

Lorraine

Bas-Rhin

Calvados

Eure

Marne

Meurthe-et-Moselle

Manche

Basse-Normandie

95

93 77

78 92 75

94

91

Ile-de-France

Champagne-Ardenne

Aube

Haute-Marne

Vosges

Alsace

Haut-Rhin

Orne

Finistère

Côtes-d'Armor

Bretagne

Ille-et-Vilaine

Mayenne

Sarthe

Eure-et-Loir

Loiret

Yonne

Côte-d'Or

Haute-Saône

Belfort

Franche-Comté

Morbihan

Pays de la Loire

Centre

Loir-et-Cher

Bourgogne

Nièvre

Doubs

Jura

Maine-et-Loire

Indre-et-Loire

Cher

Loire-Atlantique

Vendée

Deux-Sèvres

Vienne

Indre

Saône-et-Loire

Allier

Haute-Savoie

Poitou-Charentes

Haute-Vienne

Creuse

Rhône

Ain

Charente-Maritime

Charente

Limousin

Puy-de-Dôme

Loire

Savoie

Corrèze

Auvergne

Haute-Loire

Isère

Rhône-Alpes

Dordogne

Cantal

Ardèche

Drôme

Hautes-Alpes

Gironde

Aquitaine

Lot

Lozère

Gard

Alpes-de-Haute-Provence

Alpes-Maritimes

Lot-et-Garonne

Tarn-et-Garonne

Aveyron

Vaucluse

Provence-Alpes-Côte-d'Azur

Landes

Gers

Midi-Pyrénées

Tarn

Hérault

Bouches-du-Rhône

Var

Pyrénées-Atlantiques

Haute-Garonne

Languedoc-Roussillon

Hautes-Pyrénées

Ariège

Aude

Pyrénées-Orientales

200 km

Ile-de-France

Val-d'Oise

Yvelines

Seine-Saint-Denis

Paris

Hauts-de-Seine

Val-de-Marne

Essonne

Seine-et-Marne

200 km

Haute-Corse

Corse

Corse-du-Sud

Corse	Nom de région
Landes	Nom de département

OCÉAN ARCTIQUE

OCÉAN ATLANTIQUE

Guadeloupe

Martinique

Guyane

Équateur

La Réunion

OCÉAN ATLANTIQUE

La France : métropole et outremer

Guadeloupe Départements et régions d'outremer

OCÉAN ANTARCTIQUE

32 La région

↓ 1 26 régions

La Bretagne est une région ancienne : son nom lui vient des Bretons, peuple arrivé de l'actuelle Grande-Bretagne à la fin de la préhistoire.

Au Moyen Âge, la Bretagne faisait partie du royaume de France et appartenait au duc de Bretagne, dont le château se trouvait à Nantes.

Dans les années 1940 et suivantes, l'État a entrepris d'organiser la France en régions. La Bretagne, trop grande par rapport à ses voisines, a alors perdu sa capitale historique, Nantes, qui s'est vue rattachée aux « Pays de la Loire ». Mais la plupart des Nantais se considèrent comme des Bretons et ils réclament régulièrement leur rattachement à la Bretagne.

▷ Situe la Bretagne sur la carte p. 79.

▷ Trouve et nomme les départements qui en font partie.

▷ Par qui et pourquoi le découpage de la Bretagne est-il parfois contesté ?

▷ Cherche dans un dictionnaire ou une encyclopédie les différents sens du mot « région »

▷ Comment ta région s'appelle-t-elle ?
D'où lui vient son nom ?
Quels départements regroupe-t-elle ?
Quelle est sa superficie ? sa population ?

Et moi ? Est-ce que je me sens attachée à ma région ?

→ 2 Le conseil régional

Le conseil régional d'Alsace

▷ Décris la salle du conseil régional.

▷ Combien de personnes font partie du conseil régional d'Alsace : plus de 10 ? plus de 100 ?

▷ À ton avis, de quoi s'occupent-elles ?

▷ Fais des recherches et trouve qui est le président du conseil de ta région.

→ 3 Les rôles de la région

Le pont de la Rivière Saint-Étienne (La Réunion), après le passage du cyclone Gamède, février 2007

La Réunion (qui est un département mais aussi une des 26 régions de France) s'est mobilisée en 2007 pour reconstruire le pont reliant les communes de Saint-Louis et Saint-Pierre.

▷ Dans quel état est ce pont ?

▷ Pourquoi vaut-il mieux que chaque région, plutôt que l'État, s'occupe des constructions et reconstructions de routes et de ponts ?

▷ Fais des recherches et trouve une action menée par le conseil régional de ta région.

26 régions

La France est découpée en 26 régions : 22 en métropole et 4 en outre-mer. Chacune regroupe un ou plusieurs départements (carte p. 79). Les régions ont été créées à partir d'une ancienne province (l'Alsace, par exemple), à partir d'une réalité géographique (la Corse, par exemple) ou encore de manière arbitraire, de façon que tous les départements soient inclus dans une région (le Centre, par exemple) (doc. 1). Les régions existent depuis moins longtemps que les communes et les départements : les Français connaissent encore mal leur région et ses rôles.

Le conseil régional

La vie de chaque région est organisée par un conseil régional composé des conseillers régionaux, élus pour six ans par les citoyens de la région. Ces conseillers régionaux élisent l'un d'entre eux pour être le président du conseil régional (doc. 2).

Les actions du conseil régional

Le conseil régional fait construire et entretenir les lycées, les hôpitaux, certains théâtres et musées… Il est également responsable des routes nationales,

des gares, des ports, des transports collectifs régionaux, notamment des TER (doc. 3).

La France met en œuvre une politique de décentralisation : de nombreuses décisions sont désormais prises par les conseils régionaux et valables pour chaque région. La décentralisation est de plus en plus importante : chaque conseil régional a de plus en plus de responsabilités.

Pour son action, le conseil régional dispose d'argent : une partie des impôts locaux que payent les habitants de la région, des taxes sur les permis de conduire, des subventions de l'État et, parfois, une aide de la part de l'Union européenne.

4 Se préparer à être citoyen en France

Didier Jules, *La Proclamation de la République le 4 septembre 1870*, musée Carnavalet à Paris

33 La Déclaration des droits de l'homme et du citoyen de 1789

↓ 1 La Révolution de 1789

En 1789, pendant la Révolution française, les députés ont mis fin à la monarchie absolue (qui donnait tout pouvoir au roi), aboli les privilèges accordés à certains et ont réfléchi sur les droits fondamentaux des personnes.

> **Discours.** La vérité apprend à l'homme quels sont ses droits. Elle lui apprend aussi quels sont ses devoirs. En apprenant à l'homme quels sont ses droits, il respectera ceux des autres ; il sentira qu'il ne peut jouir des siens qu'en n'attaquant pas ceux des autres, et il sentira enfin que la force de son droit est dans le respect qu'il aura pour celui des autres. C'est en gravant dans le bronze la déclaration des droits de l'homme que nous devons faire cesser les abus de notre gouvernement et en préserver ceux qui vivront après nous.
>
> **D'après Target, député, débat sur la Déclaration des droits de l'homme et du citoyen, 1er août 1789**

▷ Que demande le député Target ?

▷ Quels arguments emploie-t-il pour défendre son point de vue ?

Et moi ? M'arrive-t-il de vouloir avoir plus de droits que les autres ?

L'illustré National

LE PROCÈS DREYFUS A RENNES

La Révolution de 1789

La Déclaration des droits de l'homme et du citoyen a été proclamée le 26 août 1789, pendant la Révolution française. Les députés y ont affirmé les valeurs essentielles auxquelles ils croyaient et qu'ils voulaient pour la France. Ils ont ainsi mis fin à la monarchie absolue et inégalitaire, dans laquelle le roi décidait de tout et dans laquelle les citoyens n'avaient pas tous les mêmes droits (doc. 1).

La Déclaration de 1789

La Déclaration des droits de l'homme et du citoyen proclame les droits individuels et collectifs valables pour tous les Français. Le premier de ces droits est la liberté fondamentale pour toute personne. Le deuxième de ces droits est l'égalité entre tous : en particulier, la loi est la même pour tous. Le texte affirme que le pouvoir appartient au peuple qui désigne ses représentants ; il est partagé entre plusieurs personnes pour qu'aucune ne puisse imposer ses décisions (doc. 2).

Une application lente

Depuis qu'elle a adopté cette Déclaration, la France n'a pas toujours respecté les droits de l'homme. À plusieurs reprises, des personnes ont exercé le pouvoir sans l'accord des citoyens, les libertés ont été limitées et l'égalité entre tous n'a pas été respectée (doc. 3). Pendant la Deuxième Guerre mondiale,

→ 2 La Déclaration de 1789

▷ Explique un à un ces articles.

▷ Donne un exemple pour illustrer chacun de ces droits.

▷ Lequel de ces droits te paraît le plus important?

▷ Lis la Déclaration universelle des droits de l'homme p. 156 et trouve des points communs et des différences avec celle-ci.

Et moi? Lequel de ces droits ai-je parfois des difficultés à respecter pour les autres?

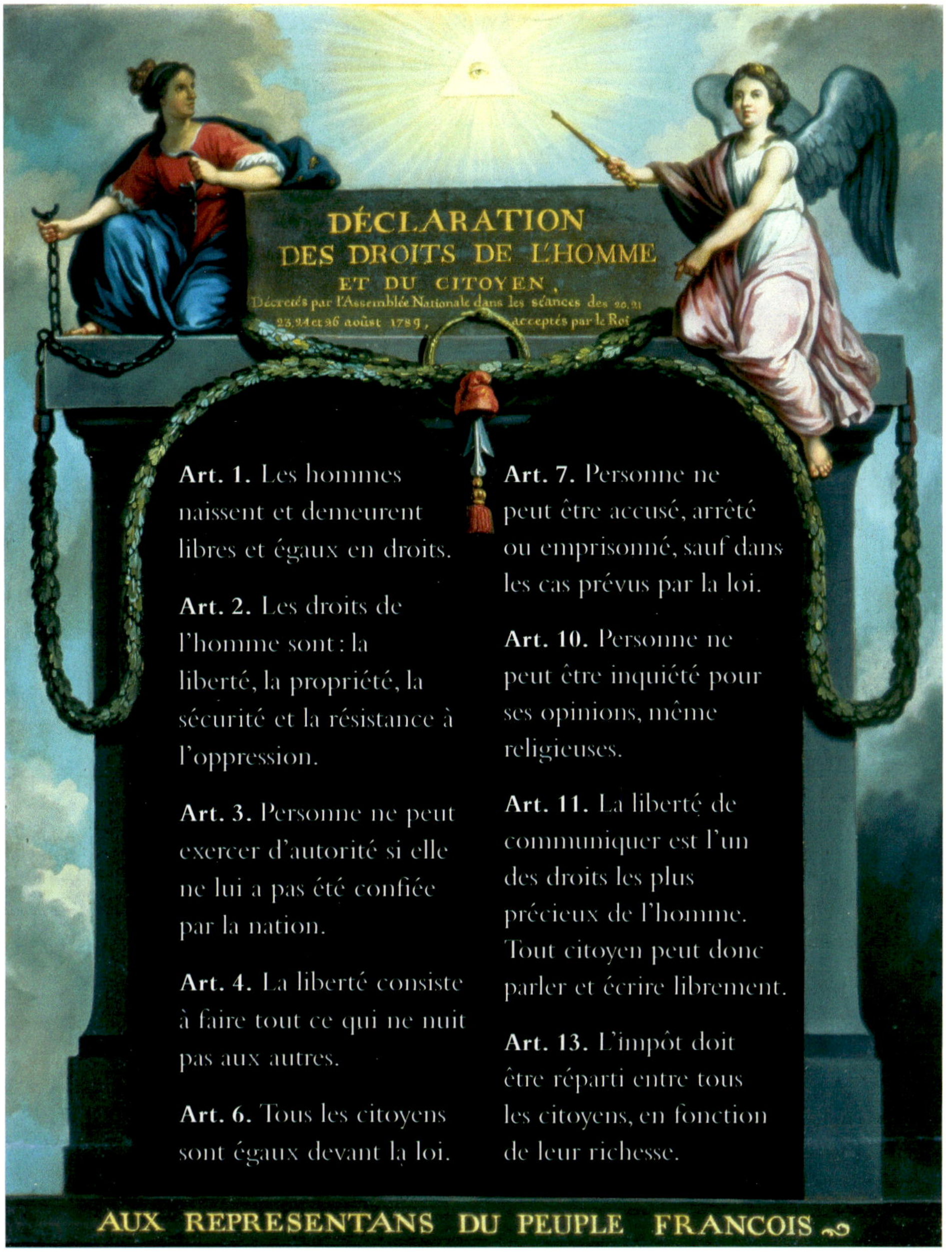

← 3 Une application lente

Journal du 20 août 1899

Au XIXᵉ siècle, Alfred Dreyfus, officier français, a été jugé pour espionnage : bien qu'innocent, il a été condamné parce qu'il était juif.

▷ Décris ce tribunal.

▷ En quoi l'affaire Dreyfus a-t-elle été une atteinte aux droits de l'homme?

▷ Connais-tu d'autres cas où les droits de l'homme ne sont pas respectés?

DÉCLARATION DES DROITS DE L'HOMME ET DU CITOYEN.

Décrétés par l'Assemblée Nationale dans les séances des 20, 21, 23, 24 et 26 août 1789, acceptés par le Roi

Art. 1. Les hommes naissent et demeurent libres et égaux en droits.

Art. 2. Les droits de l'homme sont : la liberté, la propriété, la sécurité et la résistance à l'oppression.

Art. 3. Personne ne peut exercer d'autorité si elle ne lui a pas été confiée par la nation.

Art. 4. La liberté consiste à faire tout ce qui ne nuit pas aux autres.

Art. 6. Tous les citoyens sont égaux devant la loi.

Art. 7. Personne ne peut être accusé, arrêté ou emprisonné, sauf dans les cas prévus par la loi.

Art. 10. Personne ne peut être inquiété pour ses opinions, même religieuses.

Art. 11. La liberté de communiquer est l'un des droits les plus précieux de l'homme. Tout citoyen peut donc parler et écrire librement.

Art. 13. L'impôt doit être réparti entre tous les citoyens, en fonction de leur richesse.

AUX REPRESENTANS DU PEUPLE FRANCOIS

des personnes ont été arrêtées à cause de leurs origines (les juifs, les Tsiganes) ou de leurs idées (les communistes, les résistants…). Mais la Déclaration est un objectif vers lequel la France a progressé et pour lequel des citoyens se mobilisent sans cesse.

La portée du texte

La Déclaration des droits de l'homme et du citoyen a servi de référence à de nombreux pays. Ses valeurs sont aujourd'hui défendues dans le monde entier. En 1948, la quasi-totalité des pays du monde ont adopté la Déclaration universelle des droits de l'homme, qui s'inspire des grands principes de la Déclaration des droits de l'homme et du citoyen de 1789 (doc. 1 p. 156).

L E X I Q U E

● **l'abolition** : la suppression, l'annulation.

● **les droits de l'homme** : les droits fondamentaux valables pour tous les êtres humains (le droit de vivre, la liberté, l'égalité entre tous, etc.).

● **la monarchie absolue** : la monarchie en vigueur en France au XVIIᵉ et au XVIIIᵉ siècle, dans laquelle le roi (Louis XVI, Louis XV puis Louis XVI) avait tout pouvoir.

● **un privilège** : un avantage réservé à quelques personnes.

D É B A T Quel est le plus important des droits de l'homme : la liberté ou l'égalité ?

34 Les valeurs de notre société : la démocratie

1 Des droits pour les personnes

Manifestation contre le racisme, 7 novembre 2004 à Paris

▷ Décris cette photographie et complète la phrase sur la banderole (« Non à tous les… »).
▶ En France, les citoyens sont-ils considérés comme égaux entre eux ?
▶ En France, qui détient le pouvoir ?
Et moi ? Est-ce que je considère toutes les personnes avec le même respect ?

Des droits pour les personnes

La France est une démocratie : cela signifie qu'elle reconnaît des droits aux personnes qui vivent sur son territoire. D'une part, elle respecte la liberté de chacun : la liberté de vivre dans n'importe quelle région, de se marier ou pas, de choisir son métier… D'autre part, elle affirme que tous les êtres humains ont la même valeur et considère les citoyens comme égaux : tous ont les mêmes droits et les mêmes devoirs, et ce qui est interdit aux uns est interdit à tous (doc. 1).

Le pouvoir aux citoyens

La France est une démocratie : cela signifie que le pouvoir appartient aux citoyens (doc. 2). Une personne ou un petit groupe ne peut pas imposer sa volonté aux autres. Les citoyens exercent le pouvoir en votant : ils élisent les personnes auxquelles ils veulent confier ce pouvoir (les conseillers municipaux, les députés, le président de la République…). Ces personnes n'ont pas un pouvoir illimité : elles doivent respecter les lois et sont élues pour un temps, puis doivent se faire réélire ou céder leur place.

2 **Le pouvoir aux citoyens**

Texte de loi. Art. 3. – La souveraineté nationale* appartient au peuple qui l'exerce par ses représentants et par la voie du référendum. Aucune partie du peuple ni aucun individu ne peut décider de prendre le pouvoir.

D'après la Constitution de la Cinquième République, 1958

* la souveraineté nationale : le pouvoir de décision

▷ D'après ce texte, qui, en France, détient le pouvoir ?

▷ Quels sont les deux moyens par lequel il exerce son pouvoir ?

▷ Cherche dans un dictionnaire ce qu'est un référendum.

▷ Que doit faire une personne qui voudrait avoir le pouvoir (par exemple, quelqu'un qui voudrait devenir président de la République) ?

Et moi ? Est-ce qu'il m'arrive de vouloir imposer ma volonté aux autres ?

3 **Une démocratie à défendre**

Dessin de presse

▷ Décris ce document.

▷ Cherche dans un dictionnaire la signification des mots que tu ne connais pas ?

▷ Comment la démocratie française est-elle représentée ?

▷ Quels dangers la menacent ?

▷ La France a-t-elle toujours été une démocratie ?

▷ Sera-t-elle toujours une démocratie ?

Une démocratie à défendre

La France n'a pas toujours été une démocratie. Autrefois, tous les citoyens n'étaient pas égaux (par exemple, certaines personnes même très riches avaient le droit de ne pas payer d'impôts) et le pouvoir n'appartenait pas aux citoyens (le roi prenait seul toutes les décisions).

La démocratie n'est pas acquise pour toujours : à tout moment, des personnes peuvent la mettre en danger. C'est donc un idéal que chacun doit défendre en veillant à ce qu'il soit toujours respecté (doc. 3).

LEXIQUE

● **un citoyen** : un habitant d'un pays qui a des droits et des devoirs envers ce pays.

● **la démocratie** : l'organisation d'une société dans laquelle le pouvoir appartient aux citoyens, qui sont égaux en droits.

● **un député** : un élu chargé de voter les lois.

DÉBAT Comment pouvons-nous nous mobiliser pour défendre la démocratie ?

35 Les valeurs de notre société : la liberté

→ **1** **La liberté**

Frédéric-Auguste Bartholdi (1834-1904), *La Liberté éclairant le monde*, 1886

▷ Décris cette statue : la Liberté, son vêtement, sa couronne, ce qu'elle tient, son attitude…

▷ Explique le titre de cette œuvre

▷ Cette statue a été reproduite en grand et offerte par la France à un autre pays : lequel ?

▷ Pour toi, qu'est-ce que la liberté ?

▷ Quelles libertés sont reconnues par la Déclaration des droits de l'homme et du citoyen ?

Et moi ? Est-ce que j'ai conscience de toutes les libertés dont je peux profiter ?

↓ **2** **Les limites de la liberté**

▷ Que signifie ce panneau ?

▷ Quelle liberté limite-t-il ?

▷ Quelle liberté assure-t-il ?

▷ Observe les panneaux du code de la route p. 56-57 : en quoi les interdictions garantissent-elles notre liberté ?

▷ Dans un espace public (la rue, la plage…), a-t-on le droit de crier ? de faire du chahut ? Pourquoi ?

La liberté

Premier mot de la devise républicaine, la liberté est l'une des valeurs fondamentales de notre pays (doc. 1). Elle est la garantie que les habitants de la France peuvent choisir leur manière de vivre. Elle prend différentes formes :
– les Français sont libres de vivre où ils le veulent et avec qui ils veulent, de se marier ou pas, d'avoir ou pas des enfants, de faire le métier de leur choix, de voyager comme ils le souhaitent…
– les Français ont la liberté de penser : ils peuvent avoir leurs opinions, leurs croyances religieuses ; ils ont aussi la liberté d'expression : ils peuvent dire et écrire leurs idées, pratiquer leur religion…
– les Français sont libres de participer à la vie du pays : ils peuvent voter, créer des associations…

Les limites de la liberté

La liberté ne signifie pas que l'on peut faire n'importe quoi. Elle a des limites : celles fixées par l'impossible (doc. 1 p. 48) et surtout celles fixées par l'obligation de respecter la liberté des autres. De nombreuses lois garantissent la liberté du plus grand nombre en limitant celle de quelques-uns (doc. 2). Par exemple, les conducteurs doivent respecter le code de la route pour permettre aux autres de circuler en toute sécurité. Et personne n'est libre de faire du bruit la nuit, parce que les autres ont la liberté de dormir (doc. 3 p. 49).

La liberté implique la responsabilité : quand on décide seul, on est seul responsable de ses choix. Par exemple, chacun a la liberté d'avoir un animal de compagnie, mais il a l'obligation de s'en occuper.

3 La liberté en danger

Eugène Delacroix, *La Liberté guidant le peuple*, 1831

▷ Décris ce tableau et l'atmosphère qui y règne.

▷ En t'aidant du titre du tableau, explique ce qu'il représente.

▷ Quels symboles de la République française sont visibles sur ce tableau ?

▷ Est-ce que, dans le passé, les Français ont toujours été libres ?

La liberté en danger

La liberté n'a pas toujours existé en France. Autrefois, certains Français étaient des esclaves : ils appartenaient à une autre personne, qui pouvait les vendre, les battre, voire les tuer (doc. 32 p. 159). Et pendant la Deuxième Guerre mondiale (1939-1945), les juifs n'avaient pas le droit de circuler librement et de nombreux lieux leur étaient interdits.

Comme la démocratie, la liberté est une valeur essentielle qui n'est jamais définitivement acquise. Au fil des siècles, des personnes se sont battues pour la défendre, parfois au prix de leur vie, comme l'ont fait certains résistants pendant la Deuxième Guerre mondiale. De nos jours aussi, chacun doit rester vigilant et préserver la liberté en respectant celle de tous en toutes circonstances (doc. 3).

LEXIQUE

● **un esclave** : une personne qui n'est pas libre et qui appartient à un maître.

● **la responsabilité** : le fait de pouvoir prendre une décision par soi-même mais de devoir prendre en charge les conséquences que cela peut avoir.

● **une valeur fondamentale** : une idée, un idéal, une qualité très importante pour la société.

DÉBAT La liberté des uns s'arrête là où commence celle des autres.

36 Les valeurs de notre société : l'égalité

→ 1 L'égalité

Représentation allégorique, estampe, XVIIIᵉ siècle

▷ Décris ce document : l'Égalité, son vêtement, sa couronne, son attitude…

▷ Compare avec la Liberté p. 88 : la position ; ce que l'une et l'autre tiennent dans leurs mains…

▷ Pour toi, qu'est-ce que l'égalité ?

▷ Quelles sont les affirmations de l'égalité présentes dans la Déclaration des droits de l'homme et du citoyen p. 85 ?

▷ Quelles sont les différences entre nous ?

▷ En quoi pouvons-nous être égaux malgré nos différences ?

L'égalité

Deuxième mot de la devise républicaine, l'égalité est l'une des valeurs fondamentales de notre pays (doc. 1). L'égalité n'est pas une chose naturelle, qui viendrait seule, par elle-même : nous sommes tous différents, par notre taille, notre apparence, notre force physique, nos compétences, notre caractère…
La République affirme que, malgré ces différences, les êtres humains ont tous la même valeur, la même place dans la société. Ils ont tous les mêmes droits et les mêmes devoirs : les hommes et les femmes, les riches et les pauvres, les bien portants et les handicapés…

L'égalité devant la loi

La première égalité dans la République est l'égalité devant la loi, qui s'applique à tous de la même manière. Les libertés accordées aux uns sont celles accordées à tous. Si une chose est interdite, elle est interdite à tous (doc. 2). Et aucune loi ne peut nous donner des droits ou nous imposer des devoirs particuliers à cause de la couleur de notre peau, de notre origine, de nos idées. Cette égalité signifie que chacun peut demander l'aide d'un juge pour faire valoir ses droits. Elle signifie aussi que chaque citoyen peut voter : son vote a autant d'importance que celui des autres.

2 L'égalité devant la loi

▷ Explique ce texte avec tes propres mots.

▷ Le président de la République et les ministres ont-ils le droit de ne pas respecter le code de la route ?

▶ Quel rapport cela a-t-il avec l'égalité entre tous ?

▶ Quel est le seul cas où des voitures ont le droit de ne pas respecter le code de la route, par exemple de passer quand le feu est rouge (tout en restant prudent) ? Pourquoi cette autorisation n'est-elle pas valable pour le président de la République ?

▶ Existe-t-il des domaines dans lesquels les habitants de la France ne sont pas égaux ?

Chaque année, un célèbre journal automobile traque les automobiles des ministres et même celle du président de la République. À moto, les journalistes se faufilent derrière les voitures de nos dirigeants et relèvent toutes les infractions commises : feux rouges grillés, sens interdits remontés, excès de vitesse, couloirs de bus empruntés, à grand renfort de gyrophares et de sirène… Et de le noter ensuite dans le journal : car, les journalistes le rappellent à cette occasion, le code de la route est le même pour tout le monde. Qu'on soit un citoyen ordinaire, ministre ou le président de la République, on n'a pas le droit de passer devant tout le monde et de mettre les autres en danger.

3 L'égalité en danger

Square Boucicaut à Paris, interdit aux enfants juifs pendant la Seconde Guerre mondiale

PARC A JEUX
RESERVE AUX ENFANTS

INTERDIT AUX JUIFS

▷ Décris cette photographie.

▶ En quoi l'égalité entre tous n'est-elle pas respectée ?

▶ Que penses-tu de cette situation ?

▶ Sais-tu à quelle période de l'histoire de France les juifs ont été victimes d'une inégalité ?

Et moi ? M'arrive-t-il d'oublier que les autres sont « mes égaux » et de ne pas les respecter ?

L'égalité en danger

Dans le passé, les Français n'ont pas toujours été égaux (doc. 3). Pendant longtemps, certaines familles ont eu des privilèges, comme de ne pas payer d'impôts, et certains métiers leur étaient réservés. Jusqu'en 1944, seuls les hommes participaient aux élections : les femmes n'avaient pas le droit de vote.
L'égalité n'est pas acquise une fois pour toutes. Pour qu'elle soit préservée et respectée, chacun doit se mobiliser. En reconnaissant l'autre comme notre égal, en le respectant, en acceptant ses différences, en nous montrant tolérants, nous enracinons le principe de l'égalité entre nous.

LEXIQUE

● **un juge** : une personne chargée de sanctionner quand la loi n'est pas respectée.

● **la loi** : les règles de la vie en société décidées par les députés.

● **tolérant** : qui accepte les autres comme ils sont, en respectant leurs différences.

DÉBAT Mettre des notes aux élèves est-il contraire au principe de l'égalité dans la classe ?

37 L'égalité homme-femme et le refus du sexisme

⬇ 1 **La lutte pour l'égalité**

Manifestation à Paris

En avant pour les droits des femmes et pour l'égalité

▷ Décris cette manifestation. Qui manifeste ? Que réclament ces manifestantes ?

▷ Connais-tu des femmes célèbres qui ont lutté pour l'égalité entre les hommes et les femmes ?

▷ Nomme quelques progrès réalisés dans la condition des femmes, en France, depuis cent ans.

Et moi ? Est-ce que je suis prêt à me mobiliser pour défendre l'égalité des femmes avec les hommes, ou bien est-ce que j'ai tendance à penser que « ce n'est pas si grave » ?

Non au sexisme !

Le sexisme est l'idée que les femmes seraient inférieures aux hommes. Il est aussi l'ensemble des attitudes de domination des hommes envers les femmes et toutes les attitudes de mépris envers elles.

En France, la loi affirme l'égalité des femmes avec les hommes : elles ont les mêmes droits et les mêmes devoirs. Par exemple, elles peuvent se marier librement et demander le divorce, faire les mêmes métiers que les hommes, voter, se présenter comme candidates aux élections et se faire élire, prendre des décisions pour leurs enfants, acheter une maison et voyager librement, exactement comme les hommes. La loi les protège du sexisme : elle interdit de tenir des propos sexistes ou de refuser un droit à une personne parce qu'elle est une femme (doc. 2).

La lutte pour l'égalité

En France, les femmes n'ont pas toujours été considérées comme les égales des hommes. Autrefois, elles n'allaient pas à l'école, n'avaient pas le droit d'exercer certains métiers, pouvaient être mariées contre leur gré, n'avaient pas le droit de demander le divorce ni de prendre des décisions pour leurs enfants ; elles ne votaient pas et ne pouvaient même pas donner leur avis.

La lutte contre cette inégalité s'est organisée à partir du XIXe siècle, avec des femmes comme Flora Tristan, Georges Sand et Louise Michel, et, au XXe siècle, a donné naissance au mouvement féministe (doc. 1). Le rôle historique de femmes, comme la résistante Lucie Aubrac et la philosophe Simone de Beauvoir, a permis des progrès considérables, notamment le droit de vote pour les femmes, en 1944.

↓ 2 Non au sexisme !

Texte de loi. Seront punis de 5 ans d'emprisonnement et de 45 000 euros d'amende ceux qui auront provoqué à la haine ou à la violence à l'égard d'une personne ou d'un groupe de personnes en raison de leur sexe, de leur orientation sexuelle ou de leur handicap.

Loi du 30 décembre 2004

▷ Explique ce qu'est le sexisme.

▷ Donne des exemples d'attitudes sexistes.

▷ Que dit la loi du sexisme ? Quelles autres attitudes interdit-elle ?

▷ En quoi le sexisme est-il contraire aux droits de l'homme ?

Et moi ? M'arrive-t-il de penser ou de dire du mal « des garçons » ou « des filles » en général ?

→ 3 La situation des femmes en France

Dessin de presse, Camille Pot, 2007

▷ Raconte cette petite histoire.

▷ Quelle inégalité persistante entre les hommes et les femmes ce garçon évoque-t-il ?

▷ Comment profite-t-il de cette inégalité pour faire du sexisme ?

▷ Quelle attitude devrait-il avoir au contraire ?

▷ De nos jours, les femmes exercent-elles les mêmes métiers que les hommes ? Ont-elles les mêmes responsabilités ? Ont-elles les mêmes salaires ?

▷ Quelles autres inégalités persistent encore aujourd'hui entre les hommes et les femmes ?

Et moi ? M'arrive-t-il de rire des plaisanteries faites sur les femmes ?

La persistance des inégalités

Même si le sexisme est interdit, les inégalités demeurent. Les femmes sont moins bien payées que les hommes, et elles sont plus nombreuses à avoir des emplois précaires ou à être au chômage (doc. 3). Malgré une loi qui oblige les partis politiques à présenter autant de candidates que de candidats aux élections, il n'y a que 107 députés femmes contre 470 députés hommes à l'Assemblée nationale.

Les comportements changent lentement. Trop d'hommes ne participent pas aux tâches ménagères et traitent leurs femmes comme des domestiques. Certains plaisantent en laissant croire que les femmes ne sont pas intelligentes. Dans certaines familles, les maris frappent leur femme, des pères marient leur fille de force, des frères contrôlent leur sœur pourtant majeure.

D É B A T Dans quels cas les femmes ne peuvent-elles pas faire ce que font les hommes (et réciproquement) ? Cela empêche-t-il l'égalité entre eux ?

38 Le refus du racisme

⬇ 1 Le racisme

– Dis, papa, c'est quoi le racisme ?
– Le racisme est un comportement assez répandu, commun à toutes les sociétés, devenu, hélas ! banal dans certains pays parce qu'il arrive qu'on ne s'en rende pas compte. Il consiste à se méfier, et même à mépriser des personnes ayant des caractéristiques physiques et culturelles différentes des nôtres.
– Quand tu dis « commun », tu veux dire normal ?
– Non. En général, l'homme a tendance à se méfier de quelqu'un qui est différent de lui, un étranger par exemple ; c'est un comportement aussi ancien que l'être humain ; il est universel. Cela touche tout le monde.
Mais ce n'est pas parce qu'un comportement est courant qu'il est normal.

Tahar Ben Jelloun, *Le Racisme expliqué à ma fille*, Éd. du Seuil, coll. « Expliqué à », 1998, 2004

▷ Lis ce texte et explique-le avec tes propres mots.
▷ Qu'appelle-t-on le racisme ?
▷ Donne des exemples d'attitudes racistes dans l'école ; dans la vie quotidienne en dehors de l'école.

Et moi ? M'arrive-t-il de ressentir du mépris pour quelqu'un du fait de son apparence ou de son origine ou de sa manière de vivre ?

⬇ 2 La lutte contre le racisme : la loi

Texte de loi. Ceux qui, soit par des discours, cris ou menaces proférés dans les lieux ou réunions publics, soit par des écrits, soit par tout moyen de communication audiovisuelle auront provoqué à la haine ou à la violence à l'égard d'une personne ou d'un groupe de personnes en raison de leur origine ou de leur appartenance ou de leur non-appartenance à une nation, une race ou une religion déterminée seront punis d'un emprisonnement d'un mois à un an et d'une amende ou de l'une de ces deux peines.

Extraits de la loi du 1er juillet 1972

▷ Qu'est-ce que cette loi interdit ?
▷ Donne des exemples pour illustrer cette interdiction.
▷ Quelle sanction prévoit-elle ?
▷ En quoi cette loi protège-t-elle l'égalité entre tous ?
▷ En quoi cette loi protège-t-elle la liberté ?

Et moi ? M'est-il déjà arrivé de dire quelque chose d'hostile contre l'origine, la couleur de peau ou la religion de quelqu'un ?

Le racisme

Le racisme se fonde sur l'idée que les êtres humains n'appartiendraient pas tous à la même race, qu'ils n'auraient pas tous la même valeur et ne seraient pas tous égaux : certains, du fait de la couleur de leur peau, de leur manière de vivre, de leur religion, seraient supérieurs. Ils pourraient donc obtenir plus de droits que les autres et devraient les dominer et leur imposer leur manière de penser, de vivre, leurs croyances (doc. 1).
Le racisme entraîne des réactions de rejet : certains excluent ceux qui ne leur ressemblent pas ou ne vivent pas comme eux. En France, de nombreuses personnes sont victimes du racisme : elles ont des difficultés à trouver un travail ou un logement, parce qu'elles sont immigrées ou simplement parce que leur nom rappelle leur origine étrangère. L'antisémitisme, par exemple, est le racisme envers les juifs.

La lutte contre le racisme

Le racisme n'a aucune base scientifique : on sait que les êtres humains appartiennent tous à la même race, et qu'il n'y a pas plus de différence entre un Africain, un Asiatique et un Européen qu'entre un blond, un brun et un roux.
Le racisme est contraire au principe d'égalité proclamé dans la Déclaration des droits de l'homme et du citoyen, et affirmé dans des textes que la France a signés, comme la Déclaration universelle des droits

→ 3 La lutte contre le racisme : la mobilisation de tous

Affiche du BIT, Bureau international du travail

▷ Décris cette affiche : la photographie, le texte.

▷ Quel message cherche-t-elle à faire passer ?

▷ Quelles autres personnes ont parfois du mal à obtenir un emploi du fait de leur origine ou de leur apparence ?

▷ Dans quels autres domaines ces personnes ont-elles parfois des difficultés à avoir les mêmes droits que ceux accordés aux autres ?

▷ Pourquoi est-il important de se mobiliser contre le racisme ?

▷ Que peut-on faire pour empêcher le racisme ?

Et moi ? Est-ce que je me sens prêt à combattre le racisme dans l'école et en dehors ?

JE NE SUIS PAS INFERIEURE AUX AUTRES

MOI AUSSI, JE SUIS QUALIFIÉE

Aujourd'hui, la discrimination barre la route d'un avenir meilleur à des millions de gens

Il faut que cela change.

Sous l'égide de l'Organisation internationale du Travail, toutes les nations du monde, en signant la **Déclaration relative aux principes et droits fondamentaux au travail,** se sont engagées à mettre un terme à la discrimination au travail afin que chacun puisse exploiter son potentiel.

POUR UN MONDE MEILLEUR, IL FAUT METTRE FIN AU TRAVAIL FORCÉ

---

de l'homme ou les traités de l'Union européenne. De ce fait, la loi française interdit le racisme. Les actes racistes sont un délit : il est interdit d'injurier une personne ou de lui refuser un droit (un emploi, un logement, une place dans les transports en commun…) à cause de sa couleur de peau, de sa nationalité ou de sa religion (doc. 2).

Le racisme est une grave atteinte aux droits de l'homme. Tolérer les attitudes racistes, c'est accepter la fin de l'égalité entre tous. C'est prendre le risque de perdre un jour son droit à l'égalité avec les autres et son droit aux mêmes libertés, comme la liberté de choisir ses idées, ses croyances, son mode de vie. Chacun doit donc se mobiliser contre le racisme : refuser les mots ou les gestes intolérants des autres, et être vigilant à ses propres comportements (doc. 3).

LEXIQUE

● **l'antisémitisme** : le racisme envers les juifs.

● **un délit** : une action interdite par la loi, qui la considère comme grave : elle peut entraîner une peine de prison.

● **un immigré** : une personne qui est née dans un autre pays et qui vit en France.

● **le racisme** : l'hostilité envers des personnes du fait de leur apparence ou de leur mode de vie.

● **la xénophobie** : la haine envers les étrangers.

DÉBAT Que faire quand un adulte a, devant nous, une attitude raciste ?

1 Les discriminations : les gens du voyage

Panneau sur un terrain privé, Montigny-le-Ganelon

▷ Explique ce qui est écrit sur ce panneau.

▶ Le propriétaire d'un terrain a-t-il le droit d'interdire le stationnement ?

▶ A-t-il le droit d'interdire le stationnement à certaines personnes seulement ? Pourquoi ?

▶ Fais des recherches : trouve qui sont les « gens du voyage » et pourquoi ils sont souvent victimes de discrimination.

Et moi ? M'arrive-t-il de rejeter quelqu'un parce qu'il est différent de moi ?

Les discriminations

Discriminer, c'est faire des différences entre les êtres humains. La discrimination consiste à séparer certaines personnes du reste du groupe en les traitant mal. C'est comme si, à l'école, le directeur autorisait les droitiers mais pas les gauchers à jouer dans la cour de récréation (doc. 1).

Les formes de discrimination sont nombreuses : le racisme, l'antisémitisme, le sexisme sont des formes de discrimination (doc. 2). Mais bien d'autres personnes sont victimes de discrimination. Par exemple, les personnes porteuses d'un handicap sont victimes de discrimination quand on n'installe pas d'équipement pour leur permettre de circuler dans les rues ou d'accéder aux écoles, aux mairies, aux magasins… (doc. 3 p. 187)

Chacun a parfois des attitudes discriminatoires : regarder avec mépris un jeune parce qu'il n'est pas habillé comme nous, se moquer d'une personne âgée parce qu'elle marche difficilement, insulter certaines personnes à cause de leur métier (les éboueurs, les balayeurs…) sont des formes de discrimination.

La lutte contre les discriminations

En France, la discrimination sous toutes ses formes est interdite : la loi reconnaît que tous les êtres humains ont la même valeur, les mêmes droits et les mêmes devoirs, et punit les personnes qui ont des

2 Les discriminations

Chanson.

On la trouvait plutôt jolie, Lily
Elle arrivait des Somalies Lily
Dans un bateau plein d'émigrés
Qui venaient tous de leur plein gré
Vider les poubelles à Paris

Elle croyait qu'on était égaux Lily
Au pays de Voltaire et d'Hugo Lily
Mais pour Debussy en revanche
Il faut deux noires pour une blanche
Ça fait un sacré distinguo

Elle aimait tant la liberté Lily
Elle rêvait de fraternité Lily
Un hôtelier rue Secrétan
Lui a précisé en arrivant
Qu'on ne recevait que des Blancs

Elle a déchargé des cageots Lily
Elle s'est tapé les sales boulots Lily
Elle crie pour vendre des choux-fleurs
Dans la rue ses frères de couleur
L'accompagnent au marteau-piqueur

Et quand on l'appelait Blanche Neige Lily
Elle se laissait plus prendre au piège Lily
Elle trouvait ça très amusant
Même s'il fallait serrer les dents
Ils auraient été trop contents

Elle aima un beau blond frisé Lily
Qui était tout prêt à l'épouser Lily
Mais la belle-famille lui dit nous
Ne sommes pas racistes pour deux sous
Mais on veut pas de ça chez nous

Pierre Perret, *Lily*, 1977,
avec l'aimable autorisation des Éditions Adèle

3 La lutte contre la discrimination

Élève non voyante dans une classe de CE2, 2007

▷ Décris cette classe.

▷ En quoi cette élève est-elle comme les autres ?
En quoi est-elle différente ?

▷ Qu'a-t-on fait pour lui permettre de venir à l'école, à égalité avec les autres élèves ?

Et moi ? Est-ce que je suis parfois agacé par les élèves qui comprennent moins vite que moi ou par le temps que le maître consacre à certains ?

▷ De quelles formes de discrimination Lily est-elle victime ?

▷ En quoi la discrimination est-elle contraire aux droits de l'homme ?

▷ Décris différentes formes de discrimination.

▷ Comment peut-on lutter contre les discriminations ?

---

attitudes discriminatoires (doc. 2 p. 93) : faire des graffitis antisémites, insulter quelqu'un ou ne pas l'embaucher à cause de la couleur de sa peau (doc. 3 p. 95) peut coûter jusqu'à deux ans de prison. Pour permettre l'égalité et empêcher la discrimination, il est parfois nécessaire de faire un effort. Par exemple, les enfants ont le droit et l'obligation d'aller à l'école. Une loi votée en 2005 impose aux écoles de s'adapter pour accueillir des enfants handicapés : construire un ascenseur pour un enfant en fauteuil roulant, accueillir un interprète du langage des signes pour un enfant sourd, fournir des manuels en braille pour les élèves non-voyants… De cette façon, ces enfants peuvent, comme les autres, aller à l'école, apprendre, jouer et préparer leur avenir (doc. 3).

LEXIQUE

● **une discrimination** : le fait de traiter quelqu'un différemment des autres.

● **les éboueurs** : les employés de la mairie chargés de ramasser les ordures.

● **les gens du voyage** : un peuple d'Europe qui est nomade et se déplace sans cesse, sans avoir d'habitation fixe (on les appelle parfois les Tsiganes ou les Roms).

DÉBAT Pour lutter contre la discrimination, faut-il accepter toutes les différences ?

40 Les valeurs de notre société : la fraternité

→ 1 La fraternité

Dessin de J.-F. Batelier, juillet 1988

▷ Décris ce document : comment la fraternité est-elle symbolisée ?

▶ Pour toi, qu'est-ce que la fraternité ?

▶ À quelles occasions peut-on se montrer fraternel ?

▶ Quel est le contraire de la fraternité ?

Et moi ? Quelle est mon attitude envers les autres élèves de la classe ?

La fraternité

La fraternité est le troisième mot de la devise républicaine. Elle est donc l'une des valeurs fondamentales de notre pays. La fraternité est le lien qui unit les frères et sœurs : pour les Français, elle est un appel à se comporter comme des frères les uns envers les autres. Elle est le contraire de l'individualisme, qui consiste à ne penser qu'à soi (doc. 1).

La fraternité au quotidien

La fraternité se manifeste dans la vie quotidienne par une attitude respectueuse et des attentions : appliquer les règles de politesse, se montrer tolérant, être attentif aux difficultés des autres et leur venir en aide. Elle se manifeste aussi par le partage : chacun partage avec les autres ses capacités, ses compétences, son savoir... Par exemple, les adultes aident les enfants, les grands aident les petits dans la cour de récréation, les élèves qui réussissent aident ceux pour qui l'exercice est plus difficile... (doc. 2)

La fraternité organisée

Les Français ne se sont pas toujours montrés fraternels entre eux. Pendant longtemps, chacun cherchait surtout à survivre et se souciait peu des autres, quitte à les laisser mourir. Seules quelques personnes venaient en aide aux plus pauvres et aux

→ 2 La fraternité au quotidien

▷ Décris cette situation : que fait ce jeune pour venir en aide à cette personne âgée ? Pourquoi cette personne ne peut-elle se déplacer seule ?

▷ Trouve d'autres situations dans lesquelles on peut se montrer fraternel au quotidien.

Et moi ? Qu'est-ce que je fais pour les personnes âgées que je connais ?

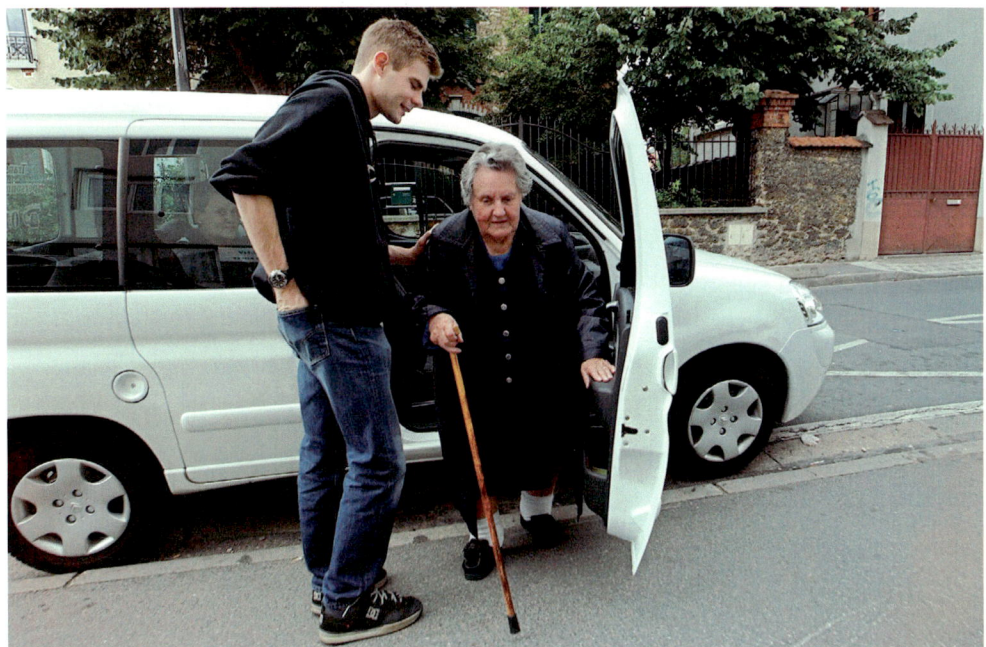

→ 3 La fraternité organisée

▷ Que sais-tu de l'abbé Pierre ?

▷ Quelle situation le pousse à faire cet appel ?

▷ Que demande-t-il ?

▷ En quoi ce texte témoigne-t-il d'un esprit de fraternité ?

▷ Nomme d'autres actions de fraternité organisées.

Et moi ? À quelles actions de fraternité est-ce que je participe ?

Appel solennel. Mes amis, au secours… Une femme vient de mourir gelée, cette nuit à trois heures, sur le trottoir du boulevard Sébastopol, serrant sur elle le papier par lequel, avant-hier, on l'avait expulsée… Chaque nuit, ils sont plus de 2 000 recroquevillés sous le gel, sans toit, sans pain, plus d'un presque nu. Écoutez-moi : en trois heures, deux premiers centres de dépannage viennent de se créer : l'un sous la tente au pied du Panthéon ; l'autre à Courbevoie. Ils regorgent déjà, il faut en ouvrir partout. Il faut que ce soir même, dans toutes les villes de France, dans chaque quartier de Paris, des pancartes s'accrochent sous une lumière dans la nuit, à la porte de lieux où il y ait couvertures, paille, soupe, et où l'on lise sous ce titre "centre fraternel de dépannage", ces simples mots : « Toi qui souffres, qui que tu sois, entre, dors, mange, reprends espoir, ici on t'aime. » La météo annonce un mois de gelées terribles. Tant que dure l'hiver, que ces centres subsistent. Je vous prie, aimons-nous assez tout de suite pour faire cela. Que tant de douleur nous ait rendu cette chose merveilleuse : l'âme commune de la France. Grâce à vous, aucun homme, aucun gosse ne couchera ce soir sur l'asphalte ou sur les quais de Paris.

Extraits de l'appel de l'abbé Pierre, 1954

malades : essentiellement les membres des Églises chrétiennes, qui pratiquaient la charité.

De nos jours, la fraternité est organisée. L'État a mis en place des systèmes qui viennent en aide à ceux qui en ont besoin : les malades, les handicapés qui ne peuvent pas travailler, les personnes âgées qui ne travaillent plus, les familles nombreuses, les personnes sans emploi, les personnes sans logement…

De nombreux Français vont au-delà : ils donnent de leur temps ou de leur argent pour aider les personnes en difficulté (préparer des repas, rendre visite aux personnes âgées ou malades qui sont isolées, récolter des fonds pour soutenir la recherche sur certaines maladies…) (doc. 3).

LEXIQUE

● **la charité** : le fait de venir en aide aux autres au nom de l'amour prôné par la religion.

● **l'individualisme** : l'attitude qui consiste à se préoccuper beaucoup de soi et très peu des autres.

● **survivre** : rester en vie malgré les difficultés.

● **récolter des fonds** : collecter de l'argent pour une action.

DÉBAT Faut-il se montrer fraternel avec tout le monde ?

41 La République française

↓ **1** **La République**

Moulage du grand sceau de l'État

▷ Décris ce document.

▷ Regarde la statue de la Liberté p. 88 et trouve un point commun entre ces deux personnages.

▷ Trouve quel animal représenté sur ce sceau sert parfois de symbole pour figurer la France.

▷ Le sigle SU signifie suffrage universel : explique ce que c'est (aide-toi de la p. 106).

▷ Explique avec tes propres mots ce qu'est une république puis explique quelle est la différence avec une monarchie.

La République

La France est une république : cela signifie qu'il n'y a pas un roi ou une reine à la tête du pays, comme c'est le cas, par exemple, en Angleterre (doc. 1). Cela signifie aussi que le pouvoir appartient aux citoyens et que les décisions sont prises dans l'intérêt général, même si cela nuit à quelques-uns. Par exemple, l'État peut contraindre une personne à lui vendre un terrain pour y construire une route et éviter aux automobilistes de faire un détour.

La république en France

La France n'a pas toujours été une république. Dans le passé, elle a longtemps été une monarchie ; elle a aussi été un empire sous Napoléon Ier.
La République a été proclamée pour la première fois pendant la Révolution française. Depuis, le régime politique a été plusieurs fois modifié (doc. 2). La France n'a pas cessé d'être une république depuis les années 1870 : la république actuelle est la cinquième de l'histoire de France (la Cinquième République).

→ 2 La République en France

Proclamation de la République en 1848, illustration populaire

▷ Décris cette scène.

▷ En quelle année a-t-elle eu lieu ?

▶ Cherche dans un dictionnaire, une encyclopédie ou un manuel d'histoire ce qu'était la France avant cette date : une monarchie, un empire ou une république ?

▶ Actuellement, nous sommes sous la Cinquième République : cherche en quelle année elle a été fondée.

→ 3 Les valeurs de la République

▷ Explique un à un les articles de cette loi.

▶ Quelle modification a été apportée à l'article 4 depuis 1882 ?

▶ Pourquoi la république a-t-elle rendu l'école obligatoire ?

Texte de loi.

Art. 4. – L'instruction primaire est obligatoire pour les enfants des deux sexes âgés de six ans révolus à treize ans révolus.

Art. 8. – Chaque année le maire dresse la liste de tous les enfants âgés de six à treize ans, et avise les personnes qui ont charge de ces enfants dès l'époque de la rentrée des classes.

Art. 10. – Lorsqu'un enfant manque momentanément l'école, les parents ou les personnes responsables doivent faire connaître au directeur ou à la directrice les motifs de son absence. Les directeurs et les directrices doivent tenir un registre d'appel qui constate, pour chaque classe, l'absence des élèves inscrits.

Loi du 28 mars 1882

Les valeurs de la République

La République française reconnaît des valeurs essentielles qui ont été peu à peu mises en œuvre. D'une part, les individus sont libres et égaux : l'esclavage est interdit. D'autre part, tous les citoyens votent lors des élections : les hommes votent depuis 1848, et les femmes depuis 1944. Enfin, la République veut donner une chance à tous : c'est pourquoi, depuis 1882, les enfants vont tous à l'école (l'instruction est obligatoire) (doc. 3).

LEXIQUE

● **un empire** : l'organisation d'un pays selon laquelle le pouvoir appartient à un empereur.

● **une monarchie** : l'organisation d'un pays selon laquelle le pouvoir appartient à un roi.

● **un régime politique** : la manière dont le pouvoir est organisé.

DÉBAT Certains aimeraient que la France redevienne une monarchie. Qu'en penses-tu ?

42 Les symboles de la République et l'hymne national

↓ 1 Le drapeau tricolore et la fête nationale

Défilé militaire sur les Champs-Élysées à Paris, 14 juillet 2007

▷ Décris ce défilé. Où a-t-il lieu ?

▷ Quelle est la date de la fête nationale ? Que fête-on ce jour-là ?

▷ Quelles sont les couleurs du drapeau français ?

▷ Où vois-tu habituellement le drapeau français ?

▷ Quel autre drapeau voit-on sur de nombreux monuments en France ?

↓ 2 La devise

Logo de la République française, créé en 1999

Liberté • Égalité • Fraternité
RÉPUBLIQUE FRANÇAISE

▷ Quels sont les trois mots de la devise de la France ?

▷ Donne un exemple pour expliquer chacun.

▷ Où as-tu déjà vu cette devise ?

Et moi ? Quelle serait ma devise personnelle ?

Le drapeau et la fête nationale

Le drapeau de la France est bleu blanc rouge, avec des bandes verticales. Il date de la Révolution française. Il flotte sur tous les bâtiments publics (les ministères, les mairies, de nombreuses écoles…). Il est utilisé dans les grandes cérémonies.

La fête nationale a lieu le 14 juillet : ce jour-là, la France commémore l'union du pays autour des valeurs de la révolution (la liberté, l'égalité entre tous…). La journée est marquée par un défilé de l'armée sur les Champs-Élysées et des feux d'artifice dans tout le pays (doc. 1).

La devise et l'hymne national

La devise de la France est : Liberté, Égalité, Fraternité. Elle date de la Révolution française. Elle est à la fois l'objectif et le principe fondamental de la République française. Cette devise est inscrite sur les bâtiments publics (les mairies, les palais de justice, certaines écoles) (doc. 2).

La Marseillaise est l'hymne national. C'est un chant de guerre composé pendant la Révolution française. On le chante lors des cérémonies officielles, notamment le 14 juillet, mais aussi à l'occasion des rencontres sportives auxquelles la France participe (doc. 3).

⬇ 3 L'hymne national

Chant. Allons enfants de la Patrie,
Le jour de gloire est arrivé !
Contre nous de la tyrannie,
L'étendard sanglant est levé, (bis)
Entendez–vous dans les campagnes
Mugir ces féroces soldats ?
Ils viennent jusque dans vos bras
Égorger vos fils et vos compagnes !
   Aux armes, citoyens,
   Formez vos bataillons,
   Marchons, marchons !
   Qu'un sang impur
   Abreuve nos sillons !
Amour sacré de la Patrie,
Conduis, soutiens nos bras vengeurs
Liberté, Liberté chérie,
Combats avec tes défenseurs ! (bis)
Sous nos drapeaux que la victoire
Accoure à tes mâles accents,
Que tes ennemis expirants
Voient ton triomphe et notre
gloire !

Rouget de L'Isle, *La Marseillaise*, 1792

▷ Comment appelle-t-on ce chant ?
▶ À quelles occasions le chante-t-on ?
▶ Cherche à quelle occasion il a été composé.

➡ 4 Marianne

David d'Angers (1788-1856),
La République, porcelaine, 1851

▷ Décris cette femme.
▷ Que représente-t-elle ?

Marianne et le coq

La République française est représentée sous les traits d'une femme portant le bonnet, symbole de la liberté sous la Révolution : on l'appelle la Marianne. On trouve son buste dans les mairies et elle figure sur les timbres-poste (doc. 4).
Un autre symbole de la France est le coq : il était déjà le symbole des Gaulois, les premiers habitants de notre pays, il y a 2 000 ans. On le trouve sur certains documents officiels, sur la grille de l'Élysée (la demeure du président de la République), mais aussi comme emblème sportif de la France.

LEXIQUE

- **une devise** : quelques mots qui expriment un idéal, une règle de vie.
- **un emblème** : une personne, un animal, une plante ou un objet qui représente une personne, un groupe de personnes ou un pays.
- **un hymne** : un chant, un poème à la gloire d'une idée, d'une personne ou d'un pays.

DÉBAT Pourquoi se lève-t-on pour écouter l'hymne national ?

43 La nationalité française

1 Des droits spécifiques : la protection de la France

Jacques Chirac et Florence Aubenas, aéroport de Villacoublay, 12 juin 2005

En 2005, la France s'est mobilisée pour obtenir la libération de la journaliste française Florence Aubenas, enlevée en Irak. À son retour en France, elle a été accueillie par le président de la République.

▷ Décris cette photographie.
▶ Pourquoi le président de la République s'est-il mobilisé pour obtenir la libération de cette journaliste ?
▶ Se serait-il mobilisé de la même manière pour un journaliste d'une autre nationalité ?
▶ De quels droits les personnes de nationalité française bénéficient-elles ?
▶ Quels devoirs ont-elles en contrepartie ?
Et moi ? Est-ce que je sais quelle est ma nationalité ?

Des droits spécifiques

La nationalité est le lien particulier entre un pays et ses citoyens. La nationalité française donne des droits aux Français :
– ils peuvent obtenir la protection de la France, en France et à l'étranger (doc. 1) ;
– ils ont la liberté de vivre où ils veulent dans le pays ou de partir à l'étranger (une carte d'identité ou un passeport témoigne de leur nationalité) (doc. 2) ;
– ils participent aux élections en votant et peuvent être candidats et se faire élire ;
– certains métiers, comme celui de juge, sont réservés aux Français.

Les étrangers qui vivent en France n'ont pas les mêmes droits que les Français. La plupart ont besoin d'un visa pour venir en France, pour y rester et y travailler, et ils ne participent pas aux élections.

Des devoirs

Être de nationalité française donne, en contrepartie des droits, des devoirs envers la France. Les Français respectent les principes de la démocratie et de la république. Ils payent des impôts. Ils peuvent être appelés à participer à un procès en tant que jurés. En cas de guerre, ils peuvent être appelés à rejoindre l'armée pour défendre le pays.

2 Des droits spécifiques : la liberté de voyager

Intérieur d'un passeport français

▷ À qui ce passeport appartient-il ?

▷ Quelle est la nationalité de cette personne ?

▷ Quelles autres informations ce passeport donne-t-il sur elle ?

▶ À quoi un passeport sert-il ?

▷ Décris la couverture de ce passeport p. 148 : à quelle autre nationalité est-il fait référence ?

▶ De quel document les étrangers qui veulent venir en France ont-ils besoin ?

Et moi ? Est-ce que j'ai un passeport ? une carte d'identité ?

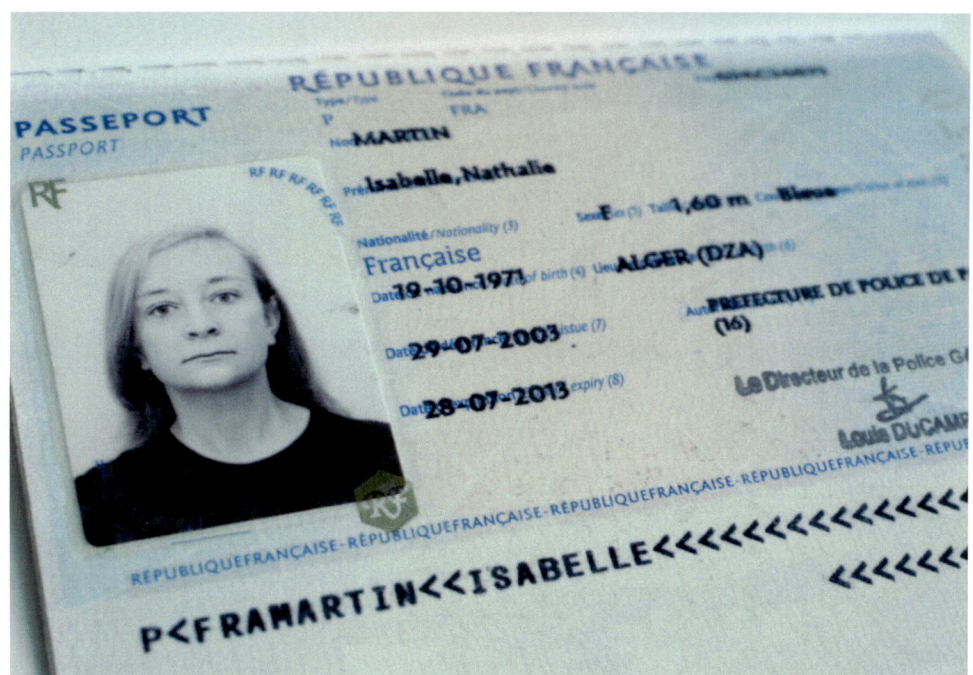

Tout enfant né en France de parents étrangers acquiert la nationalité française à sa majorité s'il habite en France et s'il y a habité pendant au moins cinq ans d'affilée depuis l'âge de onze ans.

Il n'a pas de démarches particulières à faire pour obtenir cette nationalité et demande un certificat de nationalité au tribunal d'instance pour pouvoir faire faire ses papiers d'identité (carte d'identité nationale, passeport).

À cette occasion, on lui demandera de prouver qu'il a bien vécu en France pendant cinq années entre l'âge de 11 et 18 ans. Alors mieux vaut conserver précieusement tous les papiers qui pourraient être utiles à cette occasion : certificats de scolarité en France, bulletins de notes, carnet de santé, certificats de travail, attestations de stage…

3 Devenir français

▷ À quelles conditions le fils ou la fille de parents étrangers peut-il devenir français ?

▷ Quelles démarches doit-il faire pour obtenir la nationalité française ?

▷ Quel unique document lui permet de prouver sa nationalité ? Comment peut-il l'obtenir ?

▶ Sais-tu comment d'autres étrangers deviennent français ?

▶ Comment la plupart des Français ont-ils obtenu leur nationalité ?

Et moi ? Pourrai-je obtenir la nationalité française quand je serai adulte ?

Être ou devenir français

Les enfants dont les parents sont français héritent de la nationalité de leurs parents : eux aussi sont français. Si leurs parents sont de deux nationalités différentes, ils choisissent une nationalité ou conservent les deux nationalités : ils ont alors des droits et des devoirs envers les deux pays.

Les étrangers peuvent devenir français. C'est le cas des jeunes qui habitent en France depuis plus de cinq ans, des personnes mariées avec un Français ou une Française. Enfin, les personnes qui vivent en France depuis longtemps peuvent demander leur naturalisation (doc. 3).

LEXIQUE

● **la nationalité :** le lien entre un individu et son pays.

● **la naturalisation :** le fait d'obtenir une nouvelle nationalité (la naturalisation d'un étranger est le fait, pour cet étranger, d'obtenir la nationalité française).

● **un visa :** une autorisation d'entrée dans un pays.

DÉBAT Quelle nationalité rêveriez-vous d'avoir et pourquoi ?

44 Le suffrage universel

↓ 1 Un principe démocratique : le droit de voter

Citoyen français présentant sa carte électorale, Clichy-sous-Bois, 2007

▷ Décris cette carte. À quoi vois-tu qu'il s'agit d'une carte officielle ?

▷ À quoi sert-elle ?

▷ Qui, en France, peut voter (trouve les trois conditions pour devenir électeur) ?

▷ Qui, autrefois, ne participait pas au vote ?

▷ Explique ce qu'est le suffrage universel.

▷ En quoi le suffrage universel est-il indispensable pour garantir la démocratie ? l'égalité ? la liberté ?

▷ Sur le sceau de la République p. 100, trouve deux symboles du suffrage universel.

▷ As-tu déjà participé à des élections dans ton école ou ailleurs ?

Et moi ? Est-ce que je pourrai voter en France quand je serai adulte ?

Un principe démocratique

La France est une démocratie : le pouvoir appartient au peuple. Bien sûr, les citoyens sont trop nombreux pour se réunir chaque fois qu'il faut prendre une décision. C'est pourquoi ils élisent des représentants chargés d'exercer le pouvoir en leur nom.

Tous les citoyens ont le droit de voter : c'est ce que l'on appelle le suffrage universel. Pour voter, il suffit de remplir trois conditions : être français (donc citoyen), sauf pour les élections municipales auxquelles les citoyens de l'Union européenne vivant en France peuvent participer ; avoir l'âge de voter (en France, on vote à partir de la majorité) ; et [in]scrit sur les listes électorales (pour savoir où [v]ote) (doc. 1).

Le vote est facultatif : les citoyens ne sont pas obligés de voter. Mais voter est un devoir : si personne ne vote, il n'y a plus de démocratie (doc. 2).

Le suffrage n'a pas toujours été universel en France. Avant 1848, seuls les riches votaient. Ensuite, les hommes ont pu tous voter, mais les femmes ont attendu 1944 pour obtenir le droit de participer aux élections : le suffrage est alors devenu universel.

Les élections

Une élection met en compétition plusieurs candidats, qui se « présentent » pour se faire élire. Les électeurs font librement leur choix et celui qui a obtenu le plus de voix est élu (p. 108-109).

Pour assurer la liberté du vote, les électeurs passent

→ 2 Un principe démocratique : le devoir de voter

Affiche du Conseil régional des jeunes, Pays-de-Loire, 2006

▷ Décris cette affiche : l'image, les textes…

▷ Quel est l'objectif de cette publicité ?

▷ Quel public vise-t-elle particulièrement ?

▷ En quoi voter est-il un devoir pour les citoyens ?

▷ À quelles occasions les électeurs sont-ils appelés à voter ?

▷ À quelle occasion a-t-on voté pour la dernière fois en France ?

Et moi ? Quand je serai adulte, est-ce que je voterai ou bien est-ce que je laisserai « les autres décider pour moi » ?

par l'isoloir : seul, à l'abri des regards et dans le secret, chacun met dans une enveloppe le bulletin sur lequel est inscrit son choix. Ainsi, personne ne peut savoir ce qu'il a voté, donc ne peut le forcer à voter de telle ou telle manière.

Toutes les dispositions sont prises pour empêcher la fraude : l'électeur prouve son identité en présentant sa carte d'identité et en signant. L'urne est scellée : on ne peut pas l'ouvrir pour en retirer ou y ajouter des bulletins.

Les Français ont de nombreuses occasions de voter : pour élire le président de la République, les députés, les conseillers municipaux, les conseillers généraux (du département), les conseillers régionaux et des députés au Parlement européen. Parfois, ils participent à un référendum.

LEXIQUE

● **la fraude** : la tricherie.

● **les listes électorales** : les listes sur lesquelles sont inscrits les citoyens qui votent dans chaque commune.

● **la majorité** : l'âge à partir duquel on devient un citoyen, responsable de ses actes et autorisé à voter ; en France, la majorité est fixée à 18 ans.

● **un référendum** : une question posée aux citoyens à laquelle ils répondent par oui ou par non ; leur choix a valeur de décision.

DÉBAT Faut-il donner le droit de voter à monde ? ou Est-ce que cela sert à quelqu voter : ma seule voix ne peut rien chan

107

Les étapes d'une élection

Pour voter, les citoyens s'inscrivent sur les listes électorales, à la mairie de leur domicile.

Les candidats annoncent leur candidature et font connaître leur programme.

des

e renseigne sur les programmes
t son choix.

Le jour de l'élection, les électeurs se rendent dans le bureau de vote de leur quartier, où on vérifie leur identité.

En secret, dans l'isoloir, chaque électeur glisse le bulletin portant le nom du candidat de son choix dans une enveloppe.

Ensuite, il glisse l'enveloppe dans l'urne devant tout le monde : on vérifie ainsi que personne ne vote à sa place.

Il signe pour prouver qu'il a bien voté lui-même.

Le soir, on ouvre l'urne et on compte les bulletins : le candidat qui a remporté le plus de voix est élu.

▷ Explique une à une les étapes du vote.
▷ Quelles précautions sont prises pour garantir le vote des citoyens ?
Que pourrait-il se passer si ces précautions n'étaient pas prises ?
▷ Es-tu déjà allé dans un bureau de vote ? À quelle occasion était-ce ? Raconte ce que tu y as vu.
Et moi ? Est-ce que je comprends que voter est une responsabilité importante ?

45 La Constitution de la Cinquième République

1 La Loi suprême

▷ Quels principes sont rappelés dans la Constitution ?

▷ Qui, en France, a le pouvoir ?

▷ Quels symboles de la République sont évoqués dans la Constitution ?

▷ Quel passage montre que la France est un État laïc ?

2 La séparation des pouvoirs

▷ Quels sont les trois pouvoirs ?

▷ Pourquoi ne doivent-ils pas être confiés à une même personne ?

3 Plusieurs constitutions

▷ Comment la Constitution a-t-elle été adoptée ?

▷ Comment peut-elle être modifiée ?

Textes de loi. Le peuple français proclame solennellement son attachement aux Droits de l'homme tels qu'ils ont été définis par la Déclaration de 1789.

Art. 1. La France est une République indivisible, laïque, démocratique et sociale. Elle assure l'égalité devant la loi de tous les citoyens sans distinction d'origine, de race ou de religion. Elle respecte toutes les croyances.

Art. 2. La langue de la République est le français. L'emblème national est le drapeau tricolore, bleu, blanc, rouge. L'hymne national est la Marseillaise. La devise de la République est Liberté, Égalité, Fraternité.

Art. 3. La souveraineté nationale appartient au peuple qui l'exerce par ses représentants et par la voie du référendum. Le suffrage est toujours universel, égal et secret.

Extraits de la Constitution de 1958

Tout serait perdu, si le même homme, ou le même groupe de personnes, exerçait ces trois pouvoirs : celui de faire des lois, celui d'exécuter les lois, et celui de juger les crimes ou les désaccords entre les personnes.

D'après Montesquieu, *De l'Esprit des lois*, 1767

La Constitution du 4 octobre 1958 est le texte fondateur de la Cinquième République. Adoptée par référendum le 28 septembre 1958, elle organise les pouvoirs publics, définit leur rôle et leurs relations. Elle est le quinzième texte fondamental de la France depuis la Révolution Française. Elle a été modifiée à vingt-trois reprises, soit par le Parlement, soit par le peuple à travers le référendum.

D'après www.conseil-constitutionnel.fr, 2008

La Loi suprême

La Constitution est la Loi suprême : toutes les autres lois, toutes les décisions prises doivent respecter la Constitution.

La Constitution affirme que la France est une république démocratique et que le pouvoir appartient au peuple, qui s'exprime par le suffrage universel. Elle affirme que la France respecte les droits de l'homme proclamés dans la Déclaration des droits de l'homme et du citoyen de 1789. Elle rappelle que la France est un État laïc (doc. 1).

La Constitution rappelle aussi quels sont les symboles de la République française : son drapeau, son hymne, sa devise… (p. 102-103)

Enfin, la Constitution organise le pouvoir.

La séparation des pouvoirs

La Constitution partage le pouvoir pour éviter qu'une personne ou un groupe de personnes ne domine et impose sa volonté (doc. 2) :

– certains, comme les députés, font les lois : c'est le pouvoir législatif ;

– d'autres, comme les ministres, font appliquer les lois : c'est le pouvoir exécutif ;

– d'autres, les juges, sanctionnent les personnes qui ne respectent pas les lois : c'est le pouvoir judiciaire.

La Constitution dit comment ces différentes personnes sont choisies : les députés sont élus, les ministres sont nommés… Elle organise aussi le pouvoir dans les communes, les départements, les régions, les territoires d'outre-mer…

Discours du général de Gaulle, place de la République à Paris, le 4 septembre 1958, pour présenter la Constitution avant le référendum

La Constitution de la Cinquième République a été écrite en 1958 puis proposée aux Français qui l'ont approuvée (adoptée) par référendum.

▷ Quel âge la Constitution de la France a-t-elle ?

▷ Combien y a-t-il eu de constitutions fondant une république en France avant 1958 ?

▷ Quelles autres formes d'organisation du pouvoir la France a-t-elle connu, avant et après la Révolution française ?

▷ À ton avis, qui peut modifier la Constitution française ?

Plusieurs constitutions

La Constitution de la France a été écrite et adoptée par référendum en 1958 (doc. 3 et 4). La France a eu d'autres constitutions auparavant : quand elle était une république, mais aussi, depuis la Révolution, quand elle était une monarchie, pour ne pas laisser tous les pouvoirs au roi.

C'est la cinquième fois que la France adopte une constitution qui fonde une république : les républiques précédentes ont été proclamées en 1792, en 1848, en 1875 et en 1946. C'est pourquoi on dit que notre république est la Cinquième république. La constitution de 1958 évolue : elle est modifiée pour être améliorée ou adaptée à l'évolution de la société (doc. 3).

LEXIQUE

• **la Constitution** : la loi suprême qui organise le pouvoir dans un pays.

• **le pouvoir exécutif** : le pouvoir de ceux qui font appliquer les lois.

• **le pouvoir judiciaire** : le pouvoir de ceux qui sanctionnent les personnes qui ne respectent pas les lois.

• **le pouvoir législatif** : le pouvoir de ceux qui votent les lois.

• **les territoires d'outre-mer** : les territoires français qui se trouvent hors d'Europe et qui ne sont pas organisés en départements.

DÉBAT Comment partager le « pouvoir » dans la cour de récréation ou dans la classe ?

↓ 1 La laïcité

Mosquée et école publique à Paris, 2004

▷ À droite de la photographie, il y a une mosquée : à quoi sert-elle ?

▷ À gauche de la photographie, un drapeau se trouve sur la façade d'une école : quel drapeau est-ce ?

▷ Quelles sont les religions pratiquées en France ?

▷ L'État est-il lié à une religion particulière ? Favorise-t-il une religion ?

Et moi ? Est-ce que je parle de ma religion, de celle de ma famille, avec mes parents ?

La laïcité

La laïcité est la séparation entre le pouvoir, qui concerne tout le monde, et la religion, qui concerne chacun en particulier : en France, l'État n'a aucune autorité sur les religions et les religions n'ont aucune autorité sur l'État (doc. 1).

La laïcité garantit que chacun est libre d'avoir ses croyances et de pratiquer la religion de son choix, ou aucune. Chacun peut aller à l'église, au temple, à la mosquée, à la synagogue, à la pagode ou nulle part. Il peut enseigner sa religion à ses enfants. Il doit juste respecter la loi : par exemple, le jour de Pâques, les catholiques peuvent organiser une procession dans la rue à condition de prévenir la mairie ; le jour de l'Aïd-el-Kébir, les musulmans peuvent égorger des moutons à condition de le faire dans des endroits autorisés, pour des raisons d'hygiène.

La laïcité garantit que chacun sera respecté dans sa religion. Par exemple, l'école publique est laïque : les enseignants n'ont pas le droit d'y enseigner leur religion, si bien que les parents peuvent envoyer leurs enfants à l'école sans craindre qu'on les incite à d'autres croyances. De même, à la cantine, les repas sont organisés de façon à respecter les coutumes des différentes religions (doc. 2).

La laïcité garantit la neutralité de l'État : aucune religion n'est favorisée et les lois sont indépendantes des croyances religieuses.

L'histoire de la laïcité

La France n'a pas toujours été un État laïc. À certaines périodes de son histoire, le catholicisme était la seule religion autorisée : les juifs et les protestants n'avaient pas le droit de pratiquer leur religion.

↓ 2 La laïcité

La laïcité, c'est la liberté, mais c'est aussi l'égalité entre les citoyens quelle que soit leur croyance, c'est aussi la fraternité. Parce qu'elle reconnaît et respecte les différences culturelles, spirituelles, religieuses, elle a aussi pour mission de créer les conditions permettant à tous de vivre ensemble, dans le respect réciproque et dans l'attachement commun à un certain nombre de valeurs. Empreinte de liberté, d'égalité et de fraternité, la laïcité est le fondement du pacte républicain.

D'après Bernard Stasi, La laïcité, MEN, 2005

▶ Pourquoi l'auteur écrit-il que la laïcité c'est la liberté ?

▶ Pourquoi écrit-il que la laïcité c'est l'égalité ?

▶ En quoi peut-on dire que la laïcité, à l'école, facilite la fraternité entre les élèves ?

Et moi ? M'arrive-t-il de ne pas assez respecter les croyances religieuses des autres ?

→ 3 L'histoire de la laïcité

Projet d'affiche à l'occasion de la loi de 2004 sur la laïcité à l'école

▷ Sur cette affiche, retrouve les symboles de la République française.

▷ Quelle décision la loi de 2004 a-t-elle prise ?

▶ Fais des recherches sur les autres étapes de la mise en place de la laïcité en France.

La laïcité a été progressivement mise en place. En 1789, la Déclaration des droits de l'homme et du citoyen proclamait que « nul ne peut être inquiété pour ses opinions, même religieuses, pourvu que leur manifestation ne trouble pas l'ordre public établi par la loi ». En 1881, l'école publique est devenue laïque. En 1905, une loi a définitivement séparé les Églises et l'État : l'État n'a pas de pouvoir sur les Églises (il ne donne pas son avis sur le choix des prêtres ou des imams, par exemple) ; en contrepartie, les Églises n'interviennent pas dans le fonctionnement de l'État (elles ne peuvent pas décider de ce qui peut être enseigné à l'école, par exemple).
En 2004, une loi a décidé que, pour garantir la liberté de chacun dans ses croyances, l'égalité entre les élèves et la fraternité entre tous, ni les enseignants ni les élèves n'ont le droit de porter des signes religieux visibles à l'école (doc. 3).

LEXIQUE

● **le catholicisme** : la religion des chrétiens (qui croient que Jésus est le fil de Dieu) qui se trouvent sous l'autorité du pape.

● **les juifs** : les personnes qui pratiquent la religion juive (le judaïsme)

● **la laïcité** : la neutralité envers les religions, la séparation entre le pouvoir et la religion.

● **les protestants** : des chrétiens qui ne reconnaissent pas l'autorité du pape.

● **les musulmans** : les personnes qui ont pour religion l'islam, enseigné par le prophète Mohammed.

DÉBAT Comment vivrions-nous si la société française n'était pas laïque ?

47 La loi

↓ 1 La loi

Conte. Un jour, le roi des chiens prit une décision :
– Chers sujets, je propose qu'à l'égal des hommes, nous nous donnions une loi. Désormais, il est interdit aux chiens de voler. Soyons d'honnêtes chiens et proclamons la loi !
Sur le coup, tous s'enthousiasment :
– Vive le roi ! Vive la loi !
À quelques jours de là, l'un d'eux, le ventre creux, cherche sa pitance sur le chemin du village. Contre la première maison, il voit des calebasses, et dans l'une d'elles, un quartier de zébu. C'est tentant quand la faim vous tenaille. Le chien oublie la loi. Il se rue sur la viande. Une femme pousse des cris à l'entrée de la case :
– Au voleur ! Au voleur !
Les lieutenants du roi attrapent le fautif. La nouvelle se répand. Très vite, la meute se rassemble. Sous le baobab, le voleur va être jugé. D'abord, on écoute ses explications embarrassées. Puis le roi, dans un grand silence, prend le temps de la réflexion.
Enfin, le jugement tombe.

– Ce chien avait faim, déclare-t-il. Pour une fois, je lui pardonne.
Mais sous le baobab, la meute s'agite. Le tumulte enfle :
– Mauvais chef ! Ce chien-là a volé !
– Tu ne fais pas respecter la loi que tu as établie, proteste un grand chien jaune.
Tous les chiens se souviennent avec rage des vols qu'ils n'ont pas commis depuis la loi. Ils avaient trop peur d'être pendus ! Les plus anciens imposent à grand-peine le silence. Il prend la parole :
– N'essayons plus de devenir des hommes. Inutile de nommer des rois, de faire des lois et de nous en moquer. Nous sommes des chiens : soyons voleurs à notre aise, sans chercher à imiter l'homme.
Les chiens n'ont plus de gouvernement. Ils n'ont plus à mentir puisqu'ils n'ont plus de lois. Mais, depuis, ils ont perdu le langage. La voilà la différence entre les hommes et les chiens : la loi.

D'après F. Kérisel, *Le Glaive de Salomon*, Éd. Jeunesse L'Harmattan, 1997

▷ Raconte cette histoire avec tes propres mots.

▶ À quoi les lois servent-elles ?

▶ Sais-tu ce que la loi prévoit dans les domaines suivants : qui a le droit de conduire une voiture ?
Qui est responsable des enfants ? De quel âge à quel âge l'école est-elle obligatoire ?
Trouve un produit que les magasins n'ont pas le droit de vendre.

▶ Toutes les lois sont-elles là pour interdire ?

▶ Pourquoi écrit-on les lois et ne se contente-t-on pas de se mettre d'accord oralement ?

Et moi ? Est-ce qu'il m'arrive de ne pas respecter une règle dans la vie quotidienne ?

La loi

Pour vivre ensemble, les êtres humains ont besoin de se fixer des règles : pour assurer la sécurité de tous, pour éviter la loi du plus fort… Par exemple à l'école, il est interdit de se bousculer : cette règle est faite pour protéger chaque élève (doc. 1).
Dans un pays aussi, il faut organiser la vie en commun : dire à qui appartiennent les maisons, aménager la circulation dans la rue, établir qui est responsable des enfants, fixer les règles pour que toute personne qui travaille reçoive un salaire, interdire la vente de certains produits (par exemple, parce qu'ils sont dangereux)…

Ces règles qui organisent la vie de la société sont appelées des lois. Quand la population est peu nombreuse, les lois sont orales. Mais 64 millions de personnes vivent en France et la vie moderne est complexe et évolue en permanence. Il faut donc des lois écrites : ainsi, quand on cherche quelle est la règle à appliquer, il suffit de lire le texte.
En France, il existe de très nombreuses lois, pour tous les domaines de la vie. Le code civil regroupe les lois relatives à notre vie quotidienne : le mariage, le divorce, la responsabilité des parents, la propriété des maisons… Le code pénal regroupe les lois concernant les délits graves : les vols, les meurtres…
Il existe de nombreux autres codes.

2 L'adoption des lois et leur application

1. Les députés, les sénateurs ou le gouvernement proposent une loi.

2. Les députés et les sénateurs débattent et votent pour ou contre la loi.

3. Si la loi est votée, elle est publiée au Journal officiel.

4. Le gouvernement fait appliquer la loi.

5. Les juges sanctionnent ceux qui ne respectent pas la loi.

▷ Qui propose les lois ?

▷ Qui les vote ?

▶ Pourquoi les citoyens ne décident-ils pas eux-mêmes des lois ?

▷ Qui les fait appliquer ?

▷ Qui sanctionne si la loi n'est pas respectée ?

▶ Et dans la classe : qui décide des règles ? Qui les fait appliquer ? Que se passe-t-il quand elles ne sont pas respectées ?

L'adoption des lois et leur application

Seules les lois qui respectent la Constitution peuvent être votées : par exemple, une loi qui interdirait certains emplois aux gauchers serait discriminatoire, donc ne pourrait être votée.

Les lois sont proposées par les députés, par les sénateurs ou par le gouvernement. Les lois ne sont pas décidées par quelques personnes mais par la société tout entière, et dans son intérêt. Comme tous les citoyens ne peuvent se réunir pour débattre, ils élisent des représentants qui remplissent cette tâche : ce sont les députés (à l'Assemblée nationale) et les sénateurs (au Sénat). Ceux-ci étudient la loi proposée, débattent, modifient éventuellement le texte, puis votent pour adopter ou rejeter la loi.

Si elle est adoptée, la loi est publiée au *Journal officiel* pour que tout le monde puisse la connaître. Ensuite, le gouvernement la fait appliquer et, si quelqu'un ne la respecte pas, les juges étudient le cas de cette personne et appliquent les sanctions prévues par la loi (amendes, peine de prison…) (doc. 2).

> **DÉBAT** Pourquoi dit-on que « nul n'est censé ignorer la loi » ?

48 Le Parlement

⬇ 1 Députés et sénateurs

Campagne électorale de Christiane Taubira, députée de Guyane, juin 2007

▷ Décris cette scène.
▷ Quand les dernières élections législatives (élections des députés) ont-elles eu lieu ?
▷ Pour combien de temps les députés sont-ils élus ?
▷ Comment s'appelle le député de ta commune ?
▷ Comment les sénateurs sont-ils élus ?

Députés et sénateurs

Le Parlement se compose de deux assemblées : l'Assemblée nationale et le Sénat.
L'Assemblée nationale se compose de 577 députés. Chaque député est élu pour 5 ans au suffrage universel (doc. 1). Le député est l'élu d'une circonscription : la commune, une partie de la commune si c'est une grande ville, un groupement de plusieurs communes si ce sont des villages ou de petites villes. Mais il ne représente pas sa commune : il représente tous les citoyens et agit en leur nom.
Les sénateurs sont élus pour 6 ans, non par les citoyens directement mais par des personnes que les citoyens ont élues : les conseillers municipaux, les conseillers régionaux… C'est ce que l'on appelle le suffrage indirect.

Le pouvoir législatif

Le Parlement détient le pouvoir législatif : les députés et les sénateurs préparent des textes de loi, débattent et votent les lois. Le gouvernement peut faire des projets de loi mais ne peut pas les adopter : il doit les proposer au Parlement, qui est le seul à pouvoir les adopter (doc. 2).

→ 2 Le pouvoir législatif

Le Sénat, 2005

▷ Décris cette photographie.

▶ Qu'appelle-t-on le pouvoir législatif ?

▶ Qui, en France, a ce pouvoir ?

▶ Qui peut proposer des lois ?

▷ Cherche sur cette page et nomme les deux assemblées qui composent le Parlement.

Et moi ? Est-ce que, dans ma classe, dans mon groupe d'amis, je participe aux décisions, ou bien est-ce que je laisse parfois les autres décider pour moi ?

→ 3 Le contrôle du gouvernement

L'Assemblée nationale : questions des députés au gouvernement, 2006

Tous les mercredis, l'Assemblée nationale accueille les ministres, qui doivent répondre aux questions des députés.

▷ Décris cette photographie.

▶ Par quels moyens l'Assemblée nationale contrôle-t-elle l'action du gouvernement ?

▶ Si le gouvernement et l'Assemblée nationale ne sont pas d'accord, que peut faire le président ?

Et moi ? Comment est-ce que je réagis quand on contrôle ce que je fais ?

Le contrôle du gouvernement

Le Parlement est aussi chargé de contrôler l'action du gouvernement. Il vote le budget : il décide combien d'impôts les Français vont payer et comment cet argent sera utilisé par le gouvernement. Il peut poser des questions au gouvernement et même constituer une commission d'enquête pour savoir ce que le gouvernement fait. Enfin, si l'Assemble nationale n'est pas d'accord avec le gouvernement, elle peut organiser un vote qui l'oblige à démissionner ; le président doit alors choisir un autre Premier ministre et nommer d'autres ministres (doc. 3).

LEXIQUE

● **une circonscription** : l'une des 577 parties du territoire français qui élisent chacune un député. Ce peut être une commune, une partie de commune ou un groupe de communes.

● **le suffrage indirect** : le vote par lequel les électeurs élisent des représentants qui votent ensuite en leur nom.

DÉBAT Quelles qualités sont nécessaires pour devenir député de notre circonscription ?

1 Des enfants députés

Laura, CM2, pose une question au ministre de l'Éducation nationale, Parlement des enfants à l'Assemblée nationale, 10 juin 2006

▷ Décris cette photographie.
▶ Où ces enfants se trouvent-ils ?
▷ À ton avis, que font-ils ?
Et moi ? Est-ce que j'aimerais participer au Parlement des enfants ?

2 Le calendrier de travail

Calendrier du Parlement des enfants 2008

▷ Décris cette affiche.
▷ Quels symboles de la République française y sont représentés ?
▷ Quand le Parlement des enfants se réunit-il ?
▷ Quelles sont les grandes étapes de ce calendrier ?
▶ Fais des recherches et trouve quelle classe représente votre circonscription au Parlement des enfants cette année.

3 Des lois pour la République

▷ Explique ces lois.
▷ Comment ces textes sont-ils devenus des lois ?
▶ Laquelle te semble la plus intéressante ?

Des enfants députés

Les enfants ne participent pas directement à la démocratie et à la République : ils ne votent pas puisqu'il faut avoir 18 ans pour être citoyen.
Pour recueillir leur avis sur la société, mais aussi pour les préparer à leurs futures responsabilités de citoyens, les députés laissent leur place une fois par an à des élèves élus par les classes de CM2 : c'est le Parlement des enfants. Ces élèves élus proposent des lois, débattent et votent, comme le font les députés (doc. 1).

Le calendrier de travail

Dans chaque circonscription, une classe est choisie pour participer au Parlement des enfants. La classe élit un représentant et prépare une proposition de loi. Elle rencontre le député de la circonscription et lui présente la proposition de loi.
Un jury sélectionne trois propositions de lois parmi celles rédigées par les classes et les envoie à toutes les classes pour qu'elles en débattent. Chaque classe choisit une proposition de loi et charge son représentant de la défendre.

Quatre propositions de lois issues du Parlement des enfants sont devenues des lois de la République. La loi du 30 décembre 1996 relative au maintien des liens entre frères et sœurs en cas de séparation des parents, la loi du 14 mai 1998 qui permet à l'enfant orphelin de participer au conseil de famille, la loi du 9 juin 1999 qui interdit l'achat par les écoles et les collectivités locales de fournitures fabriquées par des enfants dans des pays qui ne respectent pas les droits de l'enfant, la loi du 6 mars 2000 qui renforce le rôle de l'école dans la prévention et la détection des faits de mauvais traitements à enfants. Le onzième parlement des enfants, le 5 juin 2004, s'est conclu par une proposition de loi déposée à l'Assemblée nationale le 4 novembre 2004 : instituer une formation pour les élèves sur l'attitude à tenir en cas d'agressions morales, verbales ou physiques, d'incitation à la consommation de drogue et de racket à l'école.

Françoise Martinetti, *Les Droits de l'enfant*, Librio, 2007

En juin, les élèves élus se retrouvent à l'Assemblée nationale : chacun s'assied à la place du député de sa circonscription (doc. 2).

Des lois pour la République

Les élèves élus débattent des propositions de lois et votent. La proposition de loi qui reçoit le plus de voix est ensuite examinée par les députés de l'Assemblée nationale, qui en débattent à leur tour et votent. À ce jour, quatre lois préparées par le Parlement des enfants ont ainsi été adoptées (doc. 3).

DÉBAT Concevez une loi que vous aimeriez proposer au Parlement des enfants.

50 Le président de la République

→ 1 Le chef de l'État

Photographie officielle du général de Gaulle, président de la République de 1958 à 1969

▷ Décris cette photographie. Quels éléments montrent son pouvoir?

▷ Est-ce le président de la République qui, en France, a le pouvoir?

▷ Peut-il faire tout ce qu'il veut?

▷ Peut-il changer les lois? Justifie ta réponse.

▷ Peut-il condamner quelqu'un à la prison? Justifie ta réponse.

▷ Comment s'appelle l'actuel président de la République?

Et moi? M'arrive-t-il d'avoir envie d'être le chef ou bien est-ce que je préfère laisser les autres commander?

Le chef de l'État

Le président de la République est le chef de l'État: il dirige la France (doc. 1). Cela ne signifie pas qu'il peut faire ce qu'il veut. Son pouvoir est défini et limité par la Constitution: par exemple, il ne peut pas annuler la loi qui rend l'école obligatoire de 6 à 16 ans. Et, comme tous les citoyens, il doit respecter la loi (doc. 2 p. 91).

Le président de la République veille à ce que la Constitution soit toujours respectée: il est donc responsable du fonctionnement de la démocratie, du respect de la liberté et de l'égalité, du partage entre les pouvoirs… Il est responsable de l'indépendance de la France: il veille à ce qu'aucune personne ni aucun État n'impose sa volonté ou ne prenne le contrôle du territoire.

Des responsabilités importantes

Le président de la République nomme les ministres, les ambassadeurs et les hauts responsables de l'administration. Comme les pouvoirs sont séparés, il n'exerce aucune influence sur les députés, chargés de voter les lois. Mais, en cas de désaccord entre les ministres et les députés, il a un rôle d'arbitre et peut dissoudre l'Assemblée nationale: il renvoie les députés et l'on organise des élections pour que les Français donnent leur avis en votant. Le président de la République conduit la politique étrangère de la France: il rencontre les responsables des autres pays et décide des relations que la France noue avec ces pays (doc. 2). Il est le chef des armées: il décide des actions à mener contre un autre État si la France est attaquée. Il est responsable de l'arme nucléaire.

→ **2 Des responsabilités et des pouvoirs importants**

Visite officielle en Algérie, le 4 octobre 1975, de Valéry Giscard d'Estaing, président de la République française de 1974 à 1981

▷ Qui sont ces deux hommes au centre de la photographie ?

▷ Lequel a été président de la République en France ?

▷ Quel pays cet autre homme a-t-il dirigé ?

▷ Pourquoi est-il important que le président de la République rencontre les responsables des autres pays ?

▷ À ton avis, quels sont les autres pouvoirs du président de la République française ?

→ **3 Un élu**

Nicolas Sarkozy au soir de l'élection présidentielle, le 6 mai 2007

▷ Où as-tu déjà vu cet homme ?

▷ Quand a-t-il été élu ? par qui ?

▷ Trouve le nom des autres anciens présidents de la République : aide-toi en feuilletant ton manuel.

Un élu

Le président de la République est élu au suffrage universel pour cinq ans : tous les cinq ans, des candidats se présentent et les Français choisissent celui ou celle qui va les diriger (doc. 3). Au bout de cinq ans, ils peuvent le réélire s'il se présente à nouveau, ou choisir un autre candidat.
Depuis le début de la Cinquième République, en 1958, la France a eu six présidents de la République :
– le général de Gaulle (1958-1969) (doc. 1),
– Georges Pompidou (1969-1974) (doc. 1 p. 122),
– Valéry Giscard d'Estaing (1974-1981) (doc. 2),
– François Mitterrand (1981-1995) (doc. 1 p. 130),
– Jacques Chirac (1995-2007) (doc. 1 p. 104)
– Nicolas Sarkozy (depuis 2007) (doc. 3).

LEXIQUE

● **un ambassadeur** : une personne chargée de représenter un pays (la France, par exemple) auprès d'un autre pays (ambassadeur en Allemagne, en Chine, aux États-Unis…).

● **l'arme nucléaire** : une bombe très puissante qui peut tuer des centaines de milliers de personnes.

● **l'indépendance d'un pays** : le fait d'être autonome, de se diriger lui-même, de ne pas être dominé par un autre pays.

DÉBAT Est-on obligé d'obéir aux décisions prises par le président de la République s'il n'est pas le candidat pour lequel on a voté aux élections ?

51 Le gouvernement

⬇ 1 Le gouvernement

Georges Pompidou, président de la République de 1969 à 1974, saluant les ministres du gouvernement, 1974

Chaque mercredi, les ministres se réunissent, en présence du président de la République, pour décider de la politique de la France : c'est le Conseil des ministres.

▶ Trouve et nomme le président de la République sur cette photographie
▷ Quand a-t-il été président de la République ?
▷ Qui participe au Conseil des ministres ?
▶ Il y a un ministre de l'Intérieur, un ministre de la Défense : nomme d'autres fonctions de ministres.
▶ Donne un exemple de décision que le gouvernement peut prendre ; un exemple de décision qu'il ne peut pas prendre.

Le gouvernement

Le gouvernement se compose d'un Premier ministre et de différents ministres, chargés chacun d'un domaine : le logement, l'éducation nationale…
Le gouvernement définit la politique de la France : par exemple, il peut décider que le respect de l'environnement est une priorité pour le pays. Ses décisions doivent respecter la Constitution. Il propose des lois mais ne les vote pas.
Le gouvernement détient le pouvoir exécutif : il fait appliquer les lois. Par exemple, une loi dit qu'il faut un permis de conduire pour conduire une voiture : le gouvernement organise la manière dont on prépare et passe le permis de conduire (doc. 1).

Des moyens importants

Pour réaliser sa mission, le gouvernement dispose :
– de fonctionnaires qui effectuent toutes les tâches nécessaires, comme délivrer le permis de conduire ou le permis de construire une maison ;
– d'un budget, c'est-à-dire de l'argent nécessaire ; cet argent provient en grande partie des impôts et permet de réaliser toutes les actions collectives décidées, comme construire des hôpitaux, payer les enseignants pour que l'école soit gratuite… (doc. 2) ;
– de la police et de la gendarmerie, chargées de maintenir l'ordre, de faire respecter la loi et de veiller à la sécurité de tous (doc. 3 p. 125).

2
Des moyens importants

Le ministère des Finances (Bercy) à Paris et la feuille de déclaration des revenus

▷ Comment ce document s'appelle-t-il?

▷ Qui l'utilise? pour quoi?

▷ À quoi sert l'argent des impôts?

▷ De quels autres moyens le gouvernement dispose-t-il pour réaliser sa mission?

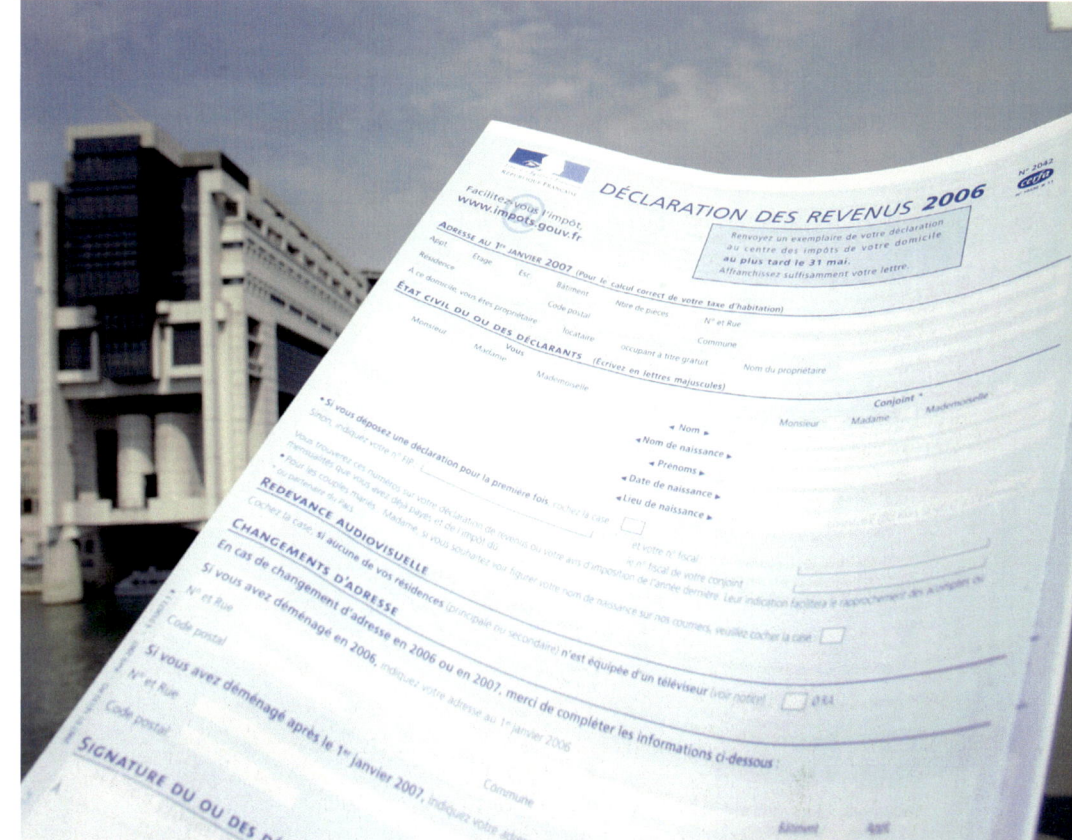

3 Non élus mais responsables

Texte de loi.

Art. 8. Le président de la République nomme le Premier ministre. Il met fin à ses fonctions sur la présentation par celui-ci de la démission du Gouvernement. Sur la proposition du Premier ministre, il nomme les autres membres du Gouvernement et met fin à leurs fonctions.

Art. 50. Lorsque l'Assemblée nationale désapprouve le programme du Gouvernement, le Premier ministre doit remettre au président de la République la démission du Gouvernement.

Extraits de la Constitution de 1958

▷ Qui choisit le Premier ministre? Qui nomme les autres ministres?

▷ Qui peut renvoyer les ministres?

Et moi? Comment dois-je me comporter quand on me confie une responsabilité?

Non élus mais responsables

Les membres du gouvernement ne sont pas élus par les Français : ils sont nommés par le président de la République. C'est pourquoi leur travail est contrôlé par des élus : les députés. Chaque semaine, les ministres répondent aux questions des députés.

Si les députés ne sont pas d'accord avec la politique du gouvernement, ils peuvent voter le renvoi du gouvernement : le président de la République doit alors nommer un autre gouvernement (doc. 3).

En outre, l'opinion publique influence le gouvernement : il n'est pas rare qu'un ministre ou que l'ensemble du gouvernement démissionne quand il sent que les Français sont en désaccord avec lui.

L E X I Q U E

● **démissionner** : quitter son emploi.

● **un fonctionnaire** : une personne qui travaille pour la commune, le département, la région ou l'État et qui est payée par eux.

● **les impôts** : l'argent que l'on verse à l'État ou à la commune et qui sert à payer les dépenses collectives.

● **l'opinion publique** : l'opinion de la majorité de la population.

D É B A T Quelles lois proposeriez-vous si vous étiez ministre de la Jeunesse?

52 La sécurité et le service de tous

 1 Le droit à la sûreté

▷ Que disent ces articles ?

▷ Quel droit est reconnu aux personnes en France et en Europe ?

▷ Donne des exemples pour expliquer ce qu'est la sûreté.

2

Les pompiers

Incendie à Paris, 1989

▷ Que fait ce pompier ?

▷ Que risque-t-il ?

▷ Pourquoi le fait-il ?

▷ Énonce d'autres cas où les pompiers interviennent pour sauver la vie des personnes ? (Aide-toi de la p. 50)

▷ Tous les pompiers sont-ils des professionnels ?

Et moi ? Quelle est ma réaction quand je vois des pompiers ?

Déclarations solennelles.

Art. 5. Toute personne a droit à la liberté et à la sûreté.

Convention européenne de sauvegarde des droits de l'homme et des libertés fondamentales, 1950

Art. 2. Le but de toute association politique est la conservation des droits naturels et imprescriptibles de l'homme. Ces droits sont la liberté, la propriété, la sûreté et la résistance à l'oppression.

D'après la Déclaration universelle des droits de l'homme, 1789

Le droit à la sécurité

La sécurité est l'un des droits fondamentaux des citoyens en France (doc. 1). Cela signifie que si quelqu'un est en danger, on doit tout faire pour lui venir en aide. Cela signifie aussi que l'on n'a pas le droit de nuire à quelqu'un, de l'arrêter de manière arbitraire, de le mettre en prison sauf dans les cas prévus par la loi et à condition de le juger.

L'État est chargé d'assurer la sécurité des habitants : veiller à ce que chacun puisse vivre tranquillement, protéger et secourir les personnes en danger… Pour cela, il a mis en place de nombreux services, dont la police, la gendarmerie et les pompiers.

Les pompiers

En France, il y a 250 000 pompiers. Quelques-uns sont des pompiers professionnels : la sécurité des autres est leur métier et ils y consacrent leur vie. D'autres sont des volontaires : ils ont un emploi mais, durant leur temps libre, ils se rendent disponibles pour secourir les personnes en danger. Tous sont des femmes et des hommes courageux, qui mettent parfois leur vie en jeu : en cas d'incendie (on les appelle les « soldats du feu »), de noyade, de tempête… Ils interviennent aussi en cas d'accident, pour apporter les premiers secours et transporter les blessés à l'hôpital (doc. 2).

→ 3
Les policiers et les gendarmes

Contrôle des bagages par la police à l'aéroport de Marignane, 2004.
Contrôle de la vitesse sur les routes par les gendarmes, Ille-et-Vilaine, 2003

Les policiers sont des civils, les gendarmes sont des militaires. La plupart portent un uniforme, pour qu'on les reconnaisse. Mais certains sont « en civil », par exemple quand ils mènent une enquête et veulent rester discrets.

▷ Que fait ce policier (image du haut) ?

▷ Que font ces gendarmes (image du bas) ?

▶ En quoi font-ils respecter la loi ?

▶ Qui cherchent-ils à protéger ?

Et moi ? Quelle est ma réaction quand je vois des policiers ou des gendarmes ? Est-ce que j'ai conscience que leur travail consiste à me protéger ?

La police et la gendarmerie

En France, il y a 150 000 policiers et 100 000 gendarmes (doc. 3). Ces hommes et ces femmes sont chargés du maintien de l'ordre et de l'exécution des lois : ils veillent à ce que chacun puisse vivre en toute tranquillité, sans craindre pour sa vie ou pour ses biens. Ils sont chargés d'empêcher ceux qui ne respectent pas la loi de nuire. Certains policiers et gendarmes veillent à la sécurité en circulant dans les rues. D'autres interviennent quand on les appelle en urgence (p. 50 et doc. 2 p. 66). Sans la police et la gendarmerie, les lois ne seraient pas appliquées et notre sécurité ne serait pas assurée.

LEXIQUE

● **arbitraire** : par une décision autoritaire, sans que cela soit prévu par la loi ou la règle.

● **les biens** : ce que l'on possède (une maison, une voiture, de l'argent…).

● **juger** : faire passer au tribunal pour qu'un juge applique la loi, décide si quelqu'un est, ou non, coupable, et applique les sanctions prévues par la loi.

● **nuire** : faire du mal, causer du tort.

DÉBAT Les policiers et les gendarmes sont-ils là pour « nous embêter » ?

53 Les tribunaux et les juges

↓ 1 Le rôle de la justice

Article de presse. En 2004, Anne–Sophie Lainnemé, habitante de la ville de Rennes, se retrouve poursuivie par la Société civile des producteurs phonographiques pour avoir téléchargé et échangé illégalement des fichiers musicaux. C'est le Service régional de police judiciaire de Rennes, où elle a été convoquée le 21 septembre 2004, qui lui a appris la nouvelle. Ils étaient une cinquantaine d'internautes dans le même cas. Anne-Sophie Lainnemé reconnaît les faits : « Je téléchargeais les fichiers pour découvrir de nouveaux artistes et acheter leurs albums ou aller les voir en concert. Je n'avais pas l'intention de léser qui que ce soit », a-t-elle déclaré devant le tribunal. Risquant 3 ans de prison et 300 000 euros d'amende, Anne-Sophie a comparu devant le tribunal de grande instance de Rennes jeudi. La jeune femme devra verser à la Société civile des producteurs phonographiques un euro de dommages et intérêts par chanson téléchargée, et 700 euros de frais de justice.

D'après Laurence, Cattolico, Les Échos du net,
www.echosdunet.net, oct. et nov. 2004

▷ Raconte ce qui est arrivé à cette femme. Explique en quoi elle n'a pas respecté la loi. Que lui est-il alors arrivé ?

▷ Trouve deux autres cas dans lesquels des personnes vont au tribunal.

Et moi ? M'arrive-t-il de télécharger de la musique, des images, des films sans être certain d'en avoir le droit ?

↓ 2 La justice et la démocratie

Le Pérugin (1445-1553), Pérouse, Italie

▷ Nomme les deux objets que la Justice tient.

▷ À ton avis, que symbolisent-ils ?

▷ Comment la justice peut-elle respecter le droit à la liberté des citoyens ?

▷ Comment la justice peut-elle respecter l'égalité entre les personnes ?

▷ Qu'appelle-t-on une erreur judiciaire ?

Le rôle de la justice

La justice est chargée de sanctionner les personnes qui ne respectent pas la loi : par exemple, si quelqu'un a volé, la justice décide des sanctions à appliquer parmi celles prévues par la loi (pour le vol : une amende et une peine de prison) (doc. 1). La justice intervient souvent, car il est interdit aux citoyens de se faire justice eux-mêmes : personne n'a le droit de se venger.

La justice sert aussi d'arbitre pour régler les conflits : si deux personnes affirment être propriétaires de la même maison, elle doit trouver lequel est le véritable propriétaire et, si c'est impossible, elle doit trouver une solution.

La justice et la démocratie

La justice doit respecter les principes de la démocratie et de la République : la liberté de chacun (elle ne met quelqu'un en prison que si la loi le prévoit), l'égalité entre tous (elle applique la loi de la même manière à tout le monde, sans discrimination) (doc. 2).

La justice doit être impartiale, c'est-à-dire qu'elle ne prend pas parti : le tribunal écoute chacun avec neutralité. Les accusés ont le droit de se défendre et de présenter leur propre point de vue sur ce qui s'est passé.

Même en prenant des précautions, la justice se trompe parfois, par exemple en condamnant un innocent : c'est ce que l'on appelle une erreur judiciaire.

↓ 3 Les tribunaux

La partie civile (avec son avocat) défend ses intérêts personnels

Des témoins disent ce qu'ils savent et ce qu'ils ont vu.

Le procureur de la République défend les intérêts de la société.

Le juge dirige le procès et prend la décision à la fin.

Les jugements sont publics : n'importe qui peut y assister.

L'accusé se défend avec l'aide d'un avocat

▷ Nomme les personnes présentes dans ce tribunal et dis ce qu'elles y font.

▶ Lesquelles sont là parce que c'est leur métier ?

▶ As-tu déjà vu un tribunal, par exemple à la télévision ? Était-ce un tribunal français ? Ressemblait-il à celui-ci ?

▶ Il existe différentes sortes de tribunaux : connais-tu leur nom ? À quoi servent-ils ?

Les tribunaux

Différents tribunaux se répartissent le travail judiciaire : le tribunal civil juge les divorces et organise la garde des enfants ; la cour d'assises juge les criminels ; le conseil des prud'hommes règle les conflits entre les salariés et les entreprises… Il existe aussi un tribunal pour enfants, qui juge les mineurs qui n'ont pas respecté la loi.

Lors d'un procès, différentes personnes sont présentes dans le tribunal : des professionnels (les juges, les avocats, le procureur de la République) et de simples citoyens (les personnes qui demandent justice, l'accusé s'il y en a un, les témoins éventuels, parfois des jurés) (doc. 3).

LEXIQUE

● **un avocat** : un spécialiste du droit chargé de conseiller et de défendre les intérêts d'une personne dans un tribunal.

● **les juges** : les personnes qui dirigent le procès et prennent la décision à la fin.

● **les jurés** : des citoyens qui, en cas de crime ou d'assassinat, doivent dire si l'accusé est coupable ou non.

● **un procès** : l'ensemble des opérations qui aboutissent à un jugement. Il se divise en séances appelées audiences.

● **le procureur de la République** : un spécialiste du droit chargé de défendre l'intérêt de l'ensemble des citoyens.

⬇ 1 Des comportements citoyens

Document d'information. La démocratie implique une participation active à la vie de la cité. Car le destin d'une communauté dépend de chacun de ses membres. Le citoyen est celui qui s'informe, participe et non celui qui subit passivement le cours des choses. Mon devoir de citoyen ne se limite pas à l'exercice du droit de vote. Pour exprimer mes choix, je m'informe, je pose des questions pour en savoir plus, je donne mon opinion de manière constructive. Par mon comportement, je peux contribuer à la qualité de vie. Même à petite échelle, chaque geste compte. J'utilise les poubelles mises à ma disposition. Je baisse le son lorsque je fais la fête. Je respecte le code de la route. L'éducation est la clé d'une citoyenneté active et responsable. De la famille à l'école, en passant par la commune, chacun doit transmettre des connaissances, des valeurs et des règles de comportement. Fort de ce bagage, on est ensuite « armé » pour la vie. Pour être un homme libre et éclairé, conscient de ses droits et de ses devoirs.

Extraits du *Passeport Citoyen* publié par la ville de Rouen, juillet 2006

▷ Quelles attitudes caractérisent un bon citoyen ?

▶ Lesquelles sont rendues obligatoires par la loi ? Lesquelles sont facultatives ?

Et moi ? Est-ce que j'adopte ces différentes attitudes dans ma vie quotidienne ?

⬇ 2 Des comportements citoyens

Panneau à l'entrée de la forêt de Grimbosq, Calvados

▷ Que demande ce panneau ?

▶ Quels autres comportements les citoyens doivent-ils avoir ?

Et moi ? Comment je me comporte quand je me promène dans la nature ? et dans ma ville ou mon village ?

Des comportements citoyens

Les droits et devoirs des citoyens ne se limitent pas au vote : il suffirait de donner son avis une fois de temps en temps et d'espérer que la société fonctionne correctement ensuite. Les citoyens ont aussi le devoir de participer aux différents aspects de la vie de la société (doc. 1). Leur comportement contribue aux choix faits par la société : ils respectent la loi et apprennent à leurs enfants à la respecter ; ils respectent les valeurs de la République (se montrer tolérants, solidaires les uns envers les autres…) ; ils essaient de vivre le mieux possible ensemble et règlent leurs différends par la discussion et le débat ; ils contribuent à la protection de l'environnement (en ne jetant pas les papiers par terre, en faisant le tri sélectif des déchets…) (doc. 2) Ils cherchent à comprendre les problèmes de la société et du monde en écoutant les « nouvelles », en lisant les journaux et en se faisant leur propre opinion.

Des citoyens engagés

De nombreux citoyens s'engagent davantage dans la vie publique en consacrant du temps à leur commune ou à des associations. Certains réfléchissent à un problème particulier et préparent le travail des élus (conseillers municipaux, députés…) : par exemple, des associations cherchent comment améliorer la circulation des vélos dans leur ville.

→ 3 Des citoyens engagés

Affiche du Secours populaire

▷ Que demande cette affiche?

▷ En quoi l'action menée par le
Secours populaire contribue-t-elle
à un meilleur fonctionnement
de notre société?

▷ Que se passerait-il si personne
ne s'engageait?

▷ Quelle manière de s'engager
dans la vie publique le tract
ci-dessous propose-t-il?

▷ Connais-tu d'autres manières
de s'engager dans la vie publique?

Et moi? Est-ce que je fais quelque
chose pour la société?

Tract distribué dans la rue. Des habitants
se mobilisent pour améliorer la
vie du quartier. Pour cela, ils ont
créé une association de quartier.
Ils se réuniront le vendredi
18 janvier à 20 h 30 à l'espace
associatif. Toutes les personnes
qui veulent s'impliquer un peu
ou beaucoup dans la vie de leur
quartier, proposer des idées, des
activités, des animations, faire
part d'une expérience, faire des
propositions d'aménagements,
demander des travaux à la mairie
ou simplement être informées
de la vie de leur quartier sont les
bienvenues. Venez nombreux.

D'après un tract, 2008

SECOURS POPULAIRE FRANÇAIS

AVEC LE SECOURS POPULAIRE
DONNEZ UN COUP DE MAIN
AU PÈRE NOËL

ADRESSEZ VOS DONS AU PÈRE NOËL VERT DU SECOURS POPULAIRE
LE PLUS PROCHE DE CHEZ VOUS.
www.secourspopulaire.fr

D'autres agissent pour améliorer la qualité de vie
(animer un quartier, diffuser des informations sur
des services proposés…) ou pour venir en aide aux
plus démunis (préparer des repas, rendre visite aux
personnes âgées, aux malades, aider les élèves en
difficulté…) (doc. 3 et doc. 3 p. 137). Ils savent
que l'on ne peut pas compter sur les hommes et les
femmes politiques pour régler tous les problèmes.
D'autres enfin se proposent comme candidats et
sont élus à des postes à responsabilité: conseillers
municipaux, maires, députés…
S'engager dans la vie publique, c'est défendre l'intérêt
général et le placer au-dessus des intérêts particuliers.
C'est aussi prendre parti publiquement pour des
idées et accepter de prendre des responsabilités.

LEXIQUE

● **une association**: un groupe de gens qui agissent
ensemble de manière bénévole (sans être rémunérés)
dans un but commun.

● **les démunis**: les personnes les plus pauvres de la
société ou du monde.

● **un différend**: un désaccord qui résulte d'une
différence d'opinion ou d'intérêt entre plusieurs
personnes.

DÉBAT Qu'est-ce que notre classe pourrait faire
pour participer à la vie de la société et s'engager dans
la vie publique?

55 La commémoration

 1

Se souvenir et rendre hommage

Commémoration de la fin de la Deuxième Guerre mondiale, en présence du chancelier allemand Helmut Kohl et du président de la République française François Mitterrand, 8 mai 1984

▷ Que sais-tu de la Deuxième Guerre mondiale ? Quels pays a-t-elle opposés ?

▷ En quoi est-il important de se souvenir des événements du passé, comme des deux guerres mondiales ?

▷ Dans ta commune, y a-t-il un monument aux morts pour rappeler le nom des soldats morts pour la France ?

Se souvenir et rendre hommage

On commémore des événements du passé pour se souvenir des moments marquants de notre histoire. Par exemple, chaque année, on commémore la fin des deux guerres mondiales : le 11 novembre pour la Première Guerre mondiale (1918) et le 8 mai pour la Deuxième Guerre mondiale (1945). C'est l'occasion pour les Français et les Allemands, anciens ennemis, d'affirmer leur attachement à la paix et leur volonté de bien s'entendre. C'est aussi l'occasion de rendre hommage aux hommes et aux femmes qui ont donné leur vie pour défendre la liberté (doc. 1).

On commémore aussi l'anniversaire de la naissance ou de la mort de certaines personnes : ainsi, en 2007, on a célébré le 30ᵉ anniversaire de la mort de Jacques Prévert.

Le devoir de mémoire

On commémore certains événements passés pour se rappeler des erreurs commises et pour ne pas oublier les personnes qui en ont été victimes : c'est ce que l'on appelle le « devoir de mémoire ».
Dans la plupart des villes et des villages de France, on trouve un monument aux morts qui rappelle le nom des victimes des deux guerres mondiales.

→ 2 Le devoir de mémoire : la Shoah

Anciens déportés cherchant le nom d'un membre de leur famille sur le Mur des noms, Mémorial de la Shoah à Paris

Le nom des 76 000 juifs déportés de France pendant la Deuxième Guerre mondiale a été inscrit sur un mur, dans le Mémorial de la Shoah.

▶ Que sais-tu du génocide des juifs pendant la Deuxième Guerre mondiale ?

▶ Pourquoi a-t-on inscrit le nom des juifs déportés de France sur ce mur ?

▶ En quoi avons-nous le devoir de nous souvenir de ce génocide ?

▶ Explique cette phrase de Jacques Chirac, ancien président de la République : « Sachons tirer les leçons de l'Histoire ! N'acceptons pas d'être les témoins passifs, ou les complices, de l'inacceptable. »

→ 3 Le devoir de mémoire : l'esclavage

▷ Qui est l'auteur de ce discours ?

▶ Que sais-tu de l'esclavage et de la traite des esclaves ?

▷ Quelles sont, pour Jacques Chirac, les trois raisons pour lesquelles il faut commémorer cet événement ?

▶ En quoi cette commémoration répond-elle au « devoir de mémoire » ?

Discours. Aujourd'hui, 10 mai 2006, la France célèbre la première journée consacrée à la mémoire de la traite négrière, de l'esclavage et de leurs abolitions. Le commerce triangulaire a été une entreprise de déshumanisation qui a duré plusieurs siècles, et à l'échelle de plusieurs continents. Une tragédie, qui a vu la déportation en masse d'hommes, de femmes, d'enfants, arrachés à leur terre, aux leurs, et convoyés comme des animaux. Aujourd'hui encore, cette tragédie a des échos. En Occident notamment, elle a donné corps aux thèses racistes les plus insupportables. En privant l'Afrique d'un sang vigoureux, elle a épuisé ce continent. Et, aujourd'hui encore, des formes d'esclavage et de travail forcé subsistent dans le monde, contre lesquelles nous devons plus que jamais nous mobiliser. J'ai voulu que tous les pouvoirs publics se mobilisent à l'occasion de cette commémoration, pour signifier la participation de la nation tout entière à cette prise de conscience empreinte de gravité et de fraternité. Regarder tout notre passé en face, c'est une des clés de notre cohésion nationale. La France mènera le combat pour la mémoire et contre toutes les formes modernes de l'oubli ou de l'esclavage.

D'après le discours de Jacques Chirac, président de la République, 10 mai 2006

On parle du devoir de mémoire à propos du génocide de la Deuxième Guerre mondiale : des millions de juifs et de Tziganes ont été déportés et tués du fait de leur origine. Le 27 janvier est l'occasion de ne pas oublier ce qui s'est passé et de rappeler qu'il s'agit d'un crime contre l'humanité (doc. 2).

On parle aussi de devoir de mémoire à propos de la traite des esclaves : pendant des siècles, des millions de personnes, essentiellement des Africains, ont été privées de leur liberté et vendues comme du bétail. La commémoration du 10 mai permet de reconnaître que cet acte était un crime contre l'humanité et que l'abolition de l'esclavage a représenté un progrès dans la conquête des droits de l'homme (doc. 3).

LEXIQUE

● **un crime contre l'humanité** : un crime qui touche l'humanité entière dans ses valeurs essentielles.

● **commémorer** : rappeler le souvenir d'une personne ou d'un événement du passé.

● **l'esclavage** : le fait que certains êtres humains soient privés de leur liberté et appartiennent à d'autres personnes.

● **la traite des esclaves** : le commerce des êtres humains.

DÉBAT Est-ce qu'une commémoration est utile ? ou Que se passerait-il s'il n'y avait pas de commémoration ?

56 La solidarité nationale : la protection sociale

→ **1 Le principe de la protection sociale**

▷ Explique comment la protection sociale fonctionne.

▷ Qui paye les cotisations ?

▷ Toutes les personnes payent-elles les mêmes cotisations ?

▷ Qui profite des prestations ?

▶ Celui qui paye des cotisations est-il remboursé par les prestations qu'il perçoit ?

▶ Quelles sont les différentes formes de protection sociale ?

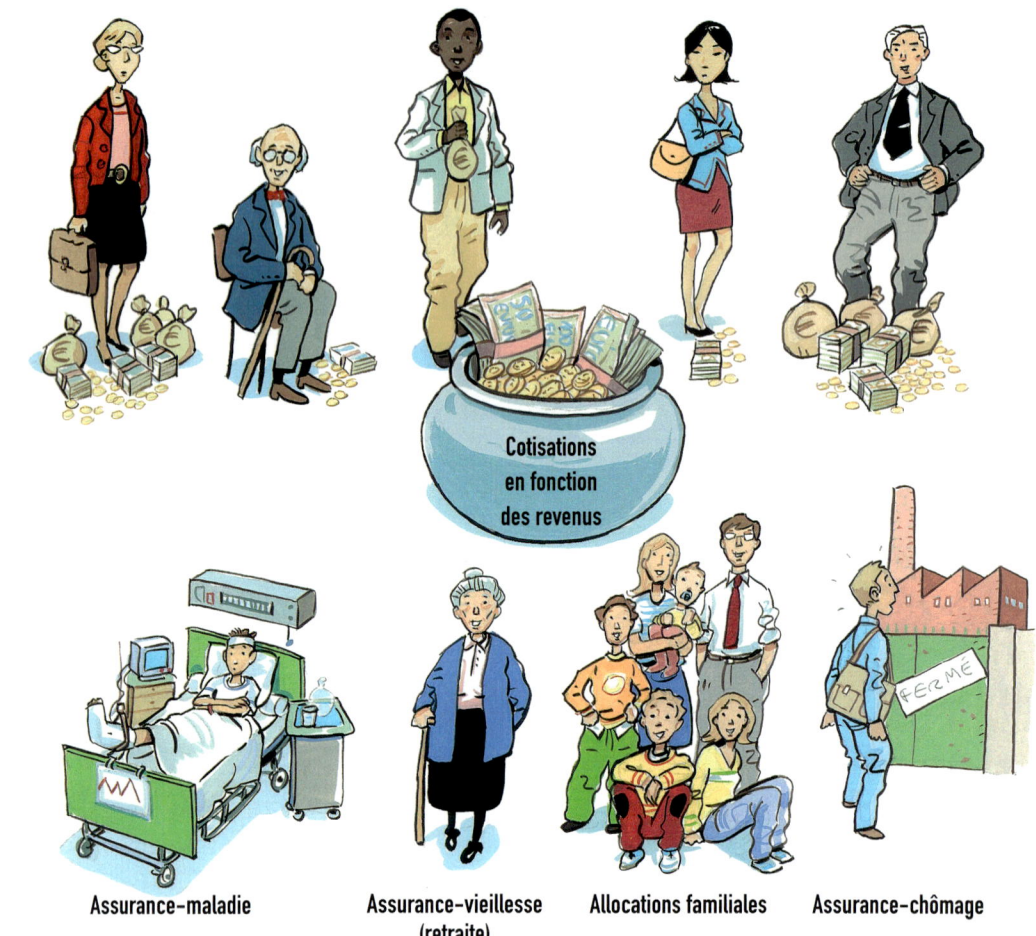

Cotisations en fonction des revenus

Assurance-maladie   Assurance-vieillesse (retraite)   Allocations familiales   Assurance-chômage

Le principe de la protection sociale

La protection sociale organise la solidarité entre les personnes, de façon que nul ne se trouve totalement démuni. Elle répond à l'objectif de fraternité présent dans la devise de la République (doc. 2).

Chacun participe à un « pot commun » en payant des cotisations. L'argent est redistribué aux personnes qui en ont besoin. Celui qui cotise ne profitera peut-être jamais du « pot commun » (s'il n'est jamais malade, par exemple). Il en profitera peut-être beaucoup plus qu'il n'a cotisé (s'il a un grave accident et doit bénéficier de soins coûteux, par exemple) (doc. 1). Les cotisations sont proportionnelles aux revenus de chacun : celui qui gagne bien sa vie cotise beaucoup, et celui qui a un petit salaire cotise peu. La protection sociale organise donc la solidarité entre les personnes qui vont bien et celles qui ont besoin d'aide, mais aussi entre les riches et les moins riches.

Les formes de protection sociale

L'assurance-maladie (la Sécurité sociale) organise la solidarité envers les personnes malades. Toute personne qui travaille paye des cotisations à la Sécurité sociale et celle-ci rembourse ses frais médicaux (visites chez le médecin, médicaments, hospitalisation…) et ceux de sa famille (doc. 3). Si la maladie l'empêche de travailler, donc de gagner sa vie, la Sécurité sociale lui verse des indemnités. La protection sociale concernant la santé a été étendue à tous : grâce à la Couverture maladie universelle (CMU), les personnes sans emploi et leurs familles peuvent se faire soigner gratuitement.

L'assurance-vieillesse a en charge la solidarité envers les personnes âgées. Les personnes qui travaillent versent des cotisations qui servent à payer les retraites des personnes âgées. Autrefois, quand ce système n'existait pas, les personnes devaient

→ 2 Le droit à la protection sociale

▷ Regarde la définition du mot constitution p. 111 et explique quelle est la nature de ce texte.

▷ Quel droit est énoncé ici ?

▷ Qui a droit à la protection sociale ?

▶ De quelles formes de protection sociale est-ce que je bénéficie ?

→ 3 La Sécurité sociale

Carte vitale, 2008

▷ Décris cette carte.

▶ À quoi sert la Sécurité sociale ?

▶ Qui paye les cotisations sociales ?

▶ Qui bénéficie des prestations sociales ?

▶ Comment les personnes qui ne travaillent pas et ne cotisent pas peuvent-elles se faire rembourser leurs soins médicaux ?

▶ À quoi sert la feuille orange et blanche derrière la carte Vitale ?

▶ Que se passe-t-il si l'on dépense trop l'argent de la Sécurité sociale ?

Et moi ? À quelles occasions puis-je faire attention de ne pas gaspiller les médicaments pour préserver la Sécurité sociale ?

Texte de loi. La nation garantit à tous, notamment à l'enfant, à la mère et aux vieux travailleurs, la protection de la santé, la sécurité matérielle, le repos et les loisirs. Tout être humain qui, en raison de son âge, de son état physique ou mental, de la situation économique, se trouve dans l'incapacité de travailler a le droit d'obtenir de la collectivité des moyens convenables d'existence.

Préambule de la Constitution de 1946

---

travailler jusqu'à leur mort ou restaient à la charge de leur famille.

Les allocations familiales organisent la solidarité envers les familles : elles versent des aides aux familles avec plusieurs enfants, à celles avec un enfant porteur d'un handicap, à celles qui ont besoin d'une aide particulière…

Les Assedic ont en charge la solidarité envers les chômeurs. Les personnes qui travaillent versent des cotisations qui permettent de donner des allocations aux personnes qui perdent leur emploi, le temps pour elles de trouver un nouvel emploi.

La protection sociale fonctionne tant que les cotisations sont suffisantes pour payer les dépenses. Malheureusement, il y a des abus : par exemple, certains gaspillent les médicaments sous prétexte qu'ils leur sont remboursés. Chacun doit se mobiliser pour préserver la protection sociale : c'est notre responsabilité commune.

LEXIQUE

- **des cotisations** : la part que l'on paye à une dépense commune.

- **des indemnités** : l'argent que l'on donne à une personne pour combler une perte d'argent.

- **des prestations, des allocations** : de l'argent que l'on reçoit à titre d'aide.

- **les retraites** : l'argent que reçoit une personne âgée qui ne travaille plus.

- **les revenus** : l'argent que l'on reçoit et avec lequel on vit.

DÉBAT Certains abusent des avantages de la protection sociale, si bien que cela coûte cher à tout le monde : que faut-il faire ?

57 La solidarité nationale : les responsabilités entre les générations

← 1

Les adultes

▷ Décris les membres de cette famille et compte le nombre d'adultes et le nombre d'enfants.

▶ Cherche dans un dictionnaire la signification du mot « génération » et dis combien il y a de générations sur cette photographie.

▶ Parmi ces personnes, lesquelles ne travaillent pas ? Pourquoi ? De quoi vivent-elles ?

▶ Comment les adultes produisent-ils des richesses ?

▶ Comment participent-ils à l'organisation de leur commune ? du pays en général ? à l'élaboration des règles de vie ?

Les adultes

Notre société repose sur les adultes. Ils produisent les richesses et font vivre tous ceux qui ne travaillent pas : les enfants, trop jeunes, et les adultes qui ne travaillent pas, notamment les personnes âgées à la retraite, les malades, les personnes lourdement handicapées… Ils prennent les décisions (dans leur famille, leur travail, leur village ou leur ville, et pour l'ensemble du pays, par le biais du vote), organisent la société et fixent les règles. Rendre la vie en société la plus juste et la plus agréable possible, permettre à chacun de vivre, et préparer l'avenir sont de lourdes responsabilités (doc. 1).

Les personnes âgées

Parmi les adultes, les personnes âgées occupent une place particulière. La plupart sont retraitées ; certaines, très âgées ou malades, sont dépendantes. Mais elles continuent à participer à la vie de la société en donnant leur avis, notamment par leur vote.
Elles méritent notre respect : elles ont participé à la construction de notre société et nous ont légué un pays libre et riche. Leur expérience de la vie leur donne une sagesse qui nous enrichit.
Elles ont aussi besoin que l'on fasse attention à elles : ne pas les bousculer, se montrer patients, leur rendre visite et ne pas les laisser seules… (doc. 2)

→ 2 Les personnes âgées

Visite des enfants du centre de loisirs à la maison de retraite de Marcillac Vallon, juillet 2003

▷ Décris cette scène, les personnes présentes, leurs activités.

▷ Que peuvent nous apprendre les personnes âgées?

▷ En quoi ont-elles besoin de notre aide ?

Et moi ? Quelle est mon attitude envers les personnes âgées ?

→ 3 Les enfants

▷ Quels sont les devoirs des parents envers leurs enfants ?

▷ Quels sont leurs droits, en contrepartie ?

▷ Quels sont les droits des enfants énoncés dans ce texte ?

▷ Énonce d'autres droits qu'ont les enfants (aide-toi de la p. 162) ?

▷ Quels sont, en contrepartie de leurs droits, les devoirs des enfants ?

Et moi ? Lequel de mes devoirs ai-je le plus de mal à remplir ?

Les parents se doivent de protéger leur enfant : ils assurent sa sécurité, sa santé, sa moralité et son éducation. Les parents ont l'obligation d'héberger leur enfant (ils ne peuvent donc pas mettre à la porte leur enfant mineur) et celle de subvenir à ses besoins. Les parents ont aussi l'obligation d'envoyer leur enfant à l'école. Ces devoirs impliquent alors des droits : les parents ont un droit de garde et de surveillance, donc un mineur doit habiter chez ses parents et se mettre d'accord avec eux concernant ses éventuelles sorties. Leur devoir d'éducation leur donne aussi un droit de punition, mais dans certaines limites : ils peuvent donner une gifle, pas passer l'enfant à tabac. L'enfant a le droit de demander à être nourri et entretenu. Il a aussi le droit de donner son avis sur son éducation, et même si les parents sont ceux qui prennent les décisions, dans certains cas, comme pour marier une jeune fille de 16 ans, la loi demande le consentement du mineur. En contrepartie, les enfants ont des devoirs : outre ceux d'honneur et de respect, l'enfant est soumis à l'obligation d'aide, ce qui signifie qu'il doit subvenir aux besoins de ses parents s'ils sont dans le besoin au moment de sa majorité. L'enfant a aussi l'obligation d'habiter chez ses parents.

D'après Fil Santé Jeunes, fil.sante.jeunes.com, 25 mai 2005

Les enfants

Les enfants sont entièrement pris en charge par les adultes et n'ont pas à se préoccuper de leur survie. Ils sont sous la responsabilité de leurs parents, d'autres adultes s'ils n'ont plus leurs parents ou que ceux-ci ne peuvent pas s'occuper d'eux. Ils sont aussi sous la responsabilité de bien d'autres personnes : les enseignants, les surveillants, les moniteurs, les infirmiers, les pompiers… Les adultes veillent à ce que les enfants soient protégés des dangers, nourris, logés et soignés. Ils veillent à ce qu'ils grandissent bien, aillent à l'école, comprennent les leçons et progressent, fassent leur travail, dorment suffisamment pour être en forme, apprennent la politesse et toutes les règles de la vie en société. Ils sont chargés de faire appliquer les droits des enfants (doc. 1 p. 162).

En contrepartie, les enfants ont des devoirs envers les adultes : ils les respectent et leur parlent poliment, obéissent à leurs parents et au maître ou à la maîtresse, travaillent à l'école et apprennent leurs leçons, participent à certaines tâches à la maison et appliquent les règles de la vie en société (doc. 3).

DÉBAT Y a-t-il des circonstances dans lesquelles il ne faut pas obéir à un adulte ?

58 La solidarité dans la société française

← **1** **Le besoin de solidarité**

Vaulx-en-Velin près de Lyon, 2007

▷ Décris cette photographie.

▷ À quoi vois-tu que cette femme vit dans la pauvreté ?

▷ Quelles autres formes de pauvreté existent en France ?

▷ Qu'est-ce qui peut amener des personnes à se retrouver dans la misère ?

▷ Que peut-on faire pour leur venir en aide ?

Et moi ? Est-ce que je fais suffisamment attention aux autres, autour de moi, pour savoir qui, dans mon entourage, se trouve peut-être dans la misère ?

Le besoin de solidarité

En France, comme dans d'autres pays, la pauvreté augmente et l'écart de richesse entre les plus riches et les plus pauvres s'accroît. On parle aujourd'hui d'une société « à deux vitesses ».

Il existe différentes formes de pauvreté. Certaines personnes sont sans travail et sans logement : ce sont les SDF (sans domicile fixe) ou « sans abris ». Ils dorment dans la rue et mendient pour manger. Bien d'autres personnes ne vivent pas dans la rue mais survivent difficilement. Elles ont des revenus insuffisants. Elles vivent dans des logements minuscules, souvent insalubres. Elles ne sont pas certaines de manger à leur faim, de pouvoir se chauffer en hiver… En France, plus de 4 millions de personnes vivent en dessous du seuil de pauvreté. Parmi elles, on compte beaucoup d'immigrés sans qualification, de femmes seules avec des enfants, des jeunes sans formation ou qui n'ont pas trouvé de premier emploi (doc. 1).

Les actions de solidarité

L'État et les communes organisent des actions de solidarité. L'État verse le RMI (Revenu minimum d'insertion) aux personnes sans revenus (doc. 2). Les communes distribuent de l'argent ou de la nourriture, aident à trouver un logement…

2 Les actions de solidarité : le RMI

Texte de loi. Toute personne qui, en raison de son âge, de son état physique ou mental, de la situation de l'économie et de l'emploi, se trouve dans l'incapacité de travailler a le droit d'obtenir de la collectivité des moyens convenables d'existence. Dans ce but, il est institué un revenu minimum d'insertion. Ce revenu minimum d'insertion constitue un des éléments d'un dispositif global de lutte contre la pauvreté tendant à supprimer toute forme d'exclusion, notamment dans les domaines de l'éducation, de l'emploi, de la formation, de la santé et du logement.

Extraits de la loi du 1ᵉʳ décembre 1988

▷ Qu'est-ce que le RMI ?

▷ À qui est-il destiné ?

▶ En quoi est-il une forme de solidarité ?

▷ Décris la photographie à droite.

▶ À ton avis, d'où vient l'argent qui a permis d'acheter ces aliments ?

▶ Nomme d'autres associations qui pratiquent la solidarité et explique ce qu'elles font.

Et moi ? À quelle action de solidarité est-ce que je participe ?

3 Les actions de solidarité : les associations

Repas distribué par les Restos du cœur, Moulins, 2006

Depuis 1985, l'association fondée par Coluche distribue de la nourriture aux personnes démunies.

Des associations, comme les Restos du cœur, la Croix-Rouge ou ATD Quart-monde, organisent des actions de solidarité : accueil des sans-abri, soins médicaux gratuits, repas chauds… Ces associations fonctionnent grâce au temps que leur consacrent des bénévoles et aux dons faits par chacun de nous (doc. 3). La solidarité ne se manifeste pas seulement envers les plus pauvres : elle se manifeste aussi envers tous ceux qui ont besoin d'aide. Par exemple, chaque année, le Téléthon permet de récolter des fonds pour financer la recherche sur certaines maladies et soigner les malades (doc. 3 p. 39). L'opération « pièces jaunes » permet d'améliorer la vie des enfants malades dans les hôpitaux.

LEXIQUE

- **un bénévole** : une personne qui donne de son temps pour mener une action sans être payée.
- **insalubre** : mauvais pour la santé (du fait de la saleté, de l'humidité, de l'état général des lieux).
- **une qualification** : une compétence dans un métier que l'on a appris.
- **le seuil de pauvreté** : le niveau en dessous duquel on est trop pauvre pour vivre correctement.

DÉBAT Les enfants sont-ils trop jeunes pour participer à des actions de solidarité ?

5 Se préparer à être citoyen de l'Union européenne, de la francophonie et du monde

Cérémonie devant le Parlement européen,
Strasbourg, France, 3 mai 2004

59 L'Union européenne : des valeurs communes

Votre Europe :
Démocratie
Dialogue
Débat

9 mai — La Journée de l'Europe

Union européenne

← 1 ## Diversité et unité

Union européenne, affiche pour la journée de l'Europe 2006

▷ Décris cette affiche : les images, le texte.
▷ Par qui cette affiche a-t-elle été réalisée ? (regarde le logo en bas)
▶ Quelles valeurs cette affiche met-elle en avant ?
▶ Nomme les principaux États membres de l'Union européenne.

Et moi ? Est-ce que je respecte ces valeurs dans ma vie quotidienne, à l'école et en dehors ?

Diversité et unité

L'Union européenne est constituée de 27 États européens qui, depuis 1957, se sont progressivement alliés pour instaurer la paix sur le continent européen et développer leurs économies (carte p. 142). Ces États sont très divers : certains sont riches, d'autres moins ; ils parlent des langues différentes, n'utilisent pas la même écriture, ont des populations qui pratiquent des religions différentes (catholicisme, protestantismes, orthodoxie, islam et judaïsme)… Mais ils ont une même histoire : l'Antiquité, la christianisation, le Moyen Âge, la Renaissance et les Lumières, le développement de l'industrie au XIXᵉ siècle et les deux guerres mondiales au XXᵉ siècle. Ils ont aussi une culture et des valeurs communes : la structure de la famille, l'organisation du travail, l'importance de chaque individu, notamment celle des enfants, la démocratie et les droits de l'homme (doc. 1).

Un idéal commun

Le but premier de l'Union européenne est de créer une vaste zone de paix. Dans le passé, les pays membres ont souvent été en guerre les uns contre

↓ 2 Un idéal commun : la paix

Discours.

Un jour viendra où les armes vous tomberont des mains, à vous aussi ! Un jour viendra où la guerre paraîtra aussi absurde et sera aussi impossible entre Paris et Londres, entre Pétersbourg et Berlin, entre Vienne et Turin, qu'elle serait impossible et qu'elle paraîtrait absurde aujourd'hui entre Rouen et Amiens, entre Boston et Philadelphie. Un jour viendra où vous France, vous Russie, vous Italie, vous Angleterre, vous Allemagne, vous toutes, nations du continent, sans perdre vos qualités distinctes et votre glorieuse individualité, vous vous fondrez étroitement dans une unité supérieure, et vous constituerez la fraternité européenne, absolument comme la Normandie, la Bretagne, la Bourgogne, la Lorraine, l'Alsace, toutes nos provinces, se sont fondues dans la France. Un jour viendra où il n'y aura plus d'autres champs de bataille que les marchés s'ouvrant au commerce et les esprits s'ouvrant aux idées. Un jour viendra où les boulets et les bombes seront remplacés par les votes, par le suffrage universel des peuples.

D'après un discours de Victor Hugo (1802-1885), Congrès de la paix, 21 août 1849.

▷ Qui est l'auteur de ce texte ?

▷ Fais des recherches pour savoir qui il est ?

▷ Que prévoit-il dans le domaine de la paix ? Quelle comparaison fait-il ?

▷ Que prévoit-il pour l'alliance entre les pays d'Europe ? Quelle comparaison fait-il ?

▷ Ce texte a été écrit plus de 100 ans avant le début de l'Union européenne : ce que disait Victor Hugo s'est-il réalisé ?

↓ 3 Un idéal commun : la solidarité

Canadair français luttant contre les incendies de forêt au Portugal, été 2005

▷ Décris cette photographie et lis la légende : qui est en difficulté ? Qui lui vient en aide ? Comment ?

▷ Pourquoi les États membres de l'Union européenne se montrent-ils solidaires quand l'un d'eux se trouve en difficulté ?

Et moi ? Qu'est-ce que je fais pour me montrer solidaire de mes camarades, en classe ?

les autres. De nos jours, les Européens sont alliés et règlent par le dialogue et le débat leurs éventuels désaccords (doc. 2).

L'Union européenne a également pour but de renforcer la démocratie et les droits de l'homme (la liberté, l'égalité entre tous…), en Europe et dans le reste du monde.

Enfin, l'Union européenne développe la solidarité entre ses membres : les États les plus riches viennent en aide aux autres ; et si l'un des pays membres rencontre une difficulté (par exemple, s'il est touché par une catastrophe naturelle), les autres lui viennent en aide (doc. 3).

LEXIQUE

● **alliés** : unis par une alliance, par un engagement.

● **la démocratie** : l'organisation de la société dans laquelle tous les citoyens sont égaux et où le pouvoir appartient aux citoyens.

● **les droits de l'homme** : les droits fondamentaux valables pour tous les êtres humains (le droit de vivre, la liberté, l'égalité entre tous, etc.).

DÉBAT L'Union européenne nous concerne-t-elle ?

Les membres de l'Union européenne

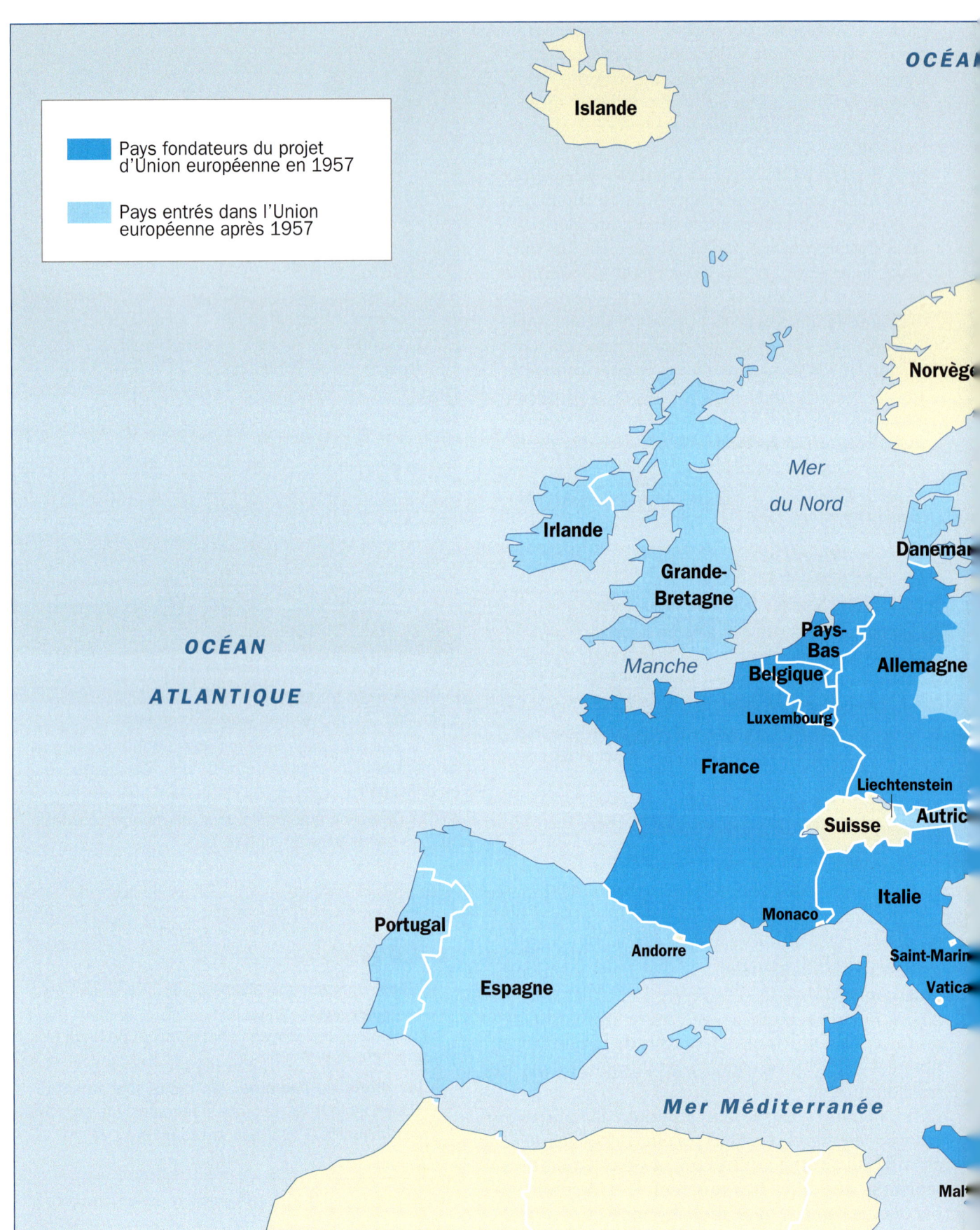

Pays fondateurs du projet
d'Union européenne en 1957

Pays entrés dans l'Union
européenne après 1957

OCÉAN

Islande

Norvège

Mer
du Nord

Irlande

Danemark

Grande-
Bretagne

Pays-
Bas

Allemagne

Belgique

OCÉAN

Manche

Luxembourg

ATLANTIQUE

Liechtenstein

France

Autric

Suisse

Italie

Portugal

Monaco

Andorre

Saint-Marin

Espagne

Vatica

Mer Méditerranée

Mal

ARCTIQUE

Nord

Suède

Finlande

Russie

Mer
Baltique

Estonie

Lettonie

Lituanie

Biélorussie

Pologne

Ukraine

ublique
hèque

Slovaqule

Moldavie

Hongrie

vénie

Roumanie

roatie

Bosnie-
erzégovine

Yougoslavie

Géorgie

Azerbaïdjan

Mer Noire

Arménie

Bulgarie

Macédoine

Albanie

Turquie

Grèce

Chypre

300 km

60 Les principales règles de fonctionnement de l'Union européenne

1 L'adhésion à l'Union européenne

Il y a quelques années déjà que la Turquie a posé sa candidature pour devenir membre de l'Union européenne et des négociations sont en cours. Le principal obstacle tient au fait que ce pays n'est pas encore pleinement un pays démocratique, respectueux des droits de l'homme. La liberté d'opinion et la liberté d'expression n'y sont pas toujours respectées. Malgré le vote de nouvelles lois, les femmes subissent encore de grandes inégalités par rapport aux hommes et elles sont souvent victimes de violences non punies par la justice. En outre, une partie de la population, les Kurdes, y est victime d'importantes discriminations, et la Turquie ne reconnaît sa responsabilité dans le génocide qui, en 1915-1916, a coûté la vie à plus de 1,5 million d'Arméniens. Si la Turquie veut entrer un jour dans l'Union européenne, elle devra prouver qu'elle partage les mêmes valeurs fondamentales que celles des autres pays membres, à commencer par les droits de l'homme.

▷ Quel problème empêche l'entrée de la Turquie dans l'Union européenne pour le moment ?

▷ Que doit faire la Turquie si elle veut devenir membre de l'Union européenne ?

2 Les institutions : le Parlement européen

Nicolas Sarkozy, président de la République française, devant le Parlement européen, Strasbourg, 13 novembre 2007

▷ Décris cette salle et compare-la au Sénat ou à l'Assemblée nationale en France (pp. 116-117).

▷ À ton avis, pourquoi les députés européens sont-ils disposés en arc de cercle ?

▷ Le Parlement européen a le pouvoir législatif : en t'aidant du lexique, explique ce que cela signifie.

3 Les institutions : la Commission européenne

La Commission et son président, le Portugais José Manuel Durão Barroso, 10 janvier 2008

▷ De combien de personnes la Commission européenne se compose-t-elle ?

▷ À ton avis, pourquoi ?

▷ La Commission européenne a le pouvoir exécutif : en t'aidant du lexique, explique ce que cela signifie.

L'adhésion à l'Union européenne

Pour adhérer à l'Union européenne, un pays doit :
– avoir une organisation stable du pouvoir, garantissant la démocratie et les droits de l'homme ;
– avoir une économie stable ;
– être en accord avec les valeurs de l'Union européenne et avec ses objectifs économiques.
Plusieurs pays ont posé leur candidature pour intégrer l'UE. Des négociations sont en cours notamment avec la Turquie, qui doit d'abord réaliser d'importants progrès dans le domaine des libertés, de la démocratie, des droits de l'homme et de l'égalité entre les hommes et les femmes (doc. 1).

Les institutions de l'Union européenne

Deux institutions prennent les grandes décisions et définissent la politique de l'Union européenne : le Conseil européen (qui réunit les chefs d'État et de gouvernement des États membres) et le conseil des ministres (qui rassemble les ministres des États membres : les ministres de la Santé, les ministres de l'Éducation nationale, les ministres du Logement… suivant les problèmes à traiter).
Les règles valables pour tous les pays de l'Union européenne sont votées par le Parlement européen. Il se compose de députés élus au suffrage universel par tous les citoyens de l'Union européenne (doc. 2).

Les décisions sont ensuite appliquées par la Commission européenne, qui se compose de 27 personnes désignées chacune par leur pays respectif (doc. 3).

L'Union européenne a un président, élu par le Conseil européen (donc par les chefs d'État et de gouvernement des États membres).

Elle a aussi un Haut Représentant, sorte de ministre des Affaires étrangères.

Depuis le traité de Lisbonne (2007), les décisions sont prises à la double majorité : elles sont votées par la majorité des États membres, lesquels doivent représenter au moins les deux tiers de la population de l'Union.

LEXIQUE

● **poser sa candidature** : faire savoir que l'on est candidat (par exemple, pour entrer dans une organisation comme l'Union européenne).

DÉBAT Que pouvons-nous faire pour nous sentir pleinement citoyens de l'Union européenne ?

61 Les symboles de l'Union européenne et la monnaie unique

← 1 **Le drapeau de l'Union européenne**

▷ Décris le drapeau européen : la couleur, les symboles, leur disposition.

▷ Pourquoi y a-t-il douze étoiles ? Pourquoi sont-elles disposées en cercle ?

▷ Où voit-on habituellement ce drapeau ?

▷ Quel est l'hymne de l'Union européenne ?

Et moi ? Est-ce que je reconnais le drapeau de l'Union européenne ? Est-ce que je connais l'hymne de l'Europe ?

Le drapeau et la devise

Le drapeau de l'Union européenne est composé d'un cercle de douze étoiles dorées sur fond bleu : le cercle symbolise la solidarité, le nombre 12 représente la totalité et la perfection (douze mois dans l'année, douze heures sur la montre…) (doc. 1).
La devise de l'Union européenne est « Unie dans la diversité ». Elle exprime à la fois la volonté d'unité et le respect des différences, notamment des différences de cultures, de langues, de traditions… (doc. 2)

L'hymne et la journée de l'Europe

L'hymne de l'Union européenne est l'*Ode à la joie*, tirée de la *Neuvième symphonie* de Beethoven, composée en 1823 pour exprimer des idéaux de liberté, de paix et de solidarité, qui correspondent à ceux de l'Union européenne. C'est un hymne sans parole, du fait de la diversité des langues dans l'Union européenne.
La « journée de l'Europe » a lieu le 9 mai, en souvenir du 9 mai 1950, date de la première proposition d'organisation de l'Europe (doc. 2).

⬇ 2 La devise et la journée de l'Europe

Union européenne, affiche pour la journée
de l'Europe 2005

Unie dans la diversité

9 mai — La Journée de l'Europe

Union européenne

▷ Décris cette affiche : les images, le texte.

▷ Quelle est la date de la journée de l'Europe ?
Dans l'année, a-t-elle lieu avant ou après la fête
nationale de la France ?

▷ Explique la devise de l'Union européenne, en haut de
l'affiche.

Et moi ? M'arrive-t-il de ne pas me montrer solidaire avec
mes camarades dans la classe ? M'arrive-t-il de ne pas
respecter leurs différences ?

⬇ 3 La monnaie « unique »

€

EURO
EYPΩ

▷ Comment la monnaie européenne s'appelle-t-elle ?

▷ Quel symbole permet de l'écrire ?

▷ Nomme des pays dans lesquels on utilise cette
monnaie ?

▷ Quels sont les avantages de la « monnaie unique » ?

Et moi ? Est-ce que parfois je regarde les pièces pour
apprendre le nom des pays de l'Union européenne ?

La monnaie « unique » : l'euro

L'euro est la monnaie utilisée dans la majorité des
pays de l'Union européenne (son symbole est €) : elle
a remplacé les monnaies qui existaient auparavant
dans les différents pays (le franc en France, le mark
en Allemagne, la peseta en Espagne…). Elle facilite
les échanges entre les pays et renforce le sentiment
d'unité entre les habitants de ces pays. Dans le futur,
tous les pays membres de l'Union européenne
devraient utiliser l'euro (doc. 3).

LEXIQUE

● **une devise** : quelques mots qui expriment un idéal,
une règle de vie.

● **un hymne** : un chant, un poème à la gloire d'une
idée, d'une personne ou d'un pays.

DÉBAT Que pouvons-nous faire pour participer
à la solidarité au sein de l'Union européenne ?

62 Citoyens de l'Union européenne

↓ 1 La citoyenneté européenne

Texte de loi.

Art. 8. Il est institué une citoyenneté de l'Union. Est citoyen de l'Union toute personne ayant la nationalité d'un des États membres. Les citoyens de l'Union jouissent des droits et sont soumis aux devoirs prévus par le présent traité.

Extrait du Traité de Maastricht sur l'Union européenne, 1992

▷ Explique ce texte avec tes propres mots.
Et moi? Quelle est ma nationalité?
Suis-je citoyen européen?

→ 2 Les droits des citoyens : circuler librement

Couverture d'un passeport français

▷ Quelle est la nationalité du propriétaire de ce passeport?
▷ Quelle autre citoyenneté a-t-il?
▷ À quoi un passeport sert-il?
▷ Qu'est-ce qu'un visa? un permis de séjour?
▷ Les Français ont-ils besoin d'un passeport pour se rendre dans un autre pays de l'Union européenne? pour voyager en dehors de l'Union européenne?
Et moi? Ai-je un passeport européen?

La citoyenneté européenne

Toute personne qui a la nationalité d'un des États membres est citoyen de l'Union européenne. Ainsi, un Français est à la fois citoyen de la France et citoyen de l'Union européenne (doc. 1).

Les droits des citoyens

Les 27 États de l'Union européenne s'organisent progressivement pour permettre aux citoyens européens de circuler librement en Europe, sans passeport ni visa (alors que les habitants des autres pays doivent en avoir un), de s'installer où ils le veulent, d'étudier ou de travailler dans n'importe quel pays membre, comme ils le feraient dans leur propre pays (doc. 2).

Les citoyens européens ont le droit de voter et de se présenter aux élections municipales et aux élections du Parlement européen dans l'État membre dans lequel ils vivent. Par exemple, une Roumaine qui vit en France peut voter en France avec les Français pour élire le député européen et le maire de sa commune; elle peut aussi se présenter aux élections et devenir maire d'une ville française ou députée européenne représentant la France (doc. 3).

Chaque citoyen peut, à l'étranger, demander l'aide de son ambassade ou de son consulat. Les citoyens européens peuvent demander l'aide de n'importe quel consulat ou ambassade d'un pays membre

→ 3 Les droits des citoyens : le vote

Panneaux des élections européennes à Saint-Malo en juin 2004

▷ Décris cette scène.

▷ Pour qui vote-t-on lors des élections européennes ?

▷ Lors de ces élections, qui peut voter ?

▷ Pour quelles autres élections les citoyens de l'Union européenne habitant en France, même s'ils ne sont pas français, ont le droit de voter avec les Français ?

▷ Les étrangers qui ne sont pas citoyens de l'Union européenne ont-ils eux aussi le droit de voter ?

▷ Fais des recherches : quand les prochaines élections européennes auront-elles lieu ?

↓ 4 Les droits des citoyens : demander de l'aide

D'après les accords conclus entre les pays de l'Union européenne, tout citoyen européen en difficulté dans un pays extérieur à l'UE peut faire appel à l'ambassade ou au consulat d'un autre État de l'Union européenne si son propre pays n'y a ni ambassade ni consulat. Ainsi, s'il est victime de violence, s'il se fait arrêter, s'il est gravement malade, les représentants de ce pays ami mettront tout en œuvre pour l'aider, comme ils le feraient pour un de leurs citoyens.

▷ Dans quels cas un citoyen européen peut-il faire appel à l'ambassade ou au consulat d'un autre pays membre de l'Union européenne ?

▷ Quelles sont les deux conditions pour qu'il puisse demander cette aide ?

▷ Les habitants des États-Unis, de la Chine ou de l'Afrique du Sud peuvent-ils aussi demander de l'aide à cette ambassade ou à ce consulat ? Pourquoi ?

Et moi ? Est-ce que les amis de mes amis peuvent compter sur moi s'ils ont des problèmes ?

---

de l'Union européenne. Par exemple, si un citoyen portugais se fait voler son passeport ou si un citoyen irlandais est arrêté par la police en dehors de l'Union européenne, l'un et l'autre peuvent se faire aider par le consulat de Grèce ou l'ambassade de Suède (doc. 4).

Les devoirs des citoyens

Comme toute citoyenneté, la citoyenneté européenne apporte des droits mais aussi des devoirs : respecter les lois et les règles de la vie commune, maintenir la paix et défendre les valeurs et les idéaux communs, participer aux élections, se sentir solidaire des citoyens des autres pays membres.

LEXIQUE

● **le Parlement européen** : l'assemblée composée de députés représentants tous les citoyens de l'Union européenne ; ceux-ci sont élus tous les cinq ans ; le Parlement contrôle les autres institutions européennes et vote le budget de l'UE.

DÉBAT Comment pouvons-nous apprendre à respecter nos futurs devoirs de citoyens européens ?

63 La francophonie : une langue et une communauté

1 Une langue

Journal sur Internet.

Que vous soyez Suisses, Québécois, Belges ou Congolais, un lien vous unit : c'est notre langue. Bien plus qu'un simple langage, le français est un code qui relie nos différentes cultures. Nous possédons un fragment commun de nos histoires respectives. Aujourd'hui, le français est la 11ᵉ langue parlée sur la Terre où il en existe plus de 2 000. Mais même si la francophonie forme un tout, chaque peuple francophone a su créer des variantes et des subtilités dans sa manière de s'exprimer.

Des mots nouveaux sont apparus, des expressions originales :
• placotter = bavarder (Québec)
• octante = 80 (Suisse)
• bonne main = pourboire (Suisse)
• il drache = il pleut à verse (Belgique)
• des chicons = des endives (Belgique)
• une tuque = un bonnet de laine (Québec)
• aller à la porte = aller dehors (Belgique)…

Je ne cite que quelques exemples, il en existe quantité d'autres. Voici la preuve que notre langue recèle de nombreux trésors. D'ailleurs, les plus grands écrivains l'ont empruntée pour coucher leur poésie sur le papier : Baudelaire, Lamartine, Victor Hugo ou encore Rousseau. Le français est une des rares langues possédant un tel palmarès littéraire.

D'après un article du Journal scolaire, Institut français de Rabat, www.ambafrance-ma.org/cooperation

▷ Quelle est la position de la langue française parmi toutes les langues sur Terre ?

▶ Quelles autres langues sont très parlées ?

▷ Quels mots ou expressions sont différents en France et dans les autres pays francophones ?

▶ À ton avis, à quoi sont dues de telles différences ?

▶ Connais-tu d'autres expressions ou mots français venus des autres pays francophones ?

▷ Sur la carte p. 152, situe les pays cités dans ce texte. Quels sont ceux dans lesquels le français est une langue maternelle ?

▷ En t'aidant de la carte ou de tes connaissances personnelles, nomme d'autres pays dans lesquels le français est une langue maternelle.

▷ Nomme d'autres pays dans lesquels le français est une langue officielle ou une langue utilisée à l'école.

▶ Pour quelles raisons historiques parle-t-on le français dans une partie du Canada ? dans certains pays d'Afrique, d'Asie et de l'océan Indien ?

Et moi ? Est-ce que je parle bien le français ? Est-ce que je parle une autre langue ?

Une langue : le français

La francophonie est l'ensemble des populations qui parlent le français : elle représente 180 millions de personnes dans le monde. Le français est la langue maternelle de 100 millions de personnes en France, dans une partie de la Belgique, de la Suisse et du Canada (Québec). Elle est aussi la langue officielle ou la langue utilisée à l'école dans de nombreux pays, en Afrique, en Asie, dans l'océan Indien (doc. 1 et carte p. 152). Elle n'est que la douzième langue la plus parlée dans le monde, après le mandarin (chinois), l'anglais, l'arabe et l'espagnol, mais elle sert de langue de communication entre les pays lors des débats internationaux.

Un héritage de l'histoire

Cette large présence du français dans le monde est un héritage de l'histoire. En Europe, le français est utilisé chez nos voisins dans la partie de leur territoire qui, dans un passé assez lointain, a été liée au royaume de France. La présence du français au Canada date des grandes explorations qui, au XVIᵉ siècle, ont amené des Français à s'installer en Amérique.

En Asie et en Afrique, elle date de la colonisation française et belge au XIXᵉ siècle (doc. 2). Ensuite, les colonies devenues indépendantes ont gardé le français comme langue officielle par souci d'unité entre des populations parlant généralement des langues différentes.

150

→ 2 Un héritage de l'histoire

Cours en français dans une école marocaine, 1934.

▷ Décris cette scène.

▶ Le Maroc était alors une colonie française : en t'aidant du lexique, explique ce que cela signifie.

▶ Cherche d'autres pays qui ont été colonisés par la France ou la Belgique et qui, de ce fait, sont francophones.

→ 3 Une communauté

Enfants d'Afrique francophone

▷ Décris cette scène.

▷ Quel livre ces deux enfants lisent-ils ? En quelle langue est-il ?

▶ Qu'est-ce que les personnes parlant le français peuvent encore partager ?

Et moi ? Est-ce que je connais un chanteur africain ? un humoriste québécois ? des bandes dessinées belges ?

Une communauté

Parler une même langue facilite les échanges et crée des liens entre les personnes qui écoutent les mêmes radios, regardent les mêmes programmes de télévision ou les mêmes films, lisent les mêmes livres, rient en écoutant les mêmes humoristes… (doc. 3)

La France a créé une station de radio (RFI) et une chaîne de télévision (TV5) internationales, qui diffusent sur tous les continents. Ensemble, les francophones organisent des manifestations comme le festival de la chanson francophone, le concours de littérature francophone et les jeux de la Francophonie…

LEXIQUE

● **la colonisation** : la période pendant laquelle les peuples européens ont dominé d'autres peuples, essentiellement en Afrique et en Asie, au XIXe et dans la première moitié du XXe siècle.

● **la langue maternelle** : la langue que l'on apprend dans sa famille (avec sa mère), la première langue que l'on apprend à parler.

● **la langue officielle** : la langue utilisée par l'administration d'un pays.

DÉBAT Est-ce que le français est en danger quand on le parle différemment ?

Les pays de la francophonie

Nord

OCÉA

Canada

Belg

Franc

OCÉAN
ATLANTIQUE

Maroc

Alg

Mali

Guadeloupe
Martinique

Sénégal

Équateur

Guyane

Polynésie française

OCÉAN

PACIFIQUE

OCÉAN

ATLANTIQUE

OCÉA

Pays dans lesquels le français est la ou une
des langues maternelles

Pays dans lesquels le français est une langue officielle
ou une langue d'enseignement

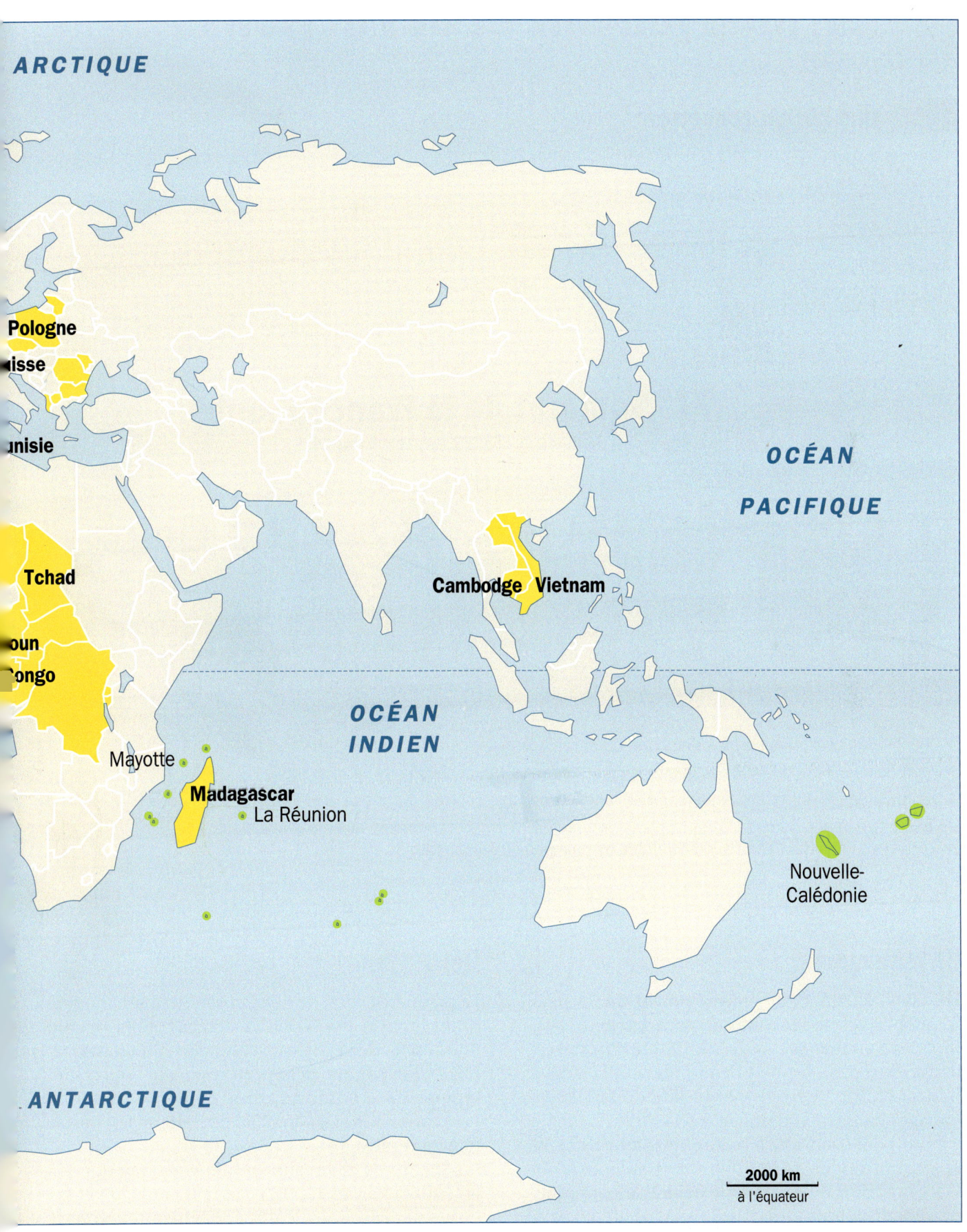

ARCTIQUE

Pologne

isse

unisie

Tchad

oun

ongo

OCÉAN

PACIFIQUE

Cambodge Vietnam

OCÉAN
INDIEN

Mayotte

Madagascar
La Réunion

Nouvelle-
Calédonie

ANTARCTIQUE

2000 km
à l'équateur

64 La francophonie : un mouvement et des actions

↓ 1 Une action concertée

XIe sommet de la francophonie à Bucarest, Roumanie, 2006

XIème Sommet de la Francophonie
Bucarest, 28-29 septembre 2006

▷ Décris cette photographie : les personnes, les symboles…

▷ Pourquoi les chefs d'État et de gouvernement des pays francophones se réunissent-ils ?

▷ Pourquoi est-ce important de défendre la langue française contre l'expansion de la langue anglaise ?

Et moi ? Est-ce que je défends la francophonie en préférant les mots français aux mots anglais, en regardant les films français, en écoutant les chansons francophones ?

Un mouvement

Les chefs d'États et de gouvernement de 55 pays francophones se rencontrent, tous les deux ans, lors des Sommets de la francophonie. Ensemble, ils décident de la manière de promouvoir la langue française. Peu à peu, ils ont profité du fait qu'ils partageaient la même langue et, en partie, la même culture, pour coopérer dans des domaines politiques et économiques (doc. 1). Ces pays ont créé l'Organisation internationale de la Francophonie, chargée d'appliquer les décisions qu'ils prennent.

Des actions

La première action de l'Organisation internationale de la Francophonie est la défense de la langue française et de la diversité culturelle et linguistique. Elle veille à ce que le français reste une importante langue de communication dans les relations internationales et soutient les écrivains et les artistes francophones (doc. 2 et 3).

Les membres de la Francophonie coopèrent pour défendre des valeurs : la paix, la démocratie et les droits de l'Homme, le développement durable et

→ 2 Des actions : la défense de la langue française

▷ Quelles langues sont utilisées dans les relations internationales ?

▷ Laquelle est privilégiée ?

▶ À ton avis, pourquoi ?

▷ Que font les pays francophones pour remédier à cette situation ?

La plupart des organisations internationales, comme l'ONU (l'Organisation des Nations unies, qui rassemble presque tous les États du monde), le Tribunal pénal international, le mouvement olympique… se sont engagées, au moment de leur création, à effectuer leur travail en utilisant les principales langues parlées dans le monde : l'anglais, le français, l'espagnol, le russe, le chinois… Or, depuis quelques années, les échanges se font de plus en plus souvent en anglais et les documents distribués ne sont souvent plus traduits dans les autres langues.

Les pays du mouvement de la Francophonie sont vigilants et ne manquent pas de rappeler régulièrement à ces organisations qu'elles ne doivent pas utiliser l'anglais de manière exclusive. Les pays francophones d'Europe interviennent aussi au sein de l'Union européenne pour rappeler l'importance qu'il y a à utiliser le français. Leur action permet au français de demeurer une langue essentielle dans les relations internationales.

→ 3 Des actions : les jeux de la francophonie

Ouverture des jeux de la Francophonie, Niamey (Niger), 2005

Tous les quatre ans, les jeux de la Francophonie réunissent de jeunes sportifs (comme pour les jeux Olympiques), mais aussi des artistes (qui proposent des spectacles), tous issus de pays francophones.

▷ Décris cette scène.

▶ Nomme quelques pays qui, à ton avis, participent à ces jeux.

▶ Cherche d'autres occasions de rencontres entre les pays francophones : des jeux, des concours, des festivals…

la solidarité. Ils s'entraident mutuellement pour prévenir des conflits dans l'un des pays membres et faciliter le rétablissement de la paix.

Les pays francophones développent de plus en plus la coopération économique entre eux : ils agissent pour réduire la pauvreté dans les États membres, notamment en Afrique.

Enfin, les pays de la Francophonie attachent une grande importance à l'éducation et à la formation : ils mettent en place des actions permettant de développer la scolarisation des enfants dès le primaire et favorisent l'usage du français à l'école.

LEXIQUE

● **linguistique** : qui a rapport aux langues que l'on parle.

● **la scolarisation** : le fait d'envoyer des enfants à l'école.

DÉBAT Que pouvons-nous faire pour participer à la défense de la francophonie ?

65 La Déclaration universelle des droits de l'homme

→ 1 Les droits de l'homme

▶ Explique avec tes propres mots les articles de la Déclaration universelle des droits de l'homme et illustre chacun en donnant un exemple.

▶ Compare ce texte à celui p. 85 : trouve trois articles de la Déclaration universelle des droits de l'homme inspirés de la Déclaration des droits de l'homme et du citoyen de 1789.

▶ Fais des recherches : combien y a-t-il de pays dans le monde ? Combien ont signé la Déclaration universelle des droits de l'homme ?

Et moi ? M'arrive-t-il de ne pas respecter la liberté des autres ? de ne pas respecter l'égalité entre tous ?

Accord international.

Art. 1. Tous les êtres humains naissent libres et égaux. Ils doivent agir les uns envers les autres dans un esprit de fraternité.

Art. 2. Les droits et libertés proclamés ici sont valables pour tous, sans distinction de race, de couleur, de sexe, de langue, de religion, d'opinion, d'origine, de fortune ou de toute autre situation.

Art. 3. Tout individu a droit à la vie, à la liberté et à la sûreté de sa personne.

Art. 4. Nul ne sera tenu en esclavage.

Art. 5. Nul ne sera soumis à des traitements cruels.

Art. 7. Tous sont égaux devant la loi.

Art. 9. Nul ne peut être arbitrairement arrêté.

Art. 12. Nul ne sera l'objet d'atteintes à son honneur et à sa réputation.

Art. 13. Toute personne a le droit de circuler librement.

Art. 16. L'homme et la femme, sans aucune restriction quant à la race, la nationalité ou la religion, ont le droit de se marier. Ils ont des droits égaux dans le mariage. Le mariage ne peut être conclu qu'avec le consentement des époux.

Art. 18. Toute personne a droit à la liberté de pensée, de conscience et de religion.

Art. 19. Tout individu a droit à la liberté d'opinion et d'expression.

Art. 20. Toute personne a droit à la liberté de réunion et d'association pacifiques.

Art. 21. La volonté du peuple est le fondement du pouvoir ; cette volonté doit s'exprimer par des élections au suffrage universel et au vote secret.

Art. 25. Toute personne a droit à un niveau de vie suffisant pour assurer sa santé, son bien-être et ceux de sa famille.

Art. 26. Toute personne a droit à l'éducation. L'enseignement élémentaire doit être gratuit et obligatoire.

Art. 29. L'individu a des devoirs envers la communauté.

D'après la Déclaration universelle des droits de l'homme, ONU, 1948

La Déclaration

Le 10 décembre 1948, les représentants de 58 pays réunis à Paris ont solennellement proclamé un texte reconnaissant des droits fondamentaux pour tous les êtres humains : c'est la Déclaration universelle des droits de l'homme. Elle est largement inspirée de la Déclaration des droits de l'homme et du citoyen qui date de la Révolution française, en 1789. Depuis, presque tous les États dans le monde ont approuvé et signé cette déclaration solennelle, s'engageant ainsi à la faire respecter dans leurs pays.

Les droits de l'homme

La Déclaration universelle des droits de l'homme proclame le droit à la liberté pour tout être humain et l'égalité entre tous les êtres humains. De ce fait, elle encourage la démocratie, qui permet à chacun de participer, par le vote, à la vie de son pays.
La Déclaration universelle des droits de l'homme donne un but commun à l'humanité : vivre de manière fraternelle, faire en sorte que tous les enfants puissent aller à l'école et que tous les êtres humains aient un niveau de vie correct (doc. 1).

 2 Le respect des droits de l'homme : les violations

Camp de prisonniers en Sibérie, Russie, 1989

▷ Décris ce que tu vois sur cette photographie.

▷ Quel article de la Déclaration universelle des droits de l'homme n'est pas respecté ?

▷ Nomme d'autres manières par lesquelles un État peut ne pas respecter la Déclaration universelle des droits de l'homme.

Et moi ? M'arrive-t-il d'avoir un comportement irrespectueux envers quelqu'un ?

3 Le respect des droits de l'homme : la mobilisation

Affiche

▷ Décris cette affiche : la photographie, le texte…

▷ Par qui a-t-elle été faite ?

▷ Explique le message de cette affiche : comment cette association propose-t-elle de lutter contre les violations des droits de l'homme ?

▷ Connais-tu d'autres associations qui luttent contre le non-respect des droits de l'homme ?

Et moi ? Qu'est-ce que je fais quand je vois un camarade qui ne respecte pas les droits d'un autre enfant ?

Si par hasard vous possédez un de ces objets, vous pouvez faire libérer un Homme.

Amnesty international
ÉCRIRE CONTRE L'OUBLI

Le respect des droits de l'homme

Malgré leur engagement, de nombreux pays ne respectent pas les droits de l'homme : des personnes y sont emprisonnées, maltraitées ou exécutées à cause de leur origine ou de leurs idées, des femmes y sont traitées comme des êtres inférieurs… (doc. 2)

Des associations se sont créées pour dénoncer les violations des droits de l'homme : elles recueillent des témoignages et font pression sur les États pour qu'ils respectent leurs engagements (doc. 3).

LEXIQUE

• **emprisonner** : mettre en prison.
• **le niveau de vie** : l'argent dont on dispose pour vivre.
• **universel** : valable pour tous.
• **une violation** : le fait d'enfreindre un interdit, une règle.

DÉBAT Que pouvons-nous faire pour veiller au respect des droits de l'homme dans notre école ?

66 La liberté et l'esclavage

→ 1 L'esclavage dans le monde

Enfant esclave dans une fabrique de briques, Inde, 2006

▷ Lis la légende et dis ce que tu vois sur cette photographie : cet enfant, ce qu'il fait, les conditions dans lesquelles il travaille…

▷ Explique ce qu'est un esclave.

▷ En quoi l'esclavage est-il contraire à la Déclaration des droits de l'homme ?

Et moi ? M'arrive-t-il de traiter un camarade sans considération, d'exiger de lui des services comme s'il était « mon esclave » ?

→ 2 L'esclavage en France

▷ Raconte avec tes propres mots l'histoire de Chantal et Yvette.

▷ En quoi peut-on parler d'esclavage dans leur cas ?

▷ À ton avis, cette manière de traiter des enfants est-elle autorisée ?

▷ Fais des recherches : que risquent les personnes qui pratiquent l'esclavage en France ?

Site Internet d'une association. Chantal et Yvette, mineures, ont vécu pendant quatre ans des conditions de travail et d'hébergement incompatibles avec la dignité humaine. Chantal (13 ans) était la bonne de la maison, elle devait s'occuper, 7 jours sur 7, 16 à 17 heures par jour, des tâches ménagères et des six enfants. Elle n'avait pas le droit de sortir et son passeport avait été confisqué. Quant à Yvette (9 ans), elle devait faire plusieurs kilomètres à pied pour se rendre au collège. Elle ne pouvait pas déjeuner à la cantine et n'avait aucun argent pour s'acheter à manger, elle a ainsi perdu dix kilos. Chantal et Yvette dormaient dans une cave froide et humide de la maison, sans eau, se lavant et faisant leurs besoins dans le même trou creusé dans la terre. Chantal a même eu un poignet et le nez fracturés.

D'après le Comité moderne contre l'esclavage, 2008, www.esclavagemoderne.org

L'esclavage

Un esclave est une personne qui n'est pas libre : elle appartient à une autre personne (comme si elle était un animal domestique), doit lui obéir en toutes choses et travailler pour elle sans être payée.

De nombreuses personnes dans le monde sont en esclavage : des hommes qui avaient une dette et qui sont asservis le temps de la rembourser, des femmes vendues par leurs familles pour être mariées contre leur gré, des enfants vendus par leurs parents… (doc. 1)

Certains restent esclaves toute leur vie. Tous travaillent durement pendant de longues heures dans des conditions pénibles. Ils vivent misérablement, sont maltraités et n'ont aucun droit.

L'esclavage est interdit par la Déclaration universelle des droits de l'homme. En France, priver une personne de sa liberté et la faire travailler comme un esclave est sévèrement puni par la loi, mais certains le font de manière clandestine (doc. 2).

La traite des esclaves

L'esclavage existe depuis l'Antiquité. Du XVIe au XIXe siècle, la France a participé à la traite des Noirs :

3 La traite des esclaves

Lithographie en couleurs vers 1870

4 La traite des esclaves : un crime contre l'humanité

Textes de loi.

Art. 1. La République française reconnaît que la traite négrière transatlantique ainsi que la traite dans l'océan Indien d'une part, et l'esclavage d'autre part, perpétrés à partir du XVᵉ siècle, aux Amériques et aux Caraïbes, dans l'océan Indien et en Europe contre les populations africaines, amérindiennes, malgaches et indiennes constituent un crime contre l'humanité.

Art. 2. Les programmes scolaires et les programmes de recherche en histoire et en sciences humaines accorderont à la traite négrière et à l'esclavage la place qu'ils méritent.

D'après la loi « Taubira », 21 mai 2001

▶ Explique les articles de cette loi.
▶ Regarde la photographie p. 116 et explique qui est l'auteur de cette loi.

▷ Décris cette photographie.
▶ De quel continent ces esclaves étaient-ils originaires ? Vers quel continent les emmenait-on ? Que devenaient-ils ?
▶ Fais des recherches et trouve qui était Victor Schoelcher.

---

les Européens achetaient des hommes, des femmes et des enfants en Afrique et les emmenaient comme esclaves en Amérique. Les conditions de vie de ces esclaves étaient effroyables : ils étaient séparés de leur famille, contraints de travailler dans des conditions monstrueuses, souvent battus, parfois mis à mort (doc. 3).

Au XIXᵉ siècle, l'esclavage a été aboli en Europe puis en Amérique et la traite s'est arrêtée au début du XXᵉ siècle. L'esclavage a été aboli dans les territoires français en 1848, sous l'action de Victor Schoelcher. En 2001, la France a reconnu que la traite des esclaves était un « crime contre l'humanité » (doc. 4).

LEXIQUE

- **abolir** : supprimer, mettre fin définitivement.
- **asservir** : mettre en esclavage.
- **clandestin** : fait en secret parce que c'est interdit.
- **l'esclavage** : le fait, pour un être humain, de ne pas être libre et d'appartenir à un maître.
- **la traite des esclaves** : le commerce des esclaves.

DÉBAT Être obligé d'aller à l'école ou d'obéir aux adultes, est-ce de l'esclavage ?

67 L'égalité entre les hommes et les femmes

→ 1 Un principe d'égalité

▷ Qui sont les auteurs de ce texte ?

▷ Que dit ce texte ? Explique chaque phrase avec tes propres mots.

▷ À quel autre texte cette déclaration fait-elle référence ?

Et moi ? M'arrive-t-il de mépriser « les garçons » ou « les filles » ?

Accord international.

Nous, gouvernements participant à la quatrième Conférence mondiale sur les femmes, constatons que les inégalités entre hommes et femmes persistent, ce qui a de graves conséquences pour le bien-être de l'humanité tout entière. Nous réaffirmons notre engagement de réaliser l'égalité des droits des hommes et des femmes selon les principes de la Déclaration universelle des droits de l'homme. Nous sommes résolus à veiller à ce que les femmes et les petites filles jouissent de tous les droits de la personne humaine et de toutes les libertés fondamentales, et prendre toutes les mesures voulues pour éliminer toutes les formes de discrimination à l'égard des femmes et des petites filles.

Extraits de la Déclaration de Pékin, rédigée et adoptée par 189 États, 1995

→ 2 Des inégalités persistantes

▷ Comment les filles sont-elles considérées en Asie ?

▷ Pourquoi y a-t-il plus d'hommes que de femmes adultes en Asie ?

▷ Quelles autres inégalités existent entre les hommes et les femmes dans le monde ?

Et moi ? M'arrive-t-il de penser qu'il est normal que les filles aient moins de droits que les garçons ?

Article de presse.

En Asie, les familles n'accordent pas le même prix à la vie d'un garçon et à celle d'une fille. « Les filles sont victimes de négligences dans les soins et l'alimentation, explique la démographe Isabelle Attané. Les programmes de vaccins sont mieux respectés s'il s'agit d'un garçon et, lorsqu'ils sont malades, on les emmène rapidement chez le médecin, alors que l'on tarde à le faire pour une fille. La nourriture, elle aussi, est différente selon le sexe des enfants », précise-t-elle. Beaucoup de parents font tout pour conserver leur fils en bonne santé, alors qu'ils considèrent qu'il est moins grave de perdre une fille. De ce fait, l'Asie est le seul continent au monde à compter plus d'hommes que de femmes. Il manque 90 millions de femmes… Ce sont notamment des filles qui ont été tuées après la naissance ou qu'on a laissé mourir en bas âge.

D'après le quotidien *Le Monde*, 9 mars 2007

Un principe d'égalité

La Déclaration universelle des droits de l'homme reconnaît l'égalité entre tous les êtres humains (article 1) et leur accorde les mêmes droits, « sans distinction de sexe » (article 2), c'est-à-dire qu'ils soient des hommes ou des femmes. Cela signifie que les États reconnaissent que les femmes sont les égales des hommes : ils considèrent que les femmes ont les mêmes droits et les mêmes devoirs que les hommes ; ils se sont engagés à faire en sorte qu'elles jouissent des mêmes libertés, qu'elles aient la même place au sein de la société et qu'elles ne soient pas victimes de discrimination (doc. 1).

Des inégalités persistantes

En réalité, les femmes n'ont pas toujours la même place que les hommes. Dans certaines familles, elles sont déconsidérées, privées de leur liberté et obéissent à leur père, leurs frères ou leur mari. Certaines sont enfermées, battues. Elles effectuent toutes les tâches ménagères et ont parfois des métiers pénibles. Elles sont mariées de force.

Dans de nombreuses sociétés, les petites filles ne vont pas à l'école et ne font pas d'études. Les femmes n'ont pas le droit d'exercer un métier à responsabilité, n'ont pas le droit de se montrer en public, n'ont pas de loisirs et ne votent pas (doc. 2).

→ 3 Des progrès

Manifestation place de la Bastille à Paris, 1935

▷ Que font ces femmes ? Que demandent-elles ?

▷ Cherche p. 106-107 depuis quand, en France, les femmes peuvent voter.

▷ Quels autres progrès ont été réalisés pour les droits des femmes ?

▷ Quels progrès reste-t-il à faire ?

Et moi ? Est-ce que je contribue à l'égalité entre les filles et les garçons ?

→ 4 Des progrès : la mobilisation

Manifestation à Paris, 2005

▷ Contre quoi ces personnes manifestent-elles ?

▷ À ton avis, où dans le monde des femmes sont-elles victimes de violences ?

▷ Pourquoi est-il important que les personnes qui ne sont pas victimes de discrimination se mobilisent sur cette question ?

Et moi ? Est-ce que, dans mon entourage, les femmes sont toujours respectées ?

Des progrès

Depuis des siècles, des personnes se mobilisent pour l'égalité entre les hommes et les femmes et contre le sexisme. En France comme dans la plupart des pays d'Europe, les femmes ont acquis des droits : celui de diriger librement leur vie ; de faire des études et de choisir leur métier ; d'être responsables de leurs enfants à égalité avec les pères ; de voter et de pouvoir être élues (doc. 3).

La mobilisation se poursuit pour que toutes les femmes du monde puissent vivre ainsi, pour qu'aucune femme ne soit plus victime de discriminations (doc. 1 p. 93) ou de violence (doc. 4).

LEXIQUE

● **une discrimination** : le fait de traiter quelqu'un différemment des autres.

● **le sexisme** : l'idée que les êtres humains n'ont pas la même valeur, les mêmes droits selon qu'ils sont des hommes ou des femmes, et l'ensemble des attitudes qui en découlent.

DÉBAT Que pouvons-nous faire pour favoriser l'égalité entre les garçons et les filles dans notre école ?

68 La Convention internationale des droits de l'enfant

→ 1 Les droits des enfants

▷ Quelle définition d'un enfant cette convention donne-t-elle ?

▷ Explique un à un ces articles de la Convention internationale des droits de l'enfant.

▷ Donne un exemple pour illustrer chacun de ces droits.

▷ Lequel de tous ces droits te paraît le plus important ? Justifie ta réponse.

▷ Lesquels de ces droits renvoient directement à la Déclaration universelle des droits de l'homme (voir p. 156).

▷ Identifie trois droits spécifiques aux enfants.

▷ Fais des recherches et trouve quels sont les deux seuls États du monde qui n'ont pas signé cette Convention.

Et moi ? Est-ce que je connais mes droits ?

Accord international. La convention concerne tout être humain de moins de 18 ans.

Art. 2. Les États s'engagent à respecter les droits pour tout enfant, sans distinction de race, de couleur, de sexe, de religion…

Art. 3. Toutes les décisions concernant les enfants doivent être prises dans leur intérêt.

Art. 6. Tout enfant a droit à la vie.

Art. 7. Tout enfant a droit à un nom et à une nationalité.

Art. 9. Tout enfant a le droit de ne pas être séparé de ses parents, sauf dans son intérêt.

Art. 12. Tout doit être mis en œuvre pour garantir à l'enfant le droit d'exprimer son opinion en ce qui le concerne.

Art. 13. Tout enfant a droit à la liberté d'expression, sous réserve du respect d'autrui et de l'ordre public.

Art. 19. Tout doit être mis en œuvre pour protéger les enfants contre les brutalités physiques et mentales, la négligence et l'abandon.

Art. 20. Tout doit être mis en œuvre pour trouver une solution pour les enfants sans famille, par exemple l'adoption.

Art. 23. Tout doit être mis en œuvre pour donner aux enfants handicapés une vie décente et des soins spéciaux.

Art. 28. L'enseignement primaire doit être obligatoire et gratuit.

Art. 29. L'éducation doit épanouir l'enfant, développer ses dons, lui apprendre le respect des droits de l'homme, le respect de ses parents, de son pays et du milieu naturel.

Art. 31. Tout enfant a droit au repos et aux loisirs.

Art. 32. Tout doit être mis en œuvre pour interdire le travail des jeunes enfants.

Art. 33. Tout doit être mis en œuvre pour protéger les enfants de la drogue.

Art. 35. Tout doit être mis en œuvre pour empêcher l'enlèvement des enfants.

Art. 37. Tout doit être mis en œuvre pour empêcher que des enfants soient soumis à la torture. Aucun enfant ne doit être condamné à mort ou à la prison à vie.

Art. 38. Aucun enfant de moins de 15 ans ne peut participer à un conflit armé.

D'après la Convention internationale des droits de l'enfant, 1989

La Convention

Les enfants sont des êtres humains à part entière ; de ce fait, ils ont les mêmes droits fondamentaux que les adultes : ceux proclamés dans la Déclaration universelle des droits de l'homme.

Les enfants sont des êtres plus fragiles que les adultes : ils ont donc aussi des droits spécifiques destinés à les protéger. Ces droits sont reconnus par la Convention internationale des droits de l'enfant (la CIDE), écrite en 1989 par les représentants des différents pays et adoptée par presque tous les États du monde (doc. 1).

Les droits des enfants

Les enfants ont des droits spécifiques liés à leur âge : le droit de ne pas êtres séparés de leurs parents, de ne pas travailler et de pouvoir aller à l'école, d'être protégés de toute forme de violence… Leurs parents et l'État dans lequel ils vivent sont responsables d'eux et sont chargés de défendre ces droits.

La CIDE rappelle aussi les droits également valables pour les adultes, comme de pouvoir se faire soigner, d'avoir accès à la culture, aux loisirs, de pratiquer librement sa religion, d'avoir ses propres idées et de pouvoir les exprimer… (doc. 1)

Enfants pêcheurs au Ghana

Enfants dormant dans la rue au Brésil

Dans le monde, 250 millions d'enfants travaillent, avec leurs parents ou chez un patron. Et des milliers d'enfants sont sans famille pour les protéger : ils vivent dans la rue, mendient ou volent pour manger et dorment sur les trottoirs…

▷ Décris ce que tu vois sur ces photographies.

▷ D'après toi, quel âge ces enfants ont-ils ?

▷ Quel est l'avenir des enfants qui travaillent et ne peuvent donc pas aller à l'école ?

▷ Que risquent ceux qui dorment dehors ?

Et moi ? Est-ce que les droits que j'ai en tant qu'enfant sont respectés ?

Le respect des droits des enfants

De très nombreux enfants dans le monde ne bénéficient pas de ces droits. Beaucoup ne vont pas à l'école et doivent travailler, parfois dans des conditions dangereuses, pour rapporter un salaire indispensable à leur famille. D'autres ne sont pas soignés. Certains sont maltraités (doc. 2).

La « communauté internationale » fait pression sur certains États pour qu'ils reconnaissent et appliquent ces droits. Des associations se mobilisent pour venir en aide aux enfants quand les États n'ont pas les moyens de régler toutes les difficultés.

L E X I Q U E

● **la communauté internationale** : l'ensemble des États et des organismes qui peuvent se faire entendre à l'échelle du monde.

D É B A T Que pouvons-nous faire si nous voyons que les droits de nos amis, de nos camarades, de nos voisins ne sont pas respectés ?

69 Le droit à une identité

⬇ **1** **L'identité**

Femme polonaise de 116 ans (la plus vieille femme d'Europe) présentant sa carte d'identité

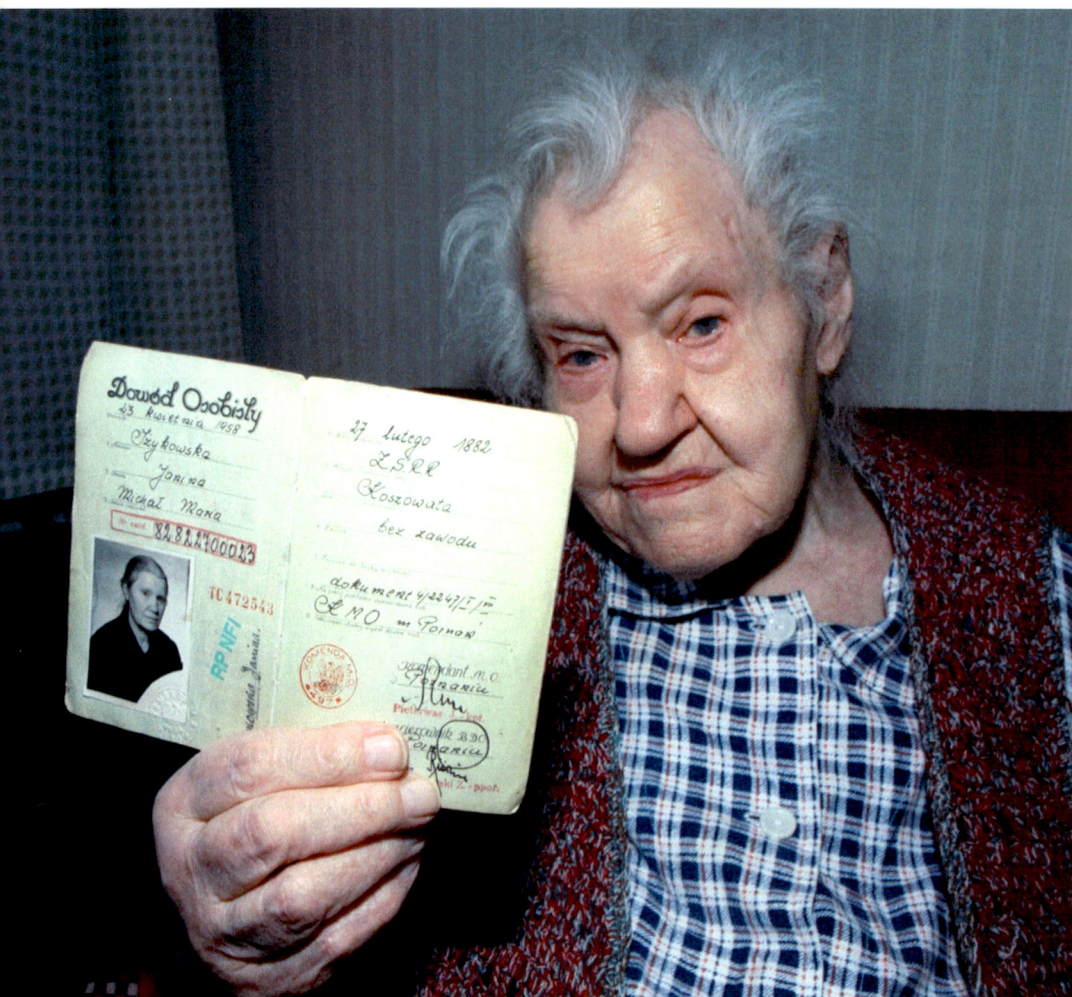

▷ Comment s'appelle cette personne ?

▷ En quelle année est-elle née ?

▶ Quel âge a-t-elle ?

▶ Quels éléments composent l'identité d'une personne ?

▶ Pourquoi la photographie sur sa carte d'identité ne lui ressemble-t-elle pas ?

▶ Dans quelles situations a-t-on besoin d'une carte d'identité ?

▶ Quel autre document permet de prouver son identité ?

▶ Fais des recherches et trouve ce que fait un bureau d'état civil.

Et moi ? Est-ce que je connais tous les éléments de mon identité : mon nom, mes prénoms, ma date et mon lieu de naissance, ma filiation, ma nationalité ?

L'identité

Chaque être humain est unique. Son identité est l'ensemble des caractéristiques qui permettent de savoir qui il est : son nom, son prénom, son sexe, sa date de naissance et le lieu dans lequel il est né, sa filiation, sa nationalité (doc. 1). Ces informations sont collectées par l'état civil.

Dans certaines occasions, les personnes ont besoin de prouver leur identité : pour se marier, pour voter (doc. 1 p. 106), pour voyager dans un autre pays (doc. 2 p. 148)… L'État délivre des documents officiels qui témoignent de l'identité des personnes (carte nationale d'identité, passeport…) (doc. 2 p. 105) et des événements enregistrés (actes de naissance, actes de mariage…).

Un droit nécessaire

Chacun a besoin d'avoir une identité. Elle sert à identifier les personnes : par exemple, identifier un enfant perdu et s'assurer que les personnes qui le réclament sont bien ses parents. Elle permet aussi d'exercer ses droits : se marier, voyager, voter, s'inscrire à l'école, passer des examens, reconnaître un enfant… (doc. 2) Enfin, elle permet de faire connaître sa nationalité et de savoir quel État est chargé de protéger chaque personne.

→ 2 Un droit nécessaire

Inscription d'enfants à l'école primaire, 2007

▷ Décris cette scène. Qui cette mère vient-elle inscrire à l'école ?

▶ Pourquoi le directeur a-t-il besoin de connaître l'identité des enfants qu'il accueille dans son école ?

▶ Trouve d'autres cas dans la vie quotidienne où il est nécessaire de prouver son identité.

Et moi ? Est-ce que je sais comment prouver mon identité ?

→ 3 Un droit à mettre en œuvre

▷ Pourquoi certaines personnes en Côte d'Ivoire ne peuvent-elles prouver leur identité ?

▶ Cela signifie-t-il qu'elles n'ont pas de nom ?

▷ Explique quelle solution a été mise en place ?

En Côte d'Ivoire, la plupart des parents ne déclarent pas la naissance de leurs enfants. Tant qu'ils sont enfants, cela ne pose pas trop de problème : l'école du village, du quartier les accepte sur simple déclaration des parents. Plus tard, pour ceux qui veulent faire des études, s'inscrire à l'université devient plus compliqué. Mais surtout, comment obtenir une carte d'identité pour voter, pour voyager quand on ne peut pas prouver qui l'on est et attester que l'on a la nationalité ivoirienne. Pour remédier à cette situation, le pays a mis en place des tribunaux ambulants : ils s'installent pour quelques jours dans les quartiers, les villages, et collectent des informations sur les personnes qui sont nées en Côte d'Ivoire, sont âgés de plus de 13 ans et ne sont pas inscrits sur les registres d'état civil. Ils établissent un certificat de nationalité qui permet aux intéressés de demander une carte d'identité, indispensable, par exemple, pour les commerçants qui veulent aller acheter des marchandises dans les pays voisins.

Un droit à mettre en œuvre

La Convention internationale des droits de l'enfant reconnaît aux enfants le droit d'avoir une identité : chaque pays doit organiser les services de l'état civil pour que les parents puissent déclarer les enfants à la naissance et qu'il y ait une trace écrite de leur existence.

Malheureusement, de nombreux pays sont trop pauvres pour organiser ces services. En outre, les parents ne comprennent pas toujours l'intérêt de déclarer leurs enfants à la naissance. De ce fait, des millions d'enfants ne peuvent pas prouver leur identité (doc. 3).

L E X I Q U E

- **l'état civil** : le service de l'État chargé d'enregistrer les actes sur l'identité des personnes (naissances, filiation, mariages, divorces, décès...).

- **la filiation** : l'identité des parents d'une personne.

- **la nationalité :** le lien entre un individu et son pays.

- **reconnaître un enfant** : déclarer à l'état civil que l'on est le parent d'un enfant.

D É B A T En quoi le « droit à une identité » est-il important ?

70 La paix dans le monde

⬇ 1 **Le maintien de la paix : l'ONU**

Accord international.

Nous, peuples des Nations Unies, résolus à préserver les générations futures du fléau de la guerre et à ces fins à pratiquer la tolérance, à vivre en paix l'un avec l'autre dans un esprit de bon voisinage, à unir nos forces pour maintenir la paix, à instituer des méthodes garantissant qu'il ne sera pas fait usage de la force des armes, sauf dans l'intérêt commun, avons décidé d'associer nos efforts pour réaliser ces buts. En conséquence, nos gouvernements respectifs établissent une organisation internationale qui prendra le nom de Nations Unies.

Art. 1. Les buts des Nations Unies sont les suivants :
– maintenir la paix et la sécurité internationales et à cette fin : prévenir et écarter les menaces à la paix et réprimer tout acte d'agression ;
– développer entre les nations des relations amicales fondées sur le respect du principe de l'égalité.

D'après la Charte des Nations unies, 1945

▶ Qui sont les auteurs de ce texte ?
▶ Quelle organisation ont-ils créée ?
▷ Quels sont les buts de cette organisation ?
▶ Nomme d'autres organisations qui contribuent à maintenir la paix en Europe ou dans le monde.

Et moi ? En récréation, dans la classe, à la cantine ou dans ma famille, est-ce que je contribue à la paix ou bien est-ce que je provoque souvent des disputes ?

⬇ 2 **Le maintien de la paix**

Remise du prix Nobel de la paix 2003 à Shirin Ebadi, avocate iranienne

▶ Fais des recherches et explique ce qu'est le prix Nobel de la paix.

Le maintien de la paix

Depuis un siècle, la communauté internationale cherche des solutions pour installer durablement la paix dans le monde. Ainsi, en 1945, après la Deuxième Guerre mondiale, des États ont créé l'Organisation des Nations unies, l'ONU, qui rassemble les représentants de presque tous les États du monde. Elle est chargée de maintenir la paix et de trouver des solutions pacifiques aux désaccords entre les pays (doc. 1). C'est en son sein qu'ont été rédigées la Déclaration universelle des droits de l'homme et la Convention internationale des droits de l'enfant.

Dans certaines régions du monde, les pays s'allient pour créer une zone de paix : c'est le cas de l'Union européenne, dont les États membres, qui étaient régulièrement en guerre les uns contre les autres, vivent désormais en paix.

Des associations et des personnes contribuent aussi au maintien de la paix. Chaque année, un groupe de personnalités en Norvège décerne le prix Nobel de la paix à la personne ou à l'organisation qui a le mieux contribué à maintenir la paix dans l'année (doc. 2).

→ 3 La poursuite des conflits : le terrorisme

Attentat contre le World Trade Center, New York, États-Unis d'Amérique, 11 septembre 2001

Le 11 septembre 2001, des terroristes ont lancé des avions contre les tours du World Trade Center, provoquant leur écroulement et la mort de 3 000 personnes.

▷ Décris cette scène.

▷ Que sais-tu de cet attentat ?

▷ Quelle est la différence entre la guerre et le terrorisme ?

▷ Fais des recherches et nomme d'autres régions du monde en proie au terrorisme.

Et moi ? M'arrive-t-il de chercher à obtenir quelque chose de mes camarades en leur faisant peur.

→ 4 La poursuite des conflits : la guérilla

Soldats de la guérilla en Colombie

La Colombie est en proie à la guérilla : des milliers de gens ont été pris en otages pour faire pression sur le gouvernement.

▷ Décris cette photographie.

▷ Quelle est la différence entre la guérilla et la guerre ?

▷ Fais des recherches et nomme d'autres régions du monde en proie à la guerre ou à la guérilla.

La poursuite des conflits

Malgré les efforts de paix, les conflits et les guerres restent nombreux dans le monde, entre les États ou à l'intérieur d'un pays. Ils opposent des pays parfois très éloignés les uns des autres et sont l'occasion d'employer des armes toujours plus meurtrières. Ils prennent des formes de plus en plus violentes : génocides, guérillas, terrorisme (doc. 3 et 4). Partout dans le monde, le développement d'armes modernes et la montée de l'intolérance mettent la paix en danger.

LEXIQUE

● **un génocide** : l'extermination d'un groupe de personnes du fait de leurs origines ou de leur religion.

● **un otage** : un prisonnier que l'on garde pour obtenir de son ennemi quelque chose en échange.

● **une guérilla** : des combats entre des petits groupes armés et le gouvernement d'un pays.

● **le terrorisme** : les actes de violence commis pour créer la peur.

DÉBAT Que pouvons-nous faire pour contribuer à la paix ?

71 La pauvreté

⬇ **1** **Les pays pauvres**

Bidonville dans la banlieue du Caire, Égypte, 2005

▷ Décris cette photographie : les habitations, le quartier…

▷ À quoi vois-tu que les gens qui y vivent sont pauvres ?

▶ Qu'est-ce qui peut pousser des familles à venir s'installer ici ?

▶ Quelles sont les conséquences de la pauvreté sur leur vie quotidienne ?

▶ Quelles régions du monde sont les plus pauvres ?

Les pays pauvres

Dans de nombreux pays d'Amérique, d'Afrique et d'Asie, les habitants sont pauvres. Ils ne gagnent pas suffisamment d'argent pour vivre décemment. Ils ne mangent pas toujours à leur faim. Ils habitent des logements sans eau courante, sans électricité… ou dorment dans la rue. Ils parviennent difficilement à se soigner. Certains enfants travaillent pour rapporter un salaire indispensable à leur famille… (doc. 1) En cas de guerre ou de famine, ils sont des milliers à mourir de faim.

Des pauvres chez nous aussi

Dans les pays riches aussi, certaines familles vivent dans la pauvreté. Les adultes n'ont pas de travail ou ont un emploi précaire, qui ne leur rapporte pas assez pour payer le loyer, les factures d'électricité et de téléphone, pour acheter de la nourriture, des vêtements, des meubles… (doc. 1 p. 136). Ni eux ni leurs enfants ne profitent des richesses de notre société, comme les loisirs, les vacances… Les plus pauvres dorment dans la rue : ce sont les SDF (sans domicile fixe) (doc. 2).

→ 2 Des pauvres chez nous aussi

SDF sous un pont à Paris, 2005

▷ Décris la situation de cette personne.

▶ Quelles raisons ont pu l'amener à dormir dans la rue ?

▶ Quelles sont les autres conséquences de la pauvreté ? (aide-toi des documents p. 136-137)

Et moi ? Comment je me comporte quand je vois une personne qui est pauvre ?

→ 3 La lutte contre la pauvreté

Affiche, 2007

▷ Décris cette affiche : la photographie, le texte…

▷ Comment cette association vient-elle en aide aux plus pauvres ?

▶ Connais-tu d'autres associations qui agissent contre la pauvreté, en France ou dans le monde ?

Et moi ? Qu'est ce que je peux faire pour participer à la lutte contre la pauvreté ?

VOUS L'AVEZ PARRAINÉE ENFANT, maintenant c'est elle qui donne des leçons.

L'ÉDUCATION CHANGE LE MONDE, DEVENEZ PARRAIN.
www.aide-et-action.org

Aide et Action

La lutte contre la pauvreté

La pauvreté est l'un des plus graves problèmes de notre époque : elle concerne 4 millions de personnes en France et plus de la moitié des habitants de notre planète. C'est pourquoi des organisations internationales et de nombreuses associations luttent contre la pauvreté en distribuant de la nourriture, en soignant les enfants, en construisant des écoles pour que les enfants aient un avenir, en aidant à la formation des personnes… (doc. 3 et doc. 3 p. 137, doc. 1 p. 170, doc. 3 p. 171)

LEXIQUE

● **un bidonville** : un quartier dans lequel les maisons sont construites avec des matériaux de récupération.

● **un emploi** : un travail.

● **précaire** : qui n'est pas stable, qui ne dure pas.

DÉBAT Comment réagir quand nous voyons des gens qui mendient dans la rue ?

72 La solidarité internationale

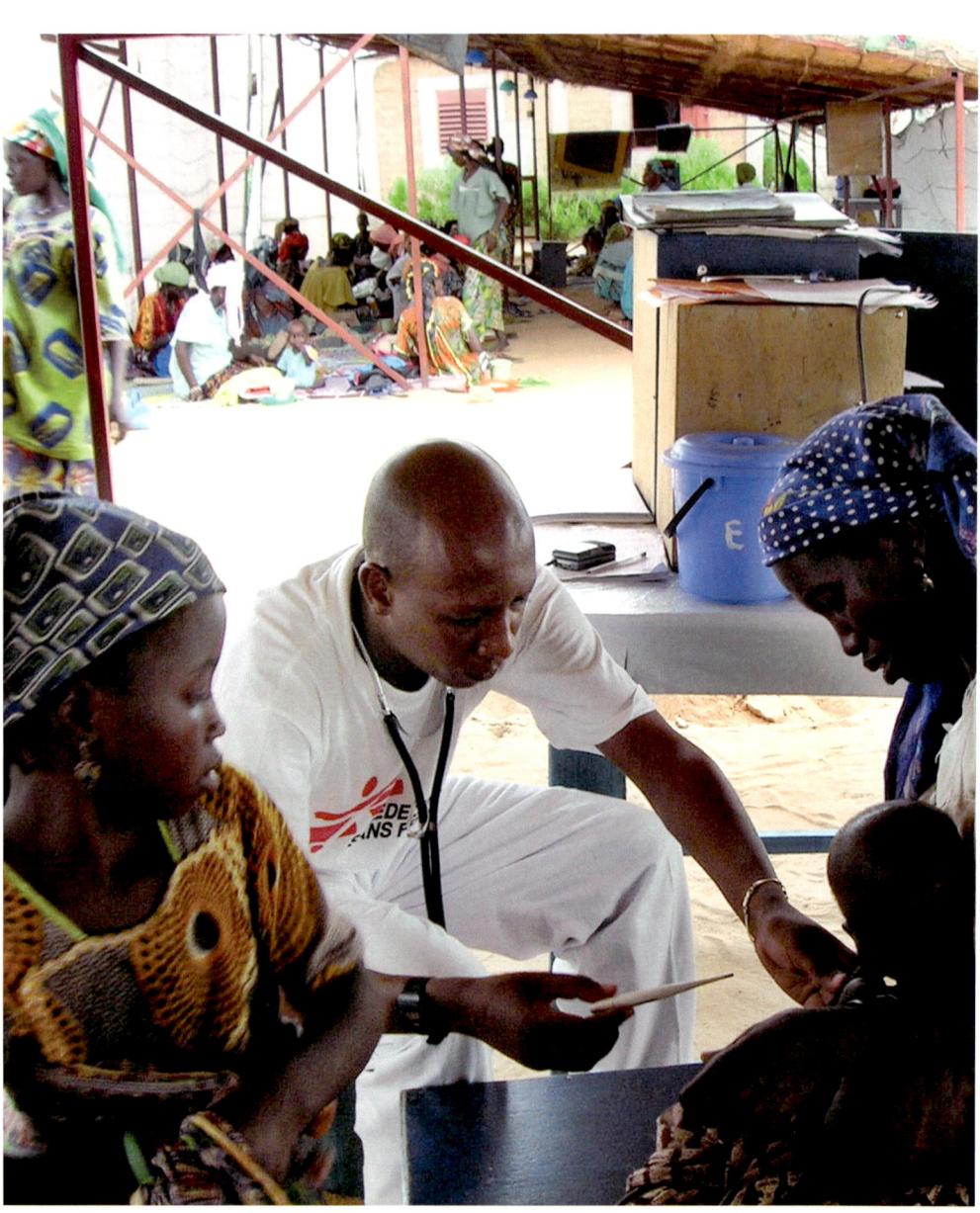

→ **1 Tous engagés : améliorer la vie des plus pauvres**

Campagne de vaccination des enfants par l'association Médecins sans Frontières, Niger, 2005

▷ Décris cette scène.

▷ Où dans le monde cette photographie a-t-elle été prise ?

▷ Que fait cette association pour venir en aide aux populations qui en ont besoin ?

▷ Nomme d'autres organisations qui interviennent pour aider les populations dans le besoin.

Tous concernés

Il y a solidarité lorsque des personnes ont le sentiment d'appartenir à un même groupe et que ce qui arrive à un membre du groupe concerne tous les autres. La solidarité est le contraire de l'indifférence.

La solidarité existe au sein d'une famille, d'un groupe d'amis, d'une classe. Elle unit également les habitants d'un pays : quand une catastrophe arrive dans une région, le reste du pays est ému. Elle unit aussi toute l'humanité et fait que chaque être humain est concerné par ce qui arrive aux autres, même dans les régions les plus lointaines : elle nous rappelle que nous sommes tous les citoyens d'un même monde. La solidarité est renforcée par l'information fournie par les journaux, la radio, la télévision : personne ne peut dire qu'il n'est pas au courant des drames qui se passent à l'autre bout de la planète (doc. 2).

Tous engagés

Se sentir solidaire pousse à agir pour aider ceux qui en ont besoin. Des organisations internationales comme l'UNICEF, créées par des États, et des ONG,

→ 2 Tous concernés

▷ Que s'est-il passé en Asie en 2004 ?

▷ Comment le reste du monde a-t-il été informé du drame ?

▷ Quelle a été la réaction dans le monde ?

▶ Nomme d'autres situations pour lesquelles le monde entier se sent concerné.

Et moi ? Que fais-je pour me tenir informé de ce qui se passe dans le monde ?

→ 3 Tous engagés : l'aide d'urgence

Tente de l'Unicef, enfants rescapés du tsunami, Ciron Lambaro en Indonésie, 2004

Créé en 1946, l'Unicef (Fonds des Nations unies pour l'enfance) rassemble des représentants des États du monde et vient en aide aux enfants.

▷ Décris ce que cet organisme fait dans l'urgence, pour venir en aide aux personnes en détresse.

Le 26 décembre 2004, un tremblement de terre a secoué l'Indonésie et provoqué un tsunami qui a frappé les côtes le long de l'océan Indien, faisant plus de 200 000 morts et plus d'un million de survivants ayant tout perdu (famille, maison, outils de travail…). La radio a relaté la catastrophe heure après heure, la télévision a déversé un flot d'images épouvantables : tous les continents ont suivi le drame en direct et le monde entier s'est trouvé en état de choc. Quelques heures après le tsunami, des organismes internationaux et des associations se sont mobilisés pour faire appel à la solidarité de tous : ils ont collecté des sommes d'argent considérables qui, dans les semaines et les mois qui ont suivi, ont permis de venir en aide aux rescapés, de déblayer les restes de la catastrophe et de reconstruire les régions dévastées. Certaines associations ont collecté plus d'argent dans la semaine qui a suivi le tsunami que lors de l'année entière qui a précédé. C'est la preuve que le monde entier s'est senti concerné et a été solidaire.

comme la Croix Rouge et Médecins du monde, organisent cette solidarité. Certaines font de l'aide humanitaire, parfois en urgence, pour porter secours aux personnes victimes des guerres, des famines ou des catastrophes naturelles (sécheresses, cyclones, inondations, tremblements de terre…) : elles distribuent des vivres, envoient des médecins, fournissent des tentes pour héberger des populations réfugiées… (doc. 3) D'autres travaillent à améliorer durablement les conditions de vie des populations : campagne de vaccination des enfants, construction de centres de santé et d'écoles… (doc. 1)

L E X I Q U E

• **l'aide humanitaire** : l'ensemble des actions menées pour venir en aide aux personnes qui souffrent de catastrophes naturelles, de guerres, de famines…

• **l'humanité** : l'ensemble des êtres humains.

• **les ONG** : les organisations non gouvernementales, par opposition aux organisations qui réunissent des représentants des États.

D É B A T Que pouvons-nous faire pour participer à la solidarité internationale ?

73 L'attachement à un groupe, à un pays, à une culture

⬇ 1 L'appartenance à différents groupes

L'équipe féminine de basket de Valenciennes, vainqueure de la coupe de France, 13 mai 2007

▷ Décris cette équipe et les personnes qui en font partie.

▷ De quels autres groupes ces joueuses font-elles partie, dans leur vie personnelle, professionnelle ou pour leurs loisirs ?

Et moi ? De quels groupes est-ce que je fais partie ? Est-ce que je me sens appartenir à un pays ? à une culture ?

L'appartenance à différents groupes

Chacun de nous appartient à différents groupes : une famille, un groupe d'amis, une classe, un quartier, une équipe sportive, une chorale… **(doc. 1)**
Nous appartenons aussi à des groupes plus larges : celui des personnes qui partagent la même langue, la même religion, celui du pays dont nous avons la nationalité ou du pays dans lequel nous vivons…
Nous ne connaissons pas forcément tous les membres de ces groupes mais nous sentons qu'il existe des liens entre eux et nous. Nous le constatons au plaisir que nous éprouvons à nous retrouver pour une fête ou après une séparation.

Des valeurs de solidarité

Appartenir à un groupe est une expérience enrichissante, une occasion de partage : cela permet de se faire des amis, d'échanger des idées, de faire des choses ensemble ou en équipe, de prendre des responsabilités, d'être soutenus dans les difficultés, de défendre des valeurs… Avec les autres membres d'un groupe, nous partageons beaucoup de choses : des expériences, des souvenirs, des idées, des goûts, des habitudes, des « modes »… Nous nous sentons solidaires : nous sommes particulièrement touchés par les joies ou les drames qui arrivent aux membres de notre groupe **(doc. 2)**.

→ 2 Des valeurs de solidarité

▷ Qui participe à ce mouvement de solidarité ?

▷ Qui profite de ce mouvement de solidarité ?

▶ Qu'est-ce qui motive les Arméniens de France à venir en aide aux Arméniens d'Arménie ?

▶ Nomme d'autres groupes au sein desquels la solidarité se manifeste.

Et moi ? Envers qui me suis-je montré solidaire cette semaine ?

Site Internet d'une association. Le tremblement de terre survenu en Arménie en 1988 a suscité une mobilisation exceptionnelle de toutes les ONG nationales et internationales à laquelle a naturellement pris part la Croix bleue des Arméniens de France en menant plusieurs actions d'urgence grâce à la collecte de fonds qu'elle a lancée au lendemain du séisme, affrétant ainsi une cinquantaine d'avions de matériels, vivres et médicaments. Depuis, la CBAF seule, ou en collaboration avec d'autres institutions ou associations humanitaires de France, mène sur le terrain des actions en faveur du développement social, économique et culturel :
– parrainage d'enfants orphelins ;
– financement des repas dans une école de sourds-muets et un orphelinat ;
– rénovation du gymnase « Youri Djorkaeff » grâce aux dons des joueurs de l'Équipe nationale de France de football ;
– distribution de fournitures scolaires aux enfants des écoles…

D'après la Croix bleue des Arméniens de France, www.croixbleue-france.org, 2007

→ 3 L'ouverture aux autres

Plage pendant l'apartheid, Afrique du Sud, 1993

De 1947 à 1990, en Afrique du Sud, la politique d'apartheid a organisé la séparation des habitants selon la couleur de leur peau.

▷ Décris cette plage : à qui était-elle réservée ?

▶ À ton avis, à qui était-elle interdite ?

▶ Connais-tu d'autres groupes qui excluent les autres ?

▶ Que penses-tu de cette attitude ?

Et moi ? M'arrive-t-il de rejeter les autres parce qu'ils n'appartiennent pas à mon groupe, à ma culture ?

RESERVED AREA

L'ouverture aux autres

Parfois, nous privilégions un groupe au détriment des autres. Par exemple, nous consacrons beaucoup de temps à des camarades de sport ou à certains amis au risque de négliger notre famille ou d'autres camarades… Nous devons faire attention à ne pas ignorer ou rejeter les autres (doc. 3).
Car le respect de l'autre, le partage, la solidarité ne valent pas seulement pour ceux qui partagent la même vie, les mêmes goûts, les mêmes activités ou la même culture que nous. Et les échanges avec les autres groupes et les autres cultures nous enrichissent.

LEXIQUE

● **l'apartheid** : l'organisation de la société selon laquelle certaines personnes sont mises à part du fait de leurs origines ou de leur identité.

● **une culture** : l'ensemble des valeurs, des façons de vivre, de penser, de s'organiser propres à un groupe de personnes.

● **des valeurs** : des idées, des idéaux, ce à quoi l'on croit.

DÉBAT Comment montrer son attachement à un groupe sans exclure les autres ?

⬇ 1 Les différents médias

Shanghai en Chine, novembre 2007

▷ Décris cette scène.
▷ Pourquoi lit-on le journal ? Quel genre d'informations y trouve-t-on ?
▷ Quels autres médias permettent de s'informer ? Quels sont les avantages et les inconvénients de chacun ?
▷ Tout le monde a-t-il accès à ces médias dans le monde ?
Et moi ? Est-ce que je lis parfois un journal ?

Les différents médias

De nos jours, les moyens de s'informer sont multiples : la presse écrite (les journaux), la radio, la télévision, Internet… Ces médias nous tiennent au courant des événements à travers le monde (élections, guerres, compétitions sportives, catastrophes naturelles…) et nous apprennent comment l'on vit à l'autre bout du monde (doc. 1).

Mais tout le monde n'a pas accès à l'information : dans les pays pauvres, de nombreuses personnes n'ont ni télévision ni ordinateur pour accéder à Internet, et beaucoup ne savent pas lire, donc ne regardent pas les journaux.

Le droit à l'information

Dans les démocraties, les citoyens ont le droit (et le devoir) de s'informer. Ils peuvent ainsi savoir ce qui se passe, comprendre les événements, avoir accès à des avis variés, et se faire leur propre opinion, notamment au moment de voter.

Dans les pays non démocratiques, en revanche, les dirigeants ne reconnaissent pas ce droit aux citoyens. Ils empêchent les journalistes de dire la vérité, quitte à les emprisonner ou à les tuer. Ils utilisent les médias pour faire de la propagande. La population n'a pas la possibilité de savoir ce qui se passe réellement et de se faire une opinion personnelle. (doc. 2)

AU RYTHME OÙ L'ON TUE LES JOURNALISTES EN IRAK
VOUS SEREZ BIENTÔT OBLIGÉ D'ALLER CHERCHER
L'INFORMATION VOUS-MÊME

DEPUIS LE DÉBUT DE LA GUERRE, IL Y A TROIS ANS, 86 JOURNALISTES ONT ÉTÉ TUÉS EN IRAK
N'ATTENDEZ PAS QU'ON VOUS PRIVE DE L'INFORMATION POUR LA DÉFENDRE

REPORTERS
SANS FRONTIERES
POUR LA LIBERTÉ DE LA PRESSE
www.rsf.org

↑ 2 Le droit à l'information

Campagne de Reporters sans frontières

▷ Décris cette affiche : la photographie et le texte.

▷ Que dénonce-t-elle ?

▷ En quoi cette situation est-elle néfaste pour nous tous ?

▷ Pourquoi est-il important de pouvoir s'informer ?

Et moi ? Est-ce que je laisse mes camarades s'exprimer librement ?

↓ 3 Les devoirs de chacun

Article de presse. En 1995, la ville de Sharar-e-Sharif, au Cachemire, est incendiée. Des représentants de l'armée indienne escortent des cars entiers de journalistes. Ils leur montrent les ravages causés, expliquent-ils, par des soldats venus du Pakistan. La preuve ? Cinq corps de « soldats étrangers » tués au cours d'un accrochage avec l'armée. Plusieurs journalistes reviennent sur place après la « visite guidée ». Ils découvrent que les « étrangers » sont, en réalité, cinq hommes d'un village voisin, arrêtés le matin même et abattus pour les besoins de la propagande gouvernementale. La plupart des journaux indiens ont accompagné la photo d'une légende mentionnant les « odieux mercenaires afghans ». Seul un magazine étranger a montré l'image des villageois pleurant leurs morts.

Shiraz Sidhva, *Courrier de l'UNESCO*,
www.unesco.org/courrier, mars 2001

▷ Raconte cette histoire.

▷ En quoi les journalistes qui sont revenus sur place ont-ils bien fait leur travail ?

▷ Quels sont les autres devoirs des journalistes ?

▷ Le public doit-il croire toutes les informations qu'il lit ou entend ?

Et moi ? Est-ce que je crois tout ce que je vois ?

Les devoirs de chacun

Les journalistes ont des devoirs : vérifier les informations avant de les diffuser ; être objectifs et refuser qu'on les influence (par exemple, en leur proposant une faveur ou de l'argent) pour qu'ils modifient les informations (doc. 3). Ils doivent aussi respecter la vie privée et ne pas diffamer les personnes ou porter atteinte à leur honneur.

Les personnes qui s'informent ont le devoir d'exercer leur esprit critique : ne pas tout croire (ce n'est pas parce qu'une information est donnée à la télévision ou dans le journal qu'elle est vraie) et écouter des avis différents pour se faire leur propre opinion.

LEXIQUE

● **diffamer** : nuire à la réputation de quelqu'un par des mensonges.
● **l'esprit critique** : la capacité à ne pas se laisser influencer, à se faire sa propre opinion.
● **les médias** : l'ensemble des moyens qui servent à informer (journaux, radio, télévision, Internet…).
● **la presse** : les journaux et les magazines.
● **la propagande** : des actions pour influencer les opinions dans le sens de ses propres idées.

DÉBAT Comment savoir quelles informations on peut croire ?

75 La communication

← 1 **Des outils variés**

Touareg utilisant un téléphone satellitaire dans le désert du Mali, 2006

▷ Où se trouve cet homme ? Que fait-il ?

▶ Avec qui peut-il communiquer ainsi ?

▶ Quels autres moyens permettent de communiquer avec les autres ?

▶ Quels sont les avantages et les inconvénients de chacun ?

▶ À ton avis, tous les habitants de la planète ont-ils accès aux moyens de communication modernes ? Pourquoi ?

Et moi ? Est-ce qu'il m'arrive de téléphoner à quelqu'un pour prendre des nouvelles de sa santé ?

Des outils variés

De multiples outils permettent de communiquer à distance : le courrier, transporté très rapidement par avion à l'autre bout du monde ; le téléphone et Internet pour se parler, s'envoyer des messages (SMS ou textos, mails), dialoguer à deux ou à plusieurs (*chats*)…
Ces moyens de communication sont répandus : on peut téléphoner de presque toutes les régions du monde et un humain sur deux utilise un portable (doc. 1). Mais nombre de personnes ne sont pas assez riches pour avoir un téléphone ou un accès à Internet et sont exclues de la communication moderne.

Savoir communiquer

Communiquer, c'est d'abord communiquer avec ceux qui nous entourent. Les négliger pour passer son temps au téléphone ou sur Internet est une forme d'irrespect envers ses proches (doc. 2).
Communiquer, c'est s'exprimer mais aussi écouter, et s'adapter en fonction de son interlocuteur : on peut téléphoner ou envoyer une carte postale à une personne qui n'utilise pas Internet.
Bien communiquer, c'est aussi respecter la politesse : éteindre son portable dans certains endroits ; choisir ses heures pour téléphoner ; ne pas harceler avec des SMS ou des mails ; s'exprimer avec politesse.

→ 2 Savoir communiquer

▷ Que fait cette famille ?

▷ Quelle personne a une attitude impolie envers les autres ?

▷ Dans quelles situations faut-il éteindre son portable ? Pourquoi ?

▷ Quelles sont les règles de politesse à respecter quand on téléphone ? quand on envoie un mail ?

Et moi ? Est-ce qu'il m'arrive de passer du temps sur Internet ou au téléphone sans faire attention aux personnes avec lesquelles je vis ?

↓ 3 Se protéger

On en parle de plus en plus : le téléphone portable serait dangereux pour la santé, notamment pour la santé des plus jeunes. L'utiliser de longs moments chaque jour, voire simplement le garder allumé sur soi, enverrait des ondes nocives vers le cerveau. C'est pourquoi, en Angleterre, il est déconseillé aux parents de confier un téléphone portable à leurs enfants de moins de 15 ans. Mais le danger vient parfois d'ailleurs. Quand on téléphone, on focalise son attention sur la conversation et l'on fait moins attention à ce qui se passe autour de nous. C'est pour cela qu'il est interdit de téléphoner en conduisant : mais il est tout aussi dangereux de téléphoner en roller, à vélo, ou simplement en traversant la rue. Enfin, à trop téléphoner ou dialoguer sur Internet, on risque de devenir « accro » à son téléphone ou à son ordinateur, comme un fumeur est en addiction avec sa cigarette.

▷ Quels sont les dangers évoqués dans ce texte ?

▷ Que faut-il faire pour s'en protéger ?

▷ Quels sont les autres dangers d'Internet ? (regarde l'image p. 179)

▷ Qu'appelle-t-on une addiction ? Que faut-il faire pour s'en protéger ?

Et moi ? Est-ce qu'il m'arrive de ne plus pouvoir décrocher de mon téléphone ou de l'ordinateur ?

Se protéger

Les outils modernes de communication ne sont pas sans danger : le téléphone, les liaisons sans fil émettent des ondes néfastes sur la santé.

En outre, le téléphone et Internet peuvent nous mettre en contact avec des personnes mal intentionnées : il ne faut jamais communiquer son numéro de téléphone ou son adresse mail sans l'accord d'un adulte.

Le principal danger des outils modernes de communication, c'est l'addiction. Limiter le temps qu'on leur consacre empêche de devenir dépendant et qu'ils prennent le pouvoir sur nous (doc. 3).

LEXIQUE

• **une addiction** : le fait de ne plus pouvoir se passer de quelque chose, comme si c'était une drogue.

• **un SMS, un texto** : un court message écrit envoyé par téléphone.

• **un mail** : un message écrit envoyé par Internet.

DÉBAT Avec qui, dans notre école ou en dehors, devrions-nous communiquer davantage ?

76 Internet

← **1** **Le fonctionnement d'Internet**

▷ Décris cette image : que représente-t-elle ?

▶ Qu'est-ce qu'Internet ?

▶ Pourquoi le compare-t-on souvent à une toile d'araignée ?

▶ Quels sont les deux appareils nécessaires pour se connecter au réseau Internet ?

→ **2** **S'informer avec Internet** → →

▷ Quelle information sensationnelle a été donnée par certains blogs ?

▷ Que dit l'expert de cette information ?

▶ Que faut-il faire quand on cherche des informations sur Internet si l'on ne veut pas « se faire avoir » par de fausses informations ?

Et moi ? M'arrive-t-il de faire courir des rumeurs sans les avoir vérifiées ?

Le fonctionnement d'Internet

Internet est un immense réseau qui s'étend au monde entier. Il permet les échanges d'informations par le biais des mails ou par les sites Internet à travers la planète. Pour désigner Internet, on parle aussi de la Toile (car ces connexions forment une vaste toile d'araignée) ou du web (doc. 1).

Pour accéder à Internet, il est nécessaire de disposer de deux éléments :

– un ordinateur, qui traite les données ;

– un modem (relié par un câble téléphonique) ou une box (sans fil), qui relie l'ordinateur au réseau Internet par le biais du réseau téléphonique, des ondes ou du réseau câblé.

S'informer avec Internet

Internet permet de chercher des informations : il donne accès à des millions d'ordinateurs. Pour trouver ces informations, on utilise des moteurs de recherches : ils identifient et classent les données mises à disposition par le réseau.

Les informations sur Internet ne sont pas toutes de qualité. Certains sites contiennent des erreurs : chacun doit chercher si les auteurs des sites consultés sont sérieux et vérifier les informations avant de les croire et de les diffuser à son tour (doc. 2).

D'autres sites sont malfaisants : ils contiennent des images ou des idées choquantes. Mieux vaut « surfer » sous la surveillance d'un adulte.

Le 27 août 2007 est le jour que le monde entier attend avec impatience pour voir ce phénomène unique. La planète Mars sera très brillante la nuit. Elle sera semblable à une pleine lune à vue d'œil. Assurez-vous de regarder dans le ciel le 27 août 2007. Vous aurez l'opportunité de voir deux lunes. La prochaine fois qu'une telle approche se reproduira, et que Mars se rapprochera autant de la Terre, ce sera en 2287. Partagez cette information avec tous vos amis, car toute personne vivant maintenant n'aura plus l'occasion de revoir ce phénomène !

L'avis de l'expert. Cette information est totalement fantaisiste. La planète Mars est trop petite et trop éloignée : vue de la Terre, elle aura toujours la taille d'un point dans le ciel. L'erreur vient sans doute d'une autre information, vraie celle-là, parue sur Internet, selon laquelle : « Avec un grossissement de 75 fois, Mars apparaîtra aussi grande que la pleine lune à l'œil nu ». La phrase a sans doute été reprise mais mal recopiée, et le début de la phrase a été oublié pour devenir : « Mars apparaîtra aussi grande que la pleine lune à l'œil nu. » Cela prouve qu'il ne faut pas croire tout ce qu'on lit sur Internet.

3 Communiquer avec Internet

▷ Décris ce dessin.
▷ Avec qui le Petit Chaperon Rouge croit-il discuter ?
▷ Qui est en réalité son interlocuteur ?
▷ Comment peut-elle le savoir ?
▷ Quels sont les dangers sur Internet ?
▷ Comment peut-on s'en protéger ?
Et moi ? Est-ce que je suis suffisamment prudent quand je me connecte à Internet ?

Communiquer avec Internet

Internet permet de communiquer : envoyer des mails, des images, des sons, filmer et voir en direct, dialoguer à plusieurs, jouer en réseau…
Pour bien communiquer, les internautes doivent respecter quelques règles : rester polis, ne pas se montrer agressifs, ne pas harceler les autres…
Les internautes, en particulier les enfants, doivent se montrer prudents : les personnes avec lesquelles on communique peuvent être malveillantes. Il ne faut jamais donner son adresse mail, fournir des informations personnelles, accepter un rendez-vous ou envoyer des photos. Mieux vaut communiquer sous la surveillance d'un adulte (doc. 3).

LEXIQUE

● **un blog** : un site Internet sur lequel une personne raconte régulièrement sa vie ou donne son avis, ses impressions…
● **un internaute** : un utilisateur d'Internet.
● **Internet (ou le web)** : le réseau constitué par tous les ordinateurs dans le monde reliés entre eux par les câbles du téléphone ou les communications sans fil.
● **surfer, naviguer** : consulter des sites Internet.

DÉBAT Internet facilite-t-il la communication ou nous éloigne-t-il les uns des autres ?

77 La société de consommation

Supermarché à Moulins en Auvergne, 2006

▷ Décris cette photographie : où a-t-elle été prise ?
▶ Qu'appelle-t-on la société de consommation ?
▷ Quels sont les avantages de la société de consommation ?
▶ La société de consommation permet-elle à tous de se procurer tout ce qu'il veut ?
Et moi ? Quelle est mon attitude quand, dans un magasin, je vois toutes ces choses proposées ?

Consommer toujours plus ?

Nous vivons dans une société d'abondance. Les magasins regorgent d'objets : c'est ce que l'on appelle la société de consommation (doc. 1).

La société de consommation met à notre disposition de nombreux objets (aliments, vêtements, jeux, meubles, appareils électroniques…) et des services variés (loisirs, voyages, aides en tout genre…), dont beaucoup sont nécessaires ou utiles.

Mais elle accentue les inégalités entre les riches, qui peuvent acheter ces objets et ces services, et les pauvres, qui n'ont pas assez d'argent. Et elle nous donne constamment envie d'acheter de nouvelles choses : cela crée un sentiment d'insatisfaction, car nous ne pouvons pas tout obtenir.

Prendre du recul

Chacun doit prendre du recul par rapport à la société de consommation : se réjouir de ce qu'il possède avant d'avoir envie d'autre chose ; comprendre que posséder apporte une satisfaction provisoire mais pas le bonheur ; toujours se demander si l'on a réellement besoin de ce que l'on convoite… (doc. 2)

Enfin, ce n'est pas parce qu'une chose semble disponible que l'on peut se la procurer. Sur Internet, on peut télécharger des films, des livres, des chansons sans payer. Souvent, c'est illégal : cela consiste à prendre le travail des autres (acteurs, écrivains, musiciens) sans le payer. À chaque fois, il faut vérifier que le téléchargement est légal, c'est-à-dire que le propriétaire de l'œuvre l'a autorisé (doc. 1 p. 114).

↓ 2 Prendre du recul

▷ Raconte cette histoire et explique ce qui arrive à cet enfant.

▷ Et toi : quels sentiments éprouves-tu quand tu veux quelque chose ? quand tu l'obtiens ? et après ?

Et moi ? Est-ce que je me demande pourquoi j'ai envie d'une chose avant de l'acheter ?

→ 3 La publicité

▷ Qu'est-ce que la publicité ? Quel est son objectif ?

▷ D'après ce texte, quelles sont les trois raisons pour lesquelles les enfants et les jeunes sont influencés par la publicité ?

▷ Que fait-on dans certains pays pour les protéger ?

▷ Ailleurs, que doivent faire les enfants pour se protéger ?

▷ Raconte un cas où tu as eu envie d'acheter une chose dont tu as vu la publicité ; un cas où tu as eu envie d'acheter une chose à cause d'une promotion.

Et moi ? De quelle chose ai-je très envie en ce moment ? Pourquoi ?

Les enfants et les jeunes sont particulièrement sensibles à la publicité. Ils ont encore du mal à faire la différence entre l'information et la publicité et pensent volontiers que ce que la « pub » dit est vrai : par exemple, ils croient facilement que certains aliments vont leur donner de l'énergie pour la journée. Ils sont très influençables : ils peuvent avoir envie d'un jeu sans y avoir joué simplement parce qu'un spot leur a montré des enfants ravis en train d'y jouer. Et surtout, ils ont envie d'être « comme les copains » : si la publicité leur fait croire que leurs héros ou les autres enfants portent telle marque de vêtements, tel type de chaussures, utilisent des cahiers ou des stylos avec tel héros dessus ou mangent tel type de goûters, ils ont fortement envie de les avoir.

Dans certains pays, on protège les enfants contre la publicité. En Suède, par exemple, les publicités pour les produits destinés aux enfants (aliments, jouets, vêtements…) sont interdites à la télévision. Et les émissions pour enfants ne doivent être précédées ou suivies d'aucune publicité, même destinée aux adultes. Dans les autres pays, comme en France, il faut espérer que les enfants et les jeunes développent suffisamment leur esprit critique pour ne pas trop se laisser manipuler.

Se protéger de la publicité

La publicité est l'ensemble des messages qui incitent les consommateurs à acheter des produits et services : les affiches dans les rues, les « pubs » dans les journaux, à la radio, à la télévision, sur Internet…

La publicité n'est pas faite pour nous renseigner mais pour nous les faire acheter. Elle ne dit donc pas toute la vérité et elle n'est conçue que pour nous influencer.

Personne n'est à l'abri de cette influence et chacun doit développer un esprit critique pour ne pas se faire manipuler : comprendre pourquoi l'on a envie d'une chose, vérifier qu'une promotion est intéressante et ne pas acheter plus que ce dont on a besoin sous prétexte de faire une « bonne affaire »… (doc. 3)

LEXIQUE

- **convoiter** : avoir envie.
- **illégal** : interdit par la loi.
- **légal** : autorisé par la loi.
- **manipuler** : influencer des personnes pour les faire agir selon ce que l'on souhaite.
- **une promotion** : une réduction de prix.
- **télécharger** : copier sur un ordinateur ce qui provient d'un autre par le biais du réseau Internet.

DÉBAT Que pouvons-nous faire pour profiter de la société de consommation sans en devenir victimes ?

78 Les loisirs

← 1 **La société des loisirs**

*Opération « Lire à la plage »,
Sainte-Adresse en Normandie*

Depuis 2006, des municipalités de Normandie installent des bibliothèques sur les plages.

▷ Que font ces enfants ?

▷ Quelles autres activités peuvent-ils pratiquer sur la plage ?

▷ Nomme des loisirs que l'on pratique : chez soi ; dehors en hiver ; dehors en été ; pour s'amuser ; pour se défouler ; pour apprendre de nouvelles choses ; des activités en rapport avec l'art.

▷ Nomme des activités que l'on pratique seul ; des activités que l'on fait à plusieurs.

▷ Nomme des loisirs destinés aux enfants ; aux adolescents ; aux adultes.

▷ Lesquelles coûtent cher ? Lesquelles ne coûtent rien ?

▷ À ton avis, tous les habitants de la Terre ont-ils des loisirs ? Pourquoi ?

Et moi ? Est-ce que j'ai des loisirs variés ou bien est-ce que je fais toujours la même chose ?

La société des loisirs

Notre mode de vie nous laisse de nombreux moments pendant lesquels nous ne travaillons pas et n'avons pas d'activités nécessaires (se laver, manger, ranger, faire le ménage…). C'est le temps libre, que nous consacrons aux loisirs : la communication et les échanges avec notre famille, nos amis et d'autres personnes ; les activités culturelles comme la lecture (doc. 1), la télévision, le cinéma, la musique, la visite des musées ; d'autres activités comme le sport (doc. 2), la peinture, les jeux de société, les jeux vidéos ; l'engagement dans des associations ; le tourisme…

Choisir ses loisirs

Les loisirs nous permettent de nous détendre et de nous amuser. Certains nous enrichissent et nous apprennent de nouvelles choses (doc. 1). Certains nous permettent de passer un peu de temps seul. D'autres sont l'occasion de rencontrer d'autres personnes et d'échanger (doc. 2).

Les loisirs n'ont pas que des aspects positifs. Certains sont mauvais pour la santé, notamment lorsqu'on les pratique sans respecter les règles. D'autres nous poussent à nous isoler.

La télévision, les jeux vidéo, les activités sur ordinateur sont très appréciés des enfants et des

→ 2 Choisir ses loisirs

▷ Que font ces enfants ?

▶ Les loisirs choisis par ces enfants permettent-ils : de se détendre ? de se défouler ? d'apprendre de nouvelles choses ? de dialoguer ?

▶ Quels sont les avantages et les inconvénients de chacun de ces loisirs ?

▶ Nomme des loisirs qui permettent d'apprendre de nouvelles choses ; des loisirs qui sont bons pour la santé ; des loisirs qui favorisent le dialogue.

▶ On reproche aux jeux vidéos de provoquer des « addictions » : explique ce que cela signifie ?

▶ Nomme d'autres loisirs qui peuvent provoquer des addictions.

▶ Que peut-on faire pour échapper à ces addictions ?

▶ Nomme des loisirs qui peuvent représenter un danger pour la santé.

Et moi ? Est-ce qu'il m'arrive de passer des heures entières à jouer aux jeux vidéos ou à regarder la télévision sans m'occuper des autres ?

jeunes qui s'y amusent seuls ou à plusieurs, en famille ou entre amis. Ces activités permettent d'apprendre de nouvelles choses.

Mais elles peuvent pousser au repli sur soi : on finit par passer plus de temps seul devant son écran qu'avec les membres de sa famille ou ses amis (doc. 2). Elles créent des addictions : plus on les pratique, plus on a envie de les pratiquer. Elles proposent des images violentes qui stimulent notre propre violence. Elles peuvent rendre passif (la télévision) ou nerveux (les jeux vidéos).

Avoir conscience des limites des différents loisirs permet d'exercer son esprit critique et de choisir le temps qu'on veut leur consacrer.

DÉBAT Y a-t-il de bons et de mauvais loisirs ?

79 Le sport

Témoignage oral. Le sport est bon pour la santé : il permet de se sentir bien dans son corps, il renforce les muscles et développe le souffle. Il procure du plaisir. Il apprend à faire des efforts, à persévérer, à se surpasser et à réussir. Il développe l'esprit d'équipe, l'engagement, le courage. Il permet d'expérimenter des valeurs comme le respect de la règle, le respect des autres, le respect de l'arbitre, l'honnêteté. Il met le caractère à l'épreuve et nous apprend à perdre avec bonne humeur. Bref, le sport est bon pour le corps, pour le caractère, pour le moral et il embellit la vie.

D'après l'interview d'un professeur d'EPS, Val-de-Marne, 2008.

 **1 Faire du sport**

▷ Quels sont les avantages du sport énoncés dans ce texte ?

▶ En connais-tu d'autres ?

Et moi ? Est-ce que j'aime faire du sport ? Est-ce que j'en fais régulièrement ?

 **2 Partager des passions**

Supporters lors d'un match de base-ball, États-Unis, 2005

▷ Décris cette scène et les sentiments de ces personnes.

▶ Quelles sont les autres manières de montrer que l'on aime le sport ? que l'on soutient une équipe sportive ?

▶ Arrive-t-il que certaines personnes aiment le sport de manière excessive ?

Et moi ? Ai-je déjà vécu un grand moment d'émotion ou de déception dans le sport ?

Faire du sport

Le sport est bon pour la santé : il nous donne l'occasion de bouger et aide notre corps à bien grandir et à se maintenir en forme. C'est nécessaire, car nous passons beaucoup de temps assis : en classe, à table, devant la télévision… Le sport nous fait acquérir des valeurs comme le respect, le sens de l'effort, le dépassement de soi, l'esprit de compétition, l'esprit d'équipe, le partage, la solidarité. Il est l'occasion de rencontrer les autres : ceux avec lesquels on s'entraîne, ceux contre lesquels on est en compétition et ceux qui nous encouragent (doc. 1).

Certains sportifs sont professionnels, d'autres sont des amateurs. Certains s'entraînent pour leur plaisir, d'autres pour participer à des compétitions internationales (doc. 4 et doc. 3 p. 155).

Partager des passions

De nombreuses personnes s'intéressent au sport sans le pratiquer : elles suivent un match de rugby ou une démonstration de patinage artistique à la télévision, s'intéressent aux jeux olympiques ou à une course à la voile autour du monde en lisant la presse, soutiennent l'équipe de football de leur village ou de leur quartier… Quand leur sportif préféré ou leur équipe favorite gagne, les *supporters* sont heureux : ils manifestent leur joie (doc. 2).

Chacun, cependant, veille à ne pas se laisser déborder par ses passions : aimer un sport n'empêche pas de s'intéresser à autre chose, de s'habiller différemment de son joueur préféré et ne mérite pas que l'on méprise ceux qui n'ont pas les mêmes centres d'intérêt.

Affiche de l'Union Nationale Sportive Léo Lagrange,
2007

Tout a commencé en Grèce, il y a 3 000 ans environ. Les cités grecques en guerre les unes contre les autres se retrouvaient à Olympie et se rendirent compte petit à petit qu'elles avaient plus de choses en commun qu'elles ne le pensaient. Lorsqu'il annonce à Paris, un soir d'hiver 1892, le prochain rétablissement des jeux Olympiques, Pierre de Coubertin est applaudi. Le but du mouvement olympique est de contribuer à bâtir un monde pacifique et meilleur en éduquant la jeunesse à pratiquer le sport sans discrimination, dans un esprit de solidarité, d'amitié et de *fair-play*.

D'après le site officiel du mouvement olympique, www.olympic.org, 2007

▷ De quand les jeux Olympiques datent-ils ?

▷ Quand ont-ils été relancés ? par qui ?

▷ Quelles sont les valeurs de ces rencontres sportives ?

▷ Quels sports pratique-t-on aux jeux olympiques ? Qui participe ? Où les derniers jeux olympiques ont-ils eu lieu ? Où les prochains auront-ils lieu ?

Et moi ? Quand je participe à une compétition sportive, est-ce que je le fais dans un esprit d'amitié ?

▷ Quelles sont les 6 règles d'or de l'esprit sportif ?

▷ Pour chacune, donne un exemple.

▷ Quelles règles concernent les joueurs ? Lesquelles concernent les *supporters* ?

▷ Pourquoi y a-t-il des règles à respecter dans le sport ?

Et moi ? Comment je me comporte quand je perds ou quand mon équipe perd ?

Respecter des valeurs

Les véritables sportifs sont ceux qui ne trichent pas, qui respectent les règles du jeu : en particulier, ils ne prennent pas de produits dopants pour gagner. Ces sportifs et les *supporters* ne contestent pas les décisions de l'arbitre. Les uns et les autres respectent leurs adversaires, ne les insultent pas et ne recourent jamais à la violence. Quand ils gagnent, ils n'écrasent pas de leur mépris ceux qui ont perdu. Quand ils perdent, ils se montrent bons perdants, acceptent la joie de l'adversaire et se mobilisent pour la prochaine fois. À tout moment, ils savent que le jeu ne doit pas mettre en danger les membres de leur équipe, leurs adversaires ni les spectateurs : l'esprit sportif peut même pousser quelqu'un à arrêter la compétition pour secourir un adversaire (doc. 3).

L E X I Q U E

● **un amateur** : une personne qui pratique une activité pour le plaisir, sans être professionnel.

● **un produit dopant** : un produit qui augmente l'énergie, la force ou l'endurance, qui augmente les chances de gagner, mais qui est interdit car il est dangereux pour la santé et parce qu'en prendre revient à tricher.

● **un professionnel** : une personne qui pratique une activité et dont c'est le métier.

● **un *supporter*** : une personne qui soutient un sportif ou une équipe sportive.

D É B A T Comment appliquer les « 6 règles d'or de l'esprit sportif » dans notre vie de classe ?

80 Le handicap

Dans les pays
en développement,
98 % des enfants handicapés
ne sont pas scolarisés

Article 26
Déclaration universelle
des droits de l'Homme

"Tous les Hommes
ont droit
à l'éducation"

HANDICAP
INTERNATIONAL

Handicap International
encourage l'accès
des enfants handicapés
à une éducation adaptée
à leurs besoins (spécialisée
ou en milieu ordinaire),
afin de leur offrir
des chances similaires
à celles des autres enfants.

← 1 Vivre avec son handicap dans un pays pauvre

Campagne de Handicap international, 2007

▷ Décris cette affiche : le dessin, les textes.

▷ Quelle situation dénonce-t-elle ?

▷ Pourquoi la vie des handicapés est-elle plus difficile dans les pays pauvres que dans les pays riches ?

Et moi ? M'arrive-t-il de dévisager une personne handicapée ?

→ 2 Vivre avec son handicap → → en France

Parking à Annonay, 2003

▷ Explique le message sur le panneau.

▷ En quoi la vie des handicapés est-elle plus difficile que celle des autres ?

▷ Connais-tu des associations qui agissent en faveur des handicapés ?

Et moi ? M'arrive-t-il de ne pas faire attention aux personnes handicapées : dans la rue, dans les transports en commun, dans les magasins… ?

Toutes sortes de handicaps

Un handicap est une limitation du corps qui gêne ou empêche de faire certaines activités : voir, entendre, parler, se déplacer, apprendre… On parle de « handicapés » pour désigner les personnes qui ont un handicap.

Il existe toutes sortes de handicaps :
– des handicaps physiques : c'est le cas pour les non-voyants (on dit parfois les « aveugles ») et les malentendants (ou « sourds ») (doc. 3 p. 97) ;
– des handicaps mentaux : c'est le cas pour les personnes atteintes de trisomie 21, qui ont des difficultés à apprendre à parler, à lire et à écrire…

– des handicaps psychiques : c'est le cas pour les personnes qui, à la suite d'un traumatisme, ne peuvent plus parler.

Certaines personnes naissent handicapées. D'autres le deviennent à la suite d'un accident, d'une maladie ou d'un traumatisme. Certains handicaps sont provisoires, d'autres sont permanents (doc. 3).

Vivre avec son handicap

750 millions de personnes dans le monde, dont 150 millions d'enfants, ont un handicap. Beaucoup habitent dans les pays pauvres et n'ont pas les moyens de se soigner.

↓ 3 Toutes sortes de handicaps

Article tiré d'une encyclopédie. Qu'est-ce qu'un handicap ? Qu'est-ce qu'un handicapé ? En France, d'après la loi du 23 novembre 1957, est considéré comme travailleur handicapé « toute personne dont les possibilités d'acquérir ou de conserver un emploi sont réduites par suite d'une insuffisance ou d'une diminution de ses capacités physiques ou mentales ». D'après la Classification internationale des handicapés, on nomme ainsi : « Toute personne souffrant d'une déficience ou d'une incapacité qui limite ou interdit toutes activités considérées comme normales pour un être humain. »
On a l'habitude de distinguer diverses catégories typiques de handicaps selon leur nature : handicaps sensoriels (aveugles, sourds et malentendants…), moteurs (amputés, paralysés, victimes d'une malformation…), mentaux et psychoaffectifs, handicaps par suite de maladie interne chronique (cardiaques, rhumatisants, hémophiles, diabétiques, asthmatiques…), vieillissement, handicaps sociaux.

Encyclopedia Universalis, 2007

▷ Explique avec tes propres mots ce qu'est un handicap ; explique ce qu'est une personne handicapée.

▷ Quels sont les différents types de handicaps ?

▷ Donne un exemple pour chacun.

▷ Comment une personne devient-elle handicapée ?

Et moi ? Est-ce que je connais des personnes ayant un handicap ?

La plupart des personnes handicapées souffrent de discrimination. Dans les pays pauvres, elles sont rejetées car elles représentent une charge pour leur famille et pour la société : beaucoup ne vont pas à l'école et ne trouvent pas d'emploi. Des associations agissent pour les aider à vivre et à s'intégrer dans la société (doc. 1).
Dans les pays riches aussi, les handicapés se sentent mal acceptés. En France, des lois obligent les écoles à accueillir les enfants handicapés et les entreprises à recruter des adultes handicapés. Des associations se mobilisent pour améliorer leur vie quotidienne et changer notre comportement et notre regard sur le handicap (doc. 2).

LEXIQUE

- **mental (mentaux)** : qui concerne l'esprit, les capacités du cerveau.
- **psychique** : qui concerne la pensée, les idées.
- **s'intégrer** : trouver sa place, être accepté par les autres.
- **un traumatisme** : un choc émotionnel et ses conséquences sur la santé, le bien-être et le comportement.

DÉBAT Que pouvons-nous faire pour participer à l'intégration des handicapés dans la société ?

Une maison et son contenu, Tokyo, Japon, 1994

▷ Nomme les objets que tu reconnais.

▶ Lesquels n'existaient pas quand tes grands-parents étaient enfants ?

▶ Nomme d'autres progrès : dans le domaine
de la santé, des transports, de la connaissance…

▶ Lesquels rendent la vie plus facile ? plus agréable ?

De prodigieux progrès

L'humanité réalise des progrès scientifiques et techniques permanents. Elle sait de mieux en mieux comment l'Univers s'est créé ou comment fonctionne le corps humain. Elle crée des machines toujours plus sophistiquées et intelligentes et découvre sans cesse de nouvelles énergies…

Ces progrès sont de plus en plus rapides. Quand nos grands-parents sont nés, il n'existait ni ordinateurs, ni fusées, ni antibiotiques, ni fours à micro-ondes, ni téléphones portables. Aucun être humain n'était jamais allé dans l'espace. Très peu de gens avaient le téléphone, un réfrigérateur, une télévision ou une voiture. Des villages entiers n'avaient pas l'électricité, de nombreuses maisons n'avaient pas de salle de bains. Aujourd'hui, tout cela est devenu banal dans notre société et, dans les années à venir, notre vie changera encore beaucoup du fait de nouvelles inventions (doc. 1).

Les avantages et les limites du progrès

Les progrès scientifiques et techniques améliorent notre vie quotidienne : grâce à eux, nous nous soignons mieux, nous vivons plus longtemps, nous sommes soulagés de tâches pénibles, nous avons davantage de temps pour les loisirs, nous pouvons communiquer avec des personnes très éloignées et pouvons voyager partout dans le monde (doc. 3).

→ 2 Les avantages et les limites du progrès

Puits à Fatehpur, Inde

Plus d'un milliard de personnes n'ont pas l'eau courante chez elles et puisent de l'eau, pas toujours potable, dans un puits ou une rivière, parfois éloigné de chez elles.

▷ Décris cette scène.

▷ Donne d'autres d'exemples qui montrent que le progrès ne profite pas à tout le monde.

Et moi ? Est-ce que je me plains souvent de ce que je n'ai pas, en oubliant la chance que j'ai de vivre dans un pays riche ?

▷ Trouve des conséquences positives du progrès.

▷ Trouve les conséquences négatives de certaines inventions.

Et moi ? Est-ce que j'ai tendance à croire que tout ce qui est « nouveau » est forcément « mieux » ?

→ 3 De prodigieux progrès

▷ Explique une à une ces innovations.

▷ Lesquelles te paraissent intéressantes ? Pourquoi ?

▷ De quelles autres innovations rêverais-tu ? Pourquoi ?

Les experts nous annoncent de grands changements dans notre vie quotidienne pour les prochaines années. Ils parlent de villes climatisées, de fenêtres équipées d'inverseurs de bruits (même près d'une autoroute, on pourra dormir fenêtre ouverte), de voitures sans chauffeurs grâce au GPS. Ils annoncent que le réfrigérateur enverra la liste de ce qui manque au supermarché qui nous livrera, que le four saura lira le mode d'emploi des plats et les fera cuire ou réchauffer automatiquement, que la douche sera équipée d'un scanner qui nous signalera un éventuel problème de santé.

Mais le progrès ne bénéficie pas à tout le monde : les plus pauvres en sont exclus ou en profitent avec un grand retard (doc. 2).
Le progrès a parfois des conséquences négatives : il est en grande partie responsable de la pollution et du réchauffement climatique (p. 196) ; certaines inventions sont dangereuses pour la santé, d'autres comme certaines armes peuvent détruire la Terre.
Les progrès scientifiques et techniques posent parfois des problèmes d'éthique. Par exemple, la chirurgie esthétique a été développée pour corriger de réels défauts physiques, comme ceux causés par une grave blessure : peut-elle être utilisée pour permettre à une personne de changer d'allure en fonction de la mode ou lui permettre de ressembler à une star ?

LEXIQUE

● **l'éthique** : qui concerne la morale, les valeurs fondamentales.

● **la pollution** : la salissure, la dégradation de l'environnement.

● **potable** : qui peut être bu.

● **le réchauffement climatique** : la montée des températures partout dans le monde, du fait des gaz émis par les véhicules et les usines.

DÉBAT Quels progrès peuvent être dangereux pour nous ou pour notre planète ?

↓ 1 Un patrimoine riche et varié

Grande muraille de Chine, 2001

Vieille de 2 500 ans et longue de 6 700 km, la grande muraille de Chine est le seul monument que l'on peut voir depuis la Lune.

▷ Observe comment ce mur serpente le long du relief et décris-le.

▷ Qu'est-ce qui a pu pousser les Chinois d'autrefois à construire un tel mur ?

▷ Nomme d'autres éléments du patrimoine culturel (des monuments, des œuvres d'art, des traditions…) :
– dans ta région,
– ailleurs en France,
– dans le reste du monde.

Et moi ? Est-ce que je m'intéresse au patrimoine de ma région ?

Un patrimoine riche et varié

Le patrimoine collectif est l'ensemble de ce que nous ont laissé ceux qui ont vécu avant nous, et ce que nous laisserons à ceux qui vivront après nous. Il se compose d'un patrimoine culturel et d'un patrimoine naturel (p. 192).
Le patrimoine culturel comporte des bâtiments, des monuments, des œuvres d'art, des objets divers : une vieille rue, un moulin, les châteaux de la Loire, les pyramides d'Égypte, les tableaux au musée du Louvre, un vieux métier à tisser… Il se compose aussi d'éléments immatériels : les langues, les manières de vivre, les métiers, les savoir-faire, les traditions, les contes et les légendes… (doc. 1)

Un patrimoine à préserver

Le patrimoine est un lien avec le passé : il est la mémoire de ceux qui ont vécu avant nous. Il est aussi un lien avec l'avenir : nous avons le devoir de le protéger pour le transmettre à ceux qui vivront après nous. Pour que l'humanité continue à en profiter, nous devons éviter qu'il disparaisse.
Des organismes et des personnes sont chargés de le préserver : l'Unesco protège des sites dans le monde (doc. 2) ; l'Agence de la francophonie défend la langue française ; en France, l'État et les régions entretiennent les monuments historiques et de nombreux musées ; chaque maire est responsable du patrimoine de sa commune.

Un patrimoine
à préserver

▷ De quels dangers faut-il protéger certains éléments du patrimoine ?

▷ Que fait l'Unesco pour le protéger ?

▷ Que peut faire chacun pour préserver le patrimoine ?

Accord international. Constatant que le patrimoine culturel et le patrimoine naturel sont de plus en plus menacés de destruction, considérant que la dégradation ou la disparition d'un bien du patrimoine culturel et naturel constitue un appauvrissement néfaste du patrimoine de tous les peuples du monde, considérant que certains biens du patrimoine culturel et naturel présentent un intérêt exceptionnel qui nécessite leur préservation en tant qu'élément du patrimoine mondial de l'humanité tout entière, considérant que devant l'ampleur et la gravité des dangers nouveaux qui les menacent, il incombe à la collectivité internationale tout entière de participer à la protection du patrimoine culturel et naturel de valeur universelle exceptionnelle, l'Unesco met en place un système de coopération et d'assistance internationales pour préserver et identifier ce patrimoine.

D'après l'Unesco, *Convention pour la protection du Patrimoine*, 1972

L'affaire de tous

Festival interceltique de Lorient, Bretagne, 7 août 2005

▷ Décris cette fête : les costumes, les instruments, les danses…

▷ En quoi ces personnes contribuent-elles à préserver le patrimoine ?

▷ Quand les journées du patrimoine ont-elles lieu ? Que peut-on faire ce jour-là ?

▣ **Et moi ?** Est-ce que je connais des traditions de ma région ?

L'affaire de tous

Nous sommes tous responsables du patrimoine. Chacun participe à sa préservation en ayant une attitude responsable : ne pas laisser des détritus, éviter les graffitis et toutes les dégradations, respecter ceux qui se consacrent à leur protection.
Le meilleur moyen de préserver le patrimoine est de le connaître et de l'apprécier (doc. 3). Des associations travaillent à faire connaître les monuments, les langues, la musique, les traditions régionales… Chaque année, durant le troisième week-end de septembre, les « Journées du patrimoine » permettent à des millions de personnes en France de découvrir gratuitement les richesses du patrimoine français.

LEXIQUE

● **immatériel** : qui n'est pas fait de matière, que l'on ne peut pas toucher.

● **le patrimoine** : tout ce qu'une personne possède, qu'elle a peut-être hérité de ses parents et qu'elle va transmettre à ses enfants.

● **l'Unesco** : une organisation qui rassemble des représentants de tous les États du monde et qui est chargée de développer l'éducation, la science et la culture dans le monde. Elle est basée à Paris.

DÉBAT Comment pouvons-nous participer à la protection du patrimoine culturel de notre région ?

83 Le patrimoine naturel

Le Mercantour
Parc National

Les 1ères journées du patrimoine

Le 30 Septembre &
1er Octobre 2006
La Bollène-Vésubie
Salle Multimédia
Informations & inscriptions :
04 93 03 23 15
mercantour.hautevesubie@espaces-naturels.fr
Places limitées, réservation conseillée.

• Samedi 30 Septembre, 8 diaporamas commentés par les gardes moniteurs du Parc national du Mercantour.
• Projection d'un film à 20h30 le samedi soir, dans la même salle.
• Le 1er Octobre, sortie de terrain avec les gardes moniteurs du Parc
et les accompagnateurs partenaires.

← **1 Le patrimoine naturel**

Affiche du parc national du Mercantour, 2006

▷ Décris cette affiche : les photographies, le texte.

▷ En quoi peut-on dire qu'un paysage fait partie du patrimoine ?

▷ Nomme d'autres éléments qui font partie du patrimoine naturel (aide-toi des petites photographies, à gauche de l'affiche).

▷ Nomme des éléments du patrimoine naturel :
– dans ta région ;
– ailleurs en France ;
– dans le reste du monde.

Et moi ? M'arrive-t-il de penser que je peux profiter « n'importe comment » de la nature sans me soucier de ceux qui viendront après ?

Un vaste patrimoine

À côté du patrimoine culturel (pp. 190-191), il existe aussi un patrimoine naturel, composé de toutes les ressources naturelles de notre planète : la faune, la flore, les paysages naturels (les montagnes, les littoraux, les forêts, les déserts, les océans…), mais aussi l'eau, l'air… (doc. 1)
Comme le patrimoine culturel, le patrimoine naturel nous vient de nos ancêtres, nous en sommes collectivement responsables et nous devons le transmettre aux générations suivantes.

Un patrimoine en danger

Les êtres humains sont de plus en plus nombreux sur Terre, ce qui met en danger la nature :
– les espaces occupés par les hommes (les villes, les champs…) augmentent et débordent sur les espaces naturels ;
– les humains exploitent la nature pour en tirer ce dont ils ont besoin, au risque de nuire à certaines espèces végétales ou animales ;
– le bruit, la pollution causent la disparition de certains animaux ou de plantes (doc. 2).

2

Un patrimoine en danger

▷ Nomme les dangers qui menacent les baleines.

▷ Quelles activités sont responsables de cette situation ?

▶ Nomme d'autres espèces qui sont en danger (des animaux et des plantes).

Et moi ? Comment je me comporte envers les animaux et les plantes ?

 3

Un patrimoine protégé

Fondation Nicolas Hulot, *Le Petit Livre vert pour la Terre*, 2007

▷ Nomme les gestes à faire pour préserver le patrimoine naturel quand on se promène.

▶ Trouve d'autres gestes qui préservent la nature.

▶ Nomme des associations qui travaillent à protéger le patrimoine naturel.

Et moi ? Est-ce que je fais parfois des gestes nuisibles pour la nature ?

▌ **Site Internet d'une association de défense de la nature.** Les baleines peuplent les océans depuis des millions d'années. La chasse a mené l'une après l'autre les espèces de baleines au bord de l'extinction. Malgré les incessantes condamnations de la communauté internationale, des centaines de baleines sont massacrées chaque année.

La survie des baleines est également remise en cause par d'autres activités humaines. Les baleines sont victimes des engins de pêche : chaque année, 300 000 d'entre eux meurent accidentellement dans les filets de pêche. En outre, leur santé est gravement altérée par les pollutions chimiques, à l'origine de cancers et de problèmes de reproduction chez les cétacés, mais également sonores (cause de dommages irréversibles sur le système d'orientation des mammifères marins). Enfin, les activités humaines entraînent un réchauffement de la température des océans, cause de modifications profondes des écosystèmes dont dépendent d'importantes populations de baleines pour leur alimentation.

D'après Greenpeace, www.greenpeace.org, 2007

Je reste dans les zones autorisées   Je respecte la faune

Un espace à préserver
La nature est fragile, le minimum est de suivre à la lettre la réglementation mise en place. Les chemins balisés, propices aux balades à pied ou à VTT, doivent être empruntés. Le camping sauvage est à éviter : les zones aménagées préservent mieux la nature et les randonneurs.

Des lieux privilégiés
Les zones sensibles telles que les dunes littorales sont protégées par des clôtures qu'il faut à tout prix respecter : elles protègent la végétation, et notamment les oyats (grandes herbes qui aident à fixer la dune). Les réserves naturelles ou les parcs nationaux, qui accueillent

La nature est un espace à partager avec ses habitants, dans le respect de chacun d'eux.

sous certaines conditions les promeneurs, comptent sur leur discipline.

Se faire tout petit
Les animaux recherchent la tranquillité pour leurs activités vitales. Les observer est une activité passionnante et sans conséquence néfaste pour les espèces, pour peu que l'on soit discret. D'abord il vaut mieux avoir le vent de face, car les animaux ont l'odorat très fin. Ensuite, il faut éviter les mouvements brusques et ne pas faire de bruit. Enfin, une paire de jumelles est la bienvenue pour mieux les admirer.

Besoin de paix
Si les plantes sont une passion, surtout, il ne faut pas les cueillir, car elles peuvent être rares et protégées. De même pour les

papillons, que l'on doit laisser en liberté. Quant à l'écorce des arbres, les graffitis que l'on veut immortaliser déclenchent l'arrivée de parasites qui détruisent l'arbre entier. Toute plante, tout animal, même les plus banals, ont un rôle à jouer dans la nature.

Un patrimoine protégé

De plus en plus de pays se préoccupent du patrimoine naturel. Chez eux, ils créent des zones protégées dans lesquelles il est interdit de construire des bâtiments ou des routes, de cueillir des plantes ou de déranger les animaux… Ils protègent les forêts en organisant le reboisement. Des États et des associations s'organisent pour préserver les espaces qui appartiennent à tous (les océans, le continent Antarctique…) et protéger les espèces en danger (les baleines, les ours polaires…) (doc. 3).

LEXIQUE

● **une espèce (animale ou végétale)** : un ensemble de plantes ou d'animaux semblables (les ours, les coquelicots, les escargots…).

● **la faune** : les animaux.

● **la flore** : les plantes.

● **les littoraux** : les bords de mer.

DÉBAT Comment pouvons-nous participer à la protection du patrimoine naturel de notre région ?

84 La pollution

→ **1 La pollution de l'air**

Pollution à Lifen, la ville la plus polluée du monde, Chine, 2007

▷ Décris cette ville.

▷ Trouve deux indices qui montrent que l'air est pollué.

▷ Quelles sont les causes de la pollution de l'air dans les villes ? et à la campagne ?

▷ Quelles sont les conséquences de la pollution de l'air ?

▷ Que peut-on faire pour éviter la pollution de l'air ?

Et moi ? M'arrive-t-il de réclamer la voiture pour un petit déplacement que l'on pourrait faire à pied ?

La pollution de l'air

Les activités modernes polluent l'air : gaz d'échappement des véhicules, fumées des usines… Cette pollution provoque des maladies respiratoires et nuit gravement à la santé (doc. 1). Elle a aussi des effets néfastes sur la planète : elle contribue au réchauffement climatique (p. 196).
La principale mesure pour lutter contre la pollution de l'air consiste à limiter les transports en voiture, à utiliser des véhicules « propres », à préférer les transports en commun ou les déplacements à pied, à roller ou à bicyclette quand c'est possible.

La pollution de l'eau

L'eau est indispensable : pour boire, cuisiner, se laver, nettoyer, arroser… Pour cela, elle doit être saine : une eau polluée est dangereuse pour la santé.
Pour protéger l'eau et lutter contre sa pollution, il est interdit aux usines comme aux particuliers de jeter des déchets dans les rivières, les lacs et la mer. En France, des usines traitent les eaux sales que nous rejetons dans les égouts, pour les purifier avant de les rejeter dans la nature (doc. 2).
L'Océan aussi doit être protégé : lorsqu'il est pollué, les poissons meurent et les littoraux sont dégradés.

→ 2 La pollution de l'eau

Station d'épuration, Grenoble, 2002

Nous rejetons dans les égouts des eaux qui contiennent du savon, des produits d'entretien, des excréments, des restes alimentaires… La station d'épuration nettoie et filtre avant de rejeter les eaux dans la nature.

▷ Décris cette photographie.

▷ Que se passerait-il si l'on n'épurait pas l'eau avant de la rejeter dans la nature.

▷ Nomme différentes manières de polluer un lac, une rivière ou la mer.

Et moi ? M'arrive-t-il de jeter des déchets dans la cuvette des toilettes ? dans la nature ?

→ 3 Les autres pollutions

▷ Quels déchets sont rapidement détruits par la nature ? Quels déchets restent longtemps dans la nature ?

▷ Que faut-il faire pour empêcher cette pollution de la nature ?

▷ Nomme d'autres manières de dégrader l'environnement à la campagne ; à la ville.

Et moi ? Où est-ce que je jette le papier de mon goûter ? mon chewing-gum ?

Les autres pollutions

Bien des gestes polluent notre environnement. C'est le cas lorsque des déchets sont jetés dans la nature : une pile électrique contamine un mètre cube de terre pendant cinquante ans (doc. 3). C'est le cas aussi lorsqu'on utilise certains produits : les désherbants pénètrent dans le sol, et polluent les ressources en eau qui se trouvent en profondeur.

Il existe bien d'autres formes de pollution : les graffitis, le vandalisme dégradent l'environnement. Le bruit est également une source de nuisance : on parle de « pollution sonore ».

LEXIQUE

● **les eaux usées** : les eaux sales rejetées dans les égouts.

● **l'épuration** : le nettoyage, la purification.

● **le vandalisme** : le fait de détruire ce qui appartient aux autres ou à la communauté pour le plaisir.

● **les véhicules « propres »** : les véhicules qui ne polluent pas (les voitures électriques, par exemple).

DÉBAT Comment notre classe, notre école peut-elle limiter la pollution ?

1 La planète en danger

▷ Décris cette image.
▶ En quoi la planète est-elle en danger ?
▶ Qu'appelle-t-on le « réchauffement climatique » ?

2 Le choix du développement durable

▷ En quoi la Terre va-t-elle mal ?
▷ Quelles sont les causes du problème ?
▷ Quelle solution l'auteure propose-t-elle ? Donne des exemples pour illustrer.
▶ Qu'appelle-t-on le développement durable ?
Et moi ? M'arrive-t-il de gaspiller ?

3 Des devoirs pour les citoyens

▷ Qui peut agir pour participer au développement durable ?
▷ Quels comportements les citoyens peuvent-ils avoir pour participer au développement durable ?
Et moi ? Est-ce que je répare quand je pollue ?

La planète en danger

Depuis quelques années, la communauté mondiale a pris conscience que les activités des hommes mettent la planète en danger : à force de dépenser les ressources de la Terre et de polluer, nous risquons de laisser à nos enfants une planète dévastée (doc. 1). L'une des grandes préoccupations concerne le réchauffement climatique : les émissions de certains gaz par les usines, par les véhicules, etc. entraînent une hausse des températures partout dans le monde. Cela provoque des catastrophes (inondations, cyclones…) et entraîne la fonte des glaces : les océans voient leur niveau monter et risquent, à terme, de recouvrir certaines régions.

Le choix du développement durable

Pour remédier à ces problèmes, certains pensent qu'il faudrait revenir à la vie d'autrefois, sans le progrès technique. D'autres pensent que notre mode de vie peut continuer à évoluer à condition de moins gaspiller et moins polluer. C'est ce que l'on appelle le « développement durable » (doc. 2).
Cette idée anime la plupart des décisions prises par les pays dans le monde. Elle leur impose des devoirs. Par exemple, un grand nombre d'États se sont engagés à réduire les émissions de gaz carbonique responsables du réchauffement climatique. La France a inscrit le développement durable comme une obligation dans la Constitution.

Texte d'une association militante.

La Terre, notre planète, va mal, et c'est de notre faute. Les habitants des pays riches, comme la France, consomment et gaspillent énormément. Consommer toujours plus, c'est piller toujours plus les ressources naturelles que la planète a mis des millions d'années à créer (air, eau, océans, forêts, terres cultivables, biodiversité, pétrole), et qui ne se renouvellent pas assez vite pour satisfaire la demande croissante… Et rejeter toujours plus de pollutions et de déchets dans l'environnement, qui commence à être saturé…

Cette situation ne peut pas durer. La grande majorité de l'humanité vit toujours dans la pauvreté. Mais si tous les habitants de la terre vivaient comme nous, il faudrait deux planètes supplémentaires pour satisfaire leurs besoins ! Or, nous n'avons pas de planète de rechange. Alors, comment améliorer les conditions de vie de tous les citoyens du monde sans épuiser définitivement la Terre ? Comment satisfaire les besoins des hommes d'aujourd'hui tout en léguant la Terre en bon état aux générations qui l'habiteront après nous ?

En apprenant à économiser et à partager les ressources, en utilisant les technologies qui polluent moins, qui gaspillent moins d'eau et moins d'énergie, et surtout en changeant nos habitudes de consommation et nos comportements. C'est cela, le développement durable. Il est devenu urgent d'agir. Nous en avons tous les moyens. Et surtout, le devoir.

Anne Jankéliowitch, association GoodPlanet.org, opération « Le développement durable, Pourquoi ? », www.ledeveloppementdurable.fr, 2007

Texte d'un organisme rassemblant des représentants des États européens.

Le développement durable relève de la responsabilité de chaque citoyen. Il faut reconnaître que nos actions et notre mode de vie ont des conséquences qui dépassent notre propre milieu de vie local ; il faut agir localement, c'est-à-dire assumer notre part de responsabilité en modifiant localement notre mode de vie de façon à œuvrer pour le développement durable au niveau global.

Dans les pays riches, les problèmes environnementaux les plus graves proviennent en large partie des modes de production et de consommation non durables. Or, puisque ce sont les citoyens qui consomment, un changement de comportement de leur part peut avoir des effets très importants.

Les citoyens peuvent ainsi agir concrètement pour le développement durable en consommant avec discernement et avec un sens de la responsabilité civique, par exemple en délaissant les produits dont l'emballage est excessif.

Une multitude d'autres comportements citoyens favorisent également le développement durable, tels que l'utilisation de moyens de transport moins polluants, la pratique régulière du recyclage sélectif, le choix d'un mode de chauffage domestique qui utiliserait moins d'énergie ou la réduction de la consommation domestique d'eau.

Conseil de l'Europe, www.coc.int

Des devoirs pour les citoyens

Les habitants des pays riches sont les plus gros consommateurs et les principaux pollueurs. C'est donc à eux de pratiquer le développement durable :
– ne pas gaspiller les ressources de manière à en laisser aux générations futures, mais aussi aux autres habitants de la Terre ; par exemple, plus nous circulons en voiture, plus nous achetons d'essence, plus le prix du pétrole grimpe, au point de devenir trop cher pour les habitants des pays pauvres ;
– ne pas polluer de manière à laisser la Terre en bon état et réparer quand on a pollué (c'est le principe du « pollueur payeur » : celui qui pollue un lieu le remet en état à ses frais) (doc. 3).

LEXIQUE

• **la biodiversité** : l'existence de plantes et d'animaux variés.

• **le développement durable** : un fonctionnement du monde dans lequel les « progrès » se poursuivent en faisant attention de laisser aux générations futures une planète en bon état (avec des ressources et sans trop de pollution).

• **les émissions de gaz carbonique** : la production du gaz responsable du réchauffement climatique par les véhicules, les usines…

DÉBAT Comment notre classe, notre école peut-elle contribuer au développement durable ?

→ 1 **Économiser l'eau**

▷ Décris cette image.

▷ Quelles sont les différentes situations de gaspillage de l'eau ?

▷ Quelles sont les différentes manières d'économiser l'eau ?

▷ Pourquoi faut-il l'économiser ?

Et moi ? Est-ce que je ferme le robinet quand je me brosse les dents ?

Économiser l'eau

Les êtres humains sont de plus en plus nombreux et chacun consomme de plus en plus d'eau : pour l'agriculture, les usines, à la maison… Or les ressources en eau douce ne sont pas inépuisables.

Les pays riches consomment énormément d'eau, à cause du mode de vie moderne (salles de bains, jardins, piscines, nettoyage des voitures…) et parce qu'elle est facilement disponible (eau du robinet).

Dans le cadre du développement durable, chacun limite sa consommation : on prend une douche au lieu d'un bain, car cela consomme quatre fois moins d'eau ; on ferme le robinet pendant que l'on se brosse les dents ou que l'on se savonne ; on arrose le jardin avec l'eau de pluie que l'on collecte ou avec l'eau qui a servi à laver les légumes… **(doc. 1)**

Économiser l'énergie

Le mode de vie moderne consomme beaucoup d'énergie : pour se déplacer, pour se chauffer, pour s'éclairer et utiliser les appareils électriques… Or la consommation d'énergie participe au gaspillage des ressources de notre planète et au réchauffement climatique.

Chacun peut limiter sa consommation : mettre un pull pour ne pas monter le chauffage, lire à la lumière du jour, éteindre les lumières en sortant d'une pièce, éteindre les appareils (télévision, ordinateur, chaîne hi-fi…) que l'on n'utilise pas et ne pas les laisser en veille. Boire l'eau du robinet est aussi une manière d'économiser l'énergie : il en faut pour transporter les bouteilles d'eau et les autres boissons de l'usine au magasin puis du magasin à la maison **(doc. 2)**.

→ 2 Économiser l'énergie

▷ Décris cette image.

▷ Quelles sont les différentes situations d'utilisation de l'énergie ?

▷ Lesquelles entraînent un gaspillage ?

▶ Nomme différentes manières d'économiser l'énergie.

Et moi ? M'arrive-t-il de laisser la lumière allumée quand je n'en ai plus besoin ? de laisser le chauffage allumé au lieu de mettre un pull quand j'ai froid en hiver ?

Il est possible d'économiser le papier en pratiquant quelques gestes simples :
– refuser la publicité ;
– faire des photocopies recto verso ;
– utiliser le papier déjà imprimé sur une face comme papier brouillon ;
– acheter du papier recyclé pour l'imprimante ;
– privilégier les courriers électroniques ;
– éviter le suremballage.
Le papier peut être réutilisé jusqu'à 5 fois. La version canadienne de *Harry Potter et l'Ordre du Phénix* a été imprimée par la maison d'édition Raincoast Book sur du papier recyclé à 100 %.

Robert Pince, *Être écocitoyen*, Nature et découvertes, 2005.

← 3 Se montrer économe pour tout

▷ Quels sont les différents moyens d'économiser le papier ?

▶ Pourquoi est-il important d'économiser le papier ?

Et moi ? M'arrive-t-il de jeter une feuille qui n'est écrite que d'un côté ?

Se montrer économe pour tout

La société de consommation met à notre disposition un grand nombre d'objets et multiplie les occasions de gaspillage. Chacun peut se comporter de manière responsable en limitant sa consommation. Par exemple, la fabrication du papier nécessite beaucoup d'eau et d'énergie : utiliser toutes les pages de ses cahiers, écrire des deux côtés d'une feuille (pour les brouillons, par exemple), refuser les prospectus et les publicités sont autant de moyens d'économiser le papier (doc. 3). On peut aussi ne pas jeter ce qui pourrait encore servir, garder, donner ou revendre, réparer ce qui est cassé, conserver ce qui n'est plus « à la mode » mais encore utile et refuser d'acheter de nouvelles choses juste parce que la publicité nous en a donné envie (doc. 2 p. 200 et 1 p. 202).

LEXIQUE

● **économe** : qui évite de trop dépenser.

● **économiser** : utiliser ou dépenser avec modération, ne pas gaspiller.

● **le gaspillage** : le fait de consommer trop, de dépenser inutilement.

● **la veille** : l'état des appareils qui ne sont pas en fonctionnement mais ne sont pas totalement éteints (bien souvent, une petite lumière indique qu'ils sont en veille) ; un appareil en veille consomme presque autant d'énergie que le fait un appareil en fonctionnement.

DÉBAT Comment notre classe, notre école peut-elle lutter contre le gaspillage ?

87 Devenir un consommateur responsable

→ **1** **Savoir refuser**

▷ Quel problème les sacs en plastique posent-ils ?

▶ Que peut-on faire pour l'éviter ?

▶ Quelles autres choses peut-on refuser d'utiliser pour participer au développement durable ?

Et moi ? Est-ce que j'emporte un sac quand je fais des courses ?

Et moi ? Qu'est-ce que je fais si un magasin m'offre un gadget qui ne me plaît pas vraiment ?

→ **2** **Choisir le durable**

Produits jetables

▷ Nomme ces différents produits.

▶ En quoi nous facilitent-ils la vie ?

▶ En quoi contribuent-ils à la pollution et à l'épuisement des ressources de la Terre ?

▶ Par quoi peut-on les remplacer ?

Et moi ? Est-ce que je refuse les produits jetables ?

Journal d'une association de consommateurs. Avec 18 milliards de sacs distribués chaque année en France, les plastiques représentent 20 % des déchets des ménages en volume. Des dizaines de millions de ces sacs polluent aujourd'hui les rivières, le littoral et le fond des mers. Ils participent à l'épuisement des ressources naturelles non renouvelables. Leur incinération engendre un réel problème de pollution. Constatant que la durée de vie d'un sac plastique peut s'élever jusqu'à 400 ans, l'urgence se fait sentir. Ces sacs représentent un réel danger pour l'environnement. Sous l'influence de la lumière ou de l'humidité, ils se fragmentent en milliers de paillettes, invisibles mais extrêmement polluantes dont la dégradation se compte en centaines d'années. Ainsi, seule la pollution visuelle disparaît.

D'après le communiqué de presse de l'UFC-Que choisir, 14 novembre 2003, www.quechoisir.org

Savoir refuser

La société de consommation et la publicité nous incitent à consommer toujours plus. Être un consommateur responsable, c'est prendre du recul et n'acheter que ce dont on a réellement besoin. Par exemple, il n'est pas nécessaire d'acheter « deux produits pour le prix d'un » si l'on n'a besoin que d'un seul produit.

La plupart des produits que nous achetons sont emballés : un consommateur responsable préfère un produit peu emballé et refuse un emballage supplémentaire (un sac) : il suffit de prendre avec soi un sac quand on fait des courses, ou de glisser ce que l'on a acheté dans sa poche (doc. 1).

Choisir le durable

Les mouchoirs en papier, les stylos jetables, les verres en plastique, les lingettes nous facilitent la vie : nous n'avons pas besoin de les recharger ou de les laver. Mais leur fabrication utilise des matières premières (du papier, de l'énergie…) et leur destruction (quand on les jette à la poubelle, ils sont incinérés) entraîne de la pollution.

Or notre vie n'est pas si pénible qu'on ne puisse laver un mouchoir en tissu ou un verre en verre, rincer une éponge, recharger un stylo à bille. Choisir des produits durables est une autre manière d'être un consommateur responsable. Nous pouvons aussi privilégier les produits recyclables (doc. 2).

→ 3 Opter pour le commerce équitable

▷ Combien, dans le commerce classique, cette banane coûte-t-elle au consommateur ?

▷ Combien cela rapporte-t-il à l'agriculteur qui l'a produite ?

▷ Combien dans le commerce équitable, cette banane coûte-t-elle au consommateur ?

▶ Est-ce une grosse différence par rapport au prix dans le commerce classique ?

▷ Combien rapporte-t-elle à l'agriculteur ?

▶ Est-ce une grosse différence pour lui par rapport au commerce classique ?

▶ Nomme d'autres produits que l'on trouve dans le cadre du commerce équitable.

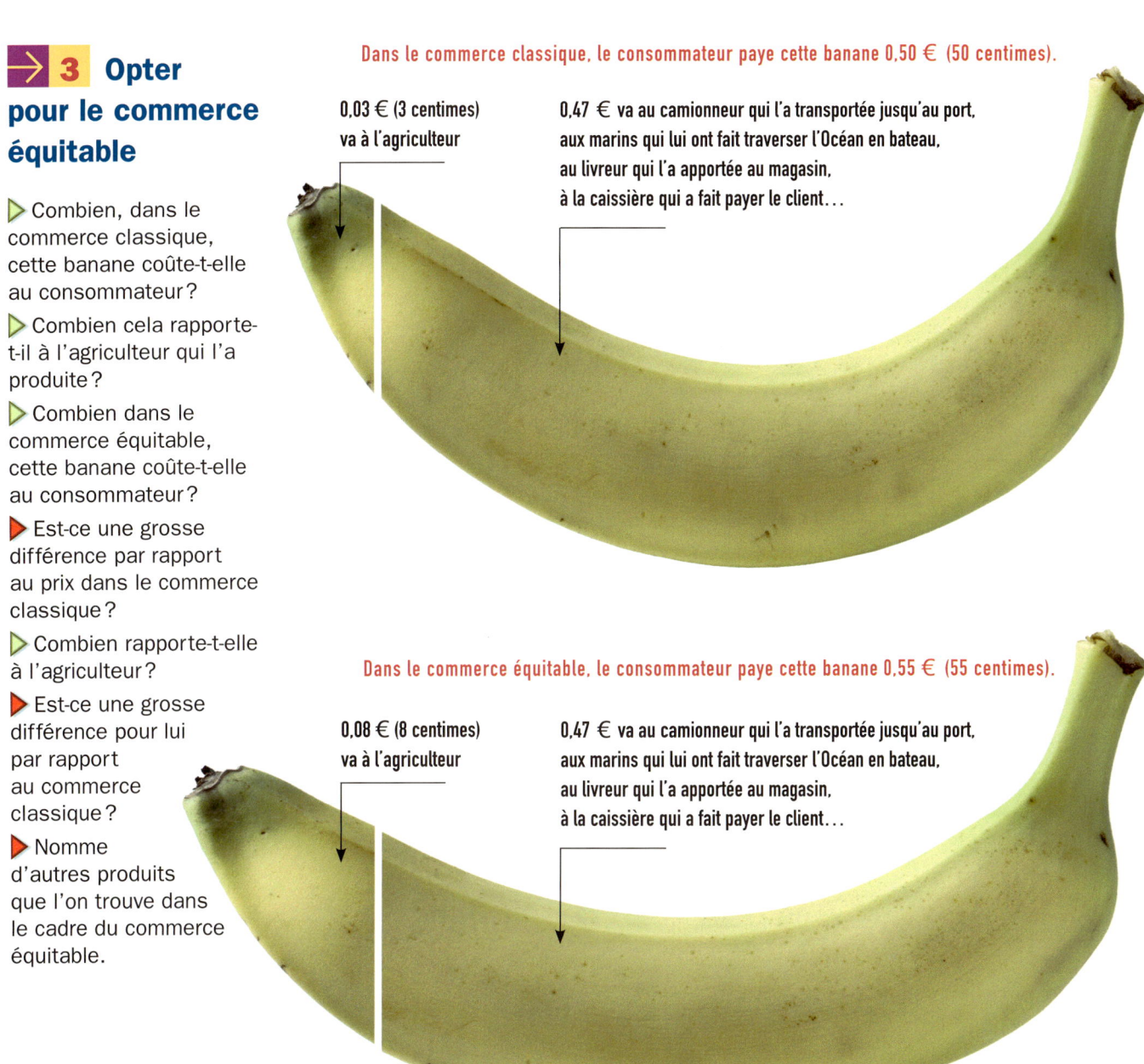

Dans le commerce classique, le consommateur paye cette banane 0,50 € (50 centimes).

0,03 € (3 centimes) va à l'agriculteur

0,47 € va au camionneur qui l'a transportée jusqu'au port, aux marins qui lui ont fait traverser l'Océan en bateau, au livreur qui l'a apportée au magasin, à la caissière qui a fait payer le client...

Dans le commerce équitable, le consommateur paye cette banane 0,55 € (55 centimes).

0,08 € (8 centimes) va à l'agriculteur

0,47 € va au camionneur qui l'a transportée jusqu'au port, aux marins qui lui ont fait traverser l'Océan en bateau, au livreur qui l'a apportée au magasin, à la caissière qui a fait payer le client...

Opter pour le commerce équitable

Beaucoup des produits que nous consommons ont été cultivés ou fabriqués dans des pays pauvres par des personnes qui gagnent à peine de quoi vivre. Certains sont fabriqués par des enfants, qui rapportent ainsi un salaire à leur famille mais ne vont pas à l'école et ne préparent pas leur avenir. Le commerce équitable s'engage à ne vendre que des produits fabriqués par des adultes et veille à ce que les personnes qui ont produit ce que nous achetons gagnent de quoi vivre et faire vivre décemment leur famille. Cela implique que les consommateurs, dans les pays riches, acceptent de payer un tout petit peu plus cher ce qu'ils achètent (doc. 3).

LEXIQUE

● **le commerce équitable** : le commerce qui protège les producteurs.

● **incinérer** : brûler jusqu'à détruire entièrement.

● **un produit durable** : un produit que l'on peut utiliser longtemps, quitte à le recharger, l'inverse d'un produit jetable.

● **un produit recyclable** : un produit dont les différentes parties peuvent être réutilisées pour fabriquer de nouveaux produits.

DÉBAT Comment notre classe, notre école peut-elle consommer de manière responsable ?

88 Gérer ses déchets

Dis halte au jetable !

Adopte la Récup' Attitude !

Les toxiques ca s'évite !

Fais la chasse au gaspi !

Dis-toi que la mode c' pas toujours le top !

La location c' champion !

1 Réduire ses déchets

Campagne pour la réduction des déchets, www.preventiondechets.fr/junior, 2008

▷ Quels conseils cette affiche donne-t-elle ?

▶ Pourquoi faut-il réduire les déchets ?

▶ Trouve d'autres moyens de réduire les déchets.

Et moi ? Quel est le dernier objet que j'ai jeté à la poubelle alors qu'il pouvait encore servir ?

Réduire ses déchets

Chaque Français jette en moyenne 360 kg de déchets par an : un enfant jette donc chaque mois l'équivalent de son poids en détritus. Or, pour produire ces déchets, il a fallu puiser dans les ressources offertes par la Terre. Et les détruire engendre de la pollution et contribue au réchauffement climatique. Chaque citoyen peut réduire ses déchets : préférer des produits peu emballés ; renoncer aux produits jetables ; donner ou vendre les habits trop petits, les livres qu'on ne lit plus, les jeux avec lesquels on ne joue plus ; faire réparer ce qui est cassé ; ne pas remplacer ce qui peut encore servir ; louer plutôt qu'acheter (doc. 1).

Trier ses déchets

Mais on ne peut pas tout garder. Pour les produits que l'on jette, on procède à un tri (doc. 2). Certains produits sont dangereux pour l'environnement. C'est le cas des piles électriques que l'on rapporte au vendeur, des médicaments que l'on rapporte au pharmacien pour qu'ils soient traités et rendus inoffensifs. C'est le cas aussi des appareils électriques cassés, que l'on rapporte aux commerçants ou que l'on dépose dans une déchetterie.
D'autres produits peuvent être recyclés. Le verre peut être fondu pour la fabrication de nouvelles

Ce que l'on jette						

<table>
<tr>
<td rowspan="3" style="writing-mode: vertical-lr;">**Ce que l'on jette**</td>
<td></td>
<td></td>
<td></td>
<td></td>
<td></td>
<td></td>
<td></td>
</tr>
</table>

piles, médicaments, appareils électriques	papiers, journaux, cartons	boîtes de conserve, canettes, bouteilles métalliques	plastique, briques alimentaires	verre	épluchures, herbes du jardin	le reste des ordures

Où le jeter

dans les magasins où on les a achetés	poubelle correspondante	poubelle correspondante	poubelle correspondante	conteneur ou poubelle	poubelle correspondante	poubelle pour le « vrac »

Ce que cela devient

produits traités et rendus inoffensifs	papier, carton, papier toilette	de nouvelles canettes, des boîtes de conserve…	des bouteilles en plastique, du tissu « polaire »	de nouvelles bouteilles, des pots…	du compost (de la terre)	poubelles incinérées, chaleur utilisée pour chauffer des habitations

2 Trier ses déchets

▷ Explique ce que devient chacun de ces déchets.

▷ Dans ta commune, comment reconnaît-on la poubelle servant à récupérer le verre ? le papier ? le plastique ? les déchets végétaux ? le reste des ordures ?

Et moi ? Est-ce que, dans ma chambre, je jette tout dans la même poubelle ou bien est-ce que je fais le tri ?

---

bouteilles. Le carton, le papier, les journaux servent à fabriquer du carton, du papier et du papier toilette. Les bouteilles en plastique permettent de fabriquer d'autres plastiques et du tissu « polaire ». Les boîtes de conserve et les canettes sont fondues pour la fabrication de nouvelles boîtes en métal. Et l'on fabrique du compost avec les déchets végétaux (herbe tondue, épluchures de légumes et de fruits). Le reste est incinéré et la chaleur est récupérée pour chauffer certaines habitations.

Pour que ces produits soient recyclés et non pas tous incinérés, chacun les trie et les dépose dans des bacs différents ou dans les conteneurs installés par la mairie : on les reconnaît à leurs couleurs.

LEXIQUE

● **le compost** : de la terre faite notamment de déchets végétaux qui ont pourri.

● **les déchets, les détritus** : ce que l'on jette dans les poubelles.

● **une déchetterie** : un lieu où l'on dépose les déchets pour qu'ils soient triés, recyclés et/ou détruits.

● **recycler** : traiter pour réutiliser.

DÉBAT Comment notre classe, notre école peut-elle mieux gérer ses déchets ?

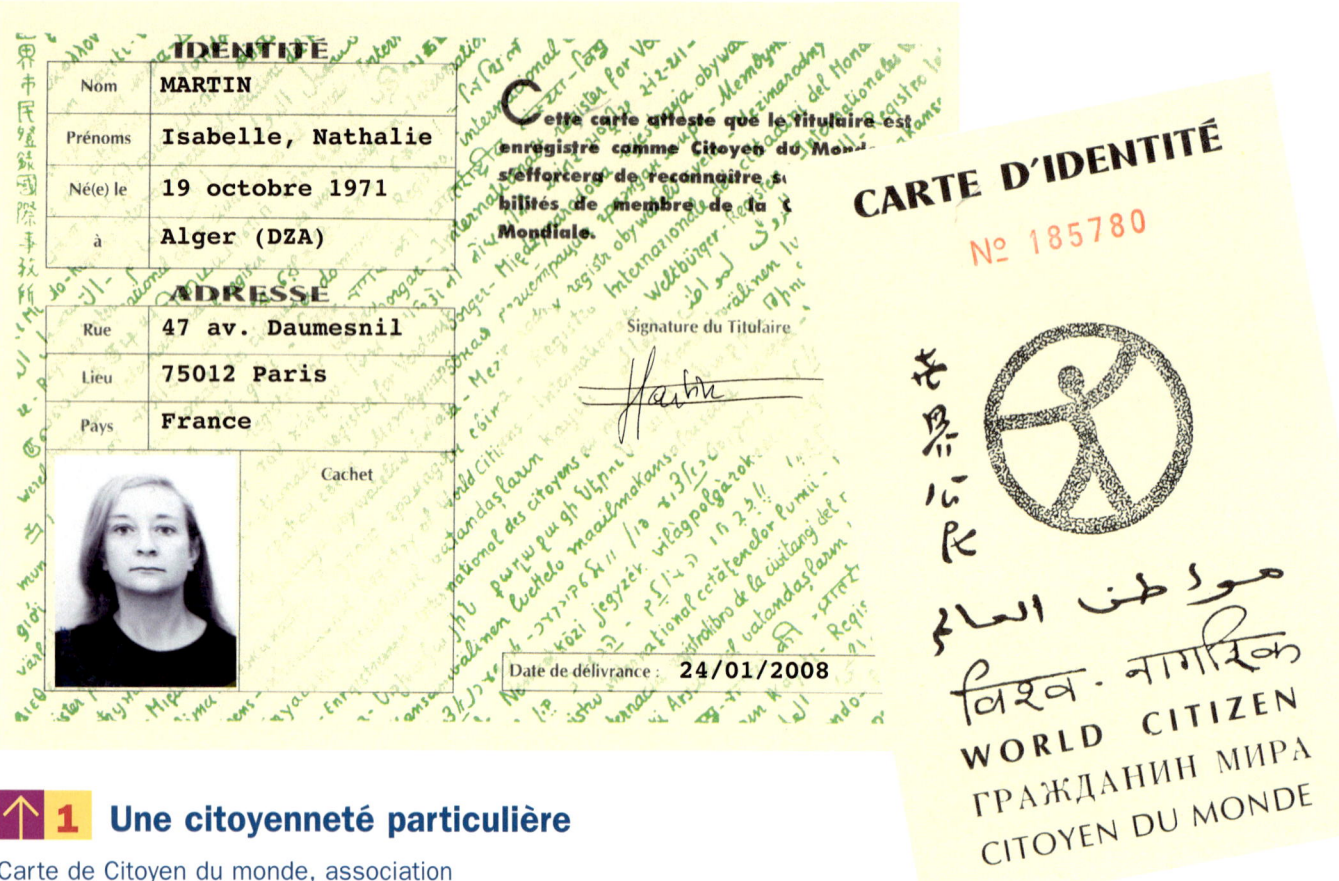

IDENTITÉ

Nom	MARTIN
Prénoms	Isabelle, Nathalie
Né(e) le	19 octobre 1971
à	Alger (DZA)

ADRESSE

Rue	47 av. Daumesnil
Lieu	75012 Paris
Pays	France

Cachet

Signature du Titulaire

Date de délivrance : 24/01/2008

CARTE D'IDENTITÉ

N° 185780

WORLD CITIZEN
ГРАЖДАНИН МИРА
CITOYEN DU MONDE

1 Une citoyenneté particulière

Carte de Citoyen du monde, association

▷ Dis les informations que tu peux voir sur cette carte.

▷ Compare cette carte avec le passeport p. 105 : trouve trois ressemblances et trois différences.

▷ À ton avis, cette carte donne-t-elle les mêmes droits et les mêmes devoirs que ceux apportés par la citoyenneté française ou européenne ?

Être citoyen français et européen

Les Français sont à la fois citoyens de la France et citoyens de l'Union européenne (doc. 2 p. 105 et doc. 2 p. 148).

Ils ont des devoirs envers la France et envers l'Union européenne, comme maintenir la paix, défendre les idéaux communs, respecter les lois, participer aux élections, se montrer solidaires envers les autres citoyens, français et européens.

Ils ont aussi des droits : le droit de vivre n'importe où, en France ou dans l'Union européenne, le droit d'être protégés quand ils se trouvent à l'étranger, le droit de voter et de se présenter aux élections en France et dans n'importe quelle municipalité européenne…

Une citoyenneté particulière

Être citoyen du monde est une citoyenneté différente de la citoyenneté française ou européenne.

Elle ne nous donne pas le droit de voyager partout dans le monde ni le droit de nous installer n'importe où : la planète n'est pas notre territoire et nous devons respecter les conditions fixées par chaque pays.

Elle ne nous protège pas, quand nous sommes loin de chez nous, comme pourrait le faire la citoyenneté française ou européenne.

Elle ne nous permet pas de voter à des élections internationales, car il n'y en a pas. Mais chaque pays envoie des représentants dans les grandes organisations internationales : l'ONU, l'Unesco, l'Unicef… (doc. 1)

→ 2 Être citoyen du monde

▷ Explique une à une ces phrases.

▶ À ton avis, qu'est-ce qu'être citoyen du monde ? Quelles sont les différences et les ressemblances avec le fait d'être citoyen de la France ou de l'Union européenne ?

Et moi ? Est-ce que je me sens citoyen du monde ?

> Je chante l'Espagne et je la sens jusqu'à la moelle, mais je suis d'abord citoyen du monde et frère de tous.
> Federico Garcia Lorca

> Le droit même de vivre ne nous est donné que si nous remplissons notre devoir de citoyen du monde.
> Mahatma Gandhi

> Je suis citoyen du monde : mon compatriote, c'est l'homme.
> Sully Prudhomme

> Je suis un patriote de l'humanité. Je suis un citoyen du monde.
> Charlie Chaplin

> La terre est ma patrie et l'humanité ma famille.
> Khalil Gibran

→ 3 Être citoyen du monde : des droits et des devoirs

Unicef, 8 mai 2002

Le 8 mai 2002, quatre jeunes ont parlé devant les représentants du monde entier à l'ONU et ont déclaré : « Nous sommes les enfants du monde. Nous voulons un monde digne des enfants, car un monde digne de nous est un monde digne de tous. »

▷ Explique cette phrase.

▶ À ton avis, quels sont les devoirs des citoyens du monde ? leurs droits ?

Et moi ? Qu'est-ce que je peux faire pour rendre « le monde digne des enfants » ?

Être citoyen du monde

Tous les habitants de la Terre sont des « citoyens du monde » (doc. 2).

Ils ont des devoirs : maintenir la paix en se montrant tolérants et en évitant, chacun, de croire que sa façon de vivre est la meilleure ; défendre les idéaux communs (la liberté, l'égalité, la démocratie) ; préserver l'environnement et le patrimoine, participer au développement durable ; se montrer solidaires envers le reste de l'humanité.

Les citoyens du monde ont aussi des droits : le droit de vivre sur une planète propre, le droit de prendre des responsabilités dans le monde (participer à une organisation internationale, être membres d'une association ou d'une ONG)… (doc. 3)

LEXIQUE

● **un citoyen** : une personne qui a des droits et des devoirs envers un pays, en général parce qu'il en a la nationalité.

● **la citoyenneté** : le fait d'être citoyen.

DÉBAT Que pouvons-nous faire dès à présent pour nous préparer à être des citoyens du monde ?

Table des illustrations

120		©	Documentation Française / ph. J.M. Marcel
121-h	ph	©	Gilbert Uzan / Gamma
121-b	ph	©	Eric Bouvet / Getty Images / AFP
122	ph	©	Keystone-France
123	ph	©	Gilles Rolle / REA
124	ph	©	Witt / Sipa Press
125-h	ph	©	Ian Hanning / REA
125-b	ph	©	Grégoire Maisonneuve / Sipa Press
126	ph	©	Bridgeman Art Library
128		©	DR
129		©	Atelier Graphique Pierre Bernard / Secours Populaire Français
130	ph	©	AFP
131	ph	©	Hadj / Sipa Press
133	ph	©	Lanier / REA
134	ph	©	Banana / Photononstop
135	ph	©	Patrick Allard / REA
136	ph	©	J. Pachoud / AFP
137	ph	©	Richard Damoret / REA
138-139	ph	©	C. Hartmann / Sipa Press
140	ph	©	Médiathèque de la Commission Européenne
141	ph	©	F. Jorge / Gamma
145-h		©	Communauté européenne
145-b	ph	©	Eric Feferberg / AFP
146	ph	©	Médiathèque de la Commission Européenne
147	ph	©	Médiathèque de la Commission Européenne
148	ph	©	G. Rolle / REA
149	ph	©	V. Hache / AFP
151-h	ph	©	AFP
151-b	ph	©	C. Vaisse / Hoa Qui
154	ph	©	Issouf Sanogo / AFP
155	ph	©	P. Kovarik-Ludovic / REA
157-h	ph	©	Hans Juergen Burkard / Bilderberg
157-b		©	Amnesty International-CLM / BBDO
158	ph	©	Walli / Summer / Corbis Sygma
159	ph	©	Bridgeman Art Library
161-h	ph	©	Keystone-France
161-b	ph	©	Hadj / Sipa Press
163-h	ph	©	T. Ridley / Epa / Corbis
163-b	ph	©	B. Gentille / Corbis
164	ph	©	Laski Diffusion / Gamma
165	ph	©	I. Hanning / REA
166	ph	©	F. Naumann / PANOS-REA
167-h	ph	©	B. Zigmund / Gamma
167-b	ph	©	P. Valtierra / Corbis Sygma
168	ph	©	J.M. Turpin / Gamma

169-h	ph	©	S. Ortola / REA
169-b		©	Aide et Action / Anne-Emmanuelle Thion
170	ph	©	N. Burley / AFP
171	ph	©	S. Ortola / REA
172	ph	©	Collot / Sipa Press
173	ph	©	South Light / Gamma
174	ph	©	M. Vérin / Photononstop
175	ph	©	Reporters Sans Frontières
176	ph	©	G. Gobet / AFP
177	ph	©	Banana / Photononstop
178	ph	©	Images.com / Corbis
180	ph	©	R. Damoret / REA
182	ph	©	B. Decout / REA
183-h	ph	©	M. Verpoorten / REPORTERS-REA
183-b	ph	©	J.-C. Moschetti / REA
184	ph	©	D. Butow / REDUX-REA
185		©	Union Nationale Sportive Léo Lagrange, 2007 / www.esprit-sportif.org
186		©	Création Euro-RSCG Compagnie - Titeuf par Zep, 2005 / Handicap International, Lyon
187	ph	©	M. Nascimento / REA
188	ph	©	P. Menzel / Cosmos
189	ph	©	Y. Arthus-Bertrand / Altitude
190	ph	©	Y. Layma / The Image Bank / Getty-Images
191	ph	©	F. Perry / AFP
192		©	Parc National du Mercantour
193		©	Fondation Nicolas Hulot / www.defipourlaterre.org
194	ph	©	R. Jones / SINOPIX-REA
195	ph	©	P. Bessard / REA
196	ph	©	P. Broze / REPORTERS-REA
200	ph	©	F. Hanoteau
201		©	Maximilian Stock LTD / Sucré Salé
202		©	Illustrations de Céline Sonnard pour France Nature Environnement
204		©	Citoyens du Monde
205	ph	©	D. Kanter / AFP

Iconographie : Brigitte Célérier / Hatier Illustration

Achevé d'imprimer en Italie par L.E.G.O. S.p.A. - Lavis (TN)
Dépôt légal: 93125-3/06 - mars 2015